全国普通高等教育"十三五"规划教材
全国高等院校应用人才培养规划教材·经济管理系列

财会法规与职业道德

主 编 丁 蕾 段贵珠
副主编 刘晓欣

图书在版编目(CIP)数据

财会法规与职业道德/丁蕾,段贵珠主编. —北京：北京大学出版社，2019.8
全国高等院校应用人才培养规划教材·经济管理系列
ISBN 978-7-301-30268-2

Ⅰ.①财… Ⅱ.①丁…②段… Ⅲ.①财政法—中国—高等学校—教材 ②会计法—中国—高等学校—教材 ③会计人员—职业道德—高等学校—教材 Ⅳ.①D922.2 ②F233

中国版本图书馆 CIP 数据核字（2019）第 034133 号

书　　　　名	财会法规与职业道德 CAIKUAI FAGUI YU ZHIYE DAODE
著作责任者	丁　蕾　段贵珠　主编
责 任 编 辑	吴坤娟
标 准 书 号	ISBN 978-7-301-30268-2
出 版 发 行	北京大学出版社
地　　　　址	北京市海淀区成府路 205 号　100871
网　　　　址	http://www.pup.cn　新浪微博：@北京大学出版社
编辑部邮箱	zyjy@pup.cn
总编室邮箱	zpup@pup.cn
电　　　　话	邮购部 010-62752015　发行部 010-62750672　编辑部 010-62756923
印 　刷 　者	河北滦县鑫华书刊印刷厂
经 　销 　者	新华书店
	787 毫米×1092 毫米　16 开本　14 印张　341 千字 2019 年 8 月第 1 版　2023 年 8 月第 3 次印刷
定　　　　价	38.00 元

未经许可，不得以任何方式复制或抄袭本书之部分或全部内容。
版权所有，侵权必究
举报电话：010-62752024　电子信箱：fd@pup.pku.edu.cn
图书如有印装质量问题，请与出版部联系，电话：010-62756370

前　　言

近年来,随着经济的快速发展,国家对会计岗位提出了更高的要求,更加注重会计人员的继续教育,大力开展会计职业道德教育。财会法规与职业道德是会计类专业的基础课程之一,在培养21世纪的会计专业技术人才时,培养其专业素质和会计职业道德修养是极其重要的。一本好的教材,将更好地促进学生对知识的掌握。因此,在充分考虑开放教育、成人教育、高职教育学生特点的基础上,本着"站在时代前沿、重视基础理论、强调素质培养、有利自主学习"的原则,编者特编写了本书。

本书的特点概括如下。(1)体例新颖,引人入胜。全书分为五个单元,每个单元以任务形式进行知识点介绍,包括"知识目标""技能目标""任务情境""内容介绍""任务反馈""单元小结""任务精练",各单元内容安排详略得当。同时,"边学边练""特别提示"环节穿插其中,体现了集"教、学、做"于一体的互动式教学特点,使学生成为学习的主体。(2)突出实践性,强调时效性。本书将知识点讲解与习题整合为一体,教师在完成每一单元教学后,学生也能及时完成配套习题的练习,达到理论知识和专业技能并重。书中"任务反馈"部分对"任务情境"的案例进行了分析,以期帮助学生提高分析解决实际问题的能力。另外,本书在保证知识完整性和系统性的基础上,又结合了财经法规和会计职业道德规范的新变化,依据新法规,讲解新内容,具有较强的时效性。(3)语言精练,通俗易懂。本书表述简明扼要,深入浅出,内容通俗易懂,重点突出了新企业会计准则、税法、财政法律制度、支付结算法律制度和会计职业道德规范的讲解,使学生即使自学也能理解和掌握其中的内容。

本书由丁蕾、段贵珠担任主编,负责全书的内容规划、总体设计和统稿工作。刘晓欣担任副主编。本书的编写分工如下:第一单元、第五单元由丁蕾编写;第二单元任务一、任务二由于冰编写,任务三由陈红云编写,任务四、任务五由刘晓欣编写;第三单元任务一、任务三由李丽英编写,任务二由张彤编写;第四单元由段贵珠编写。

本书既可作为高等教育、职业教育、开放教育、成人教育会计、管理专业以及法律等专业的教材,也可作为会计从业者自学以及继续教育的参考书。

在本书编写过程中,编者参考了大量的相关教材和文献资料,吸收和借鉴了同行的相关成果,同时还得到了有关部门领导、专家和老师的支持,特别是河北广播电视大学和邯郸广播电视大学领导的关心和大力的支持,编者在此致以真诚的感谢!

由于编者水平有限,书中不当之处在所难免,恳请广大读者批评指正。

编　者
2019年6月

目　　录

- 第一单元　会计法律制度 ……………………………………………………… (1)
  - 任务一　认识会计法律制度 ………………………………………………… (1)
  - 任务二　会计工作管理体制 ………………………………………………… (4)
  - 任务三　会计核算 …………………………………………………………… (7)
  - 任务四　会计监督 …………………………………………………………… (18)
  - 任务五　会计机构和会计人员 ……………………………………………… (23)
  - 任务六　法律责任 …………………………………………………………… (36)
- 第二单元　支付结算法律制度 ………………………………………………… (45)
  - 任务一　现金结算 …………………………………………………………… (45)
  - 任务二　支付结算概述 ……………………………………………………… (48)
  - 任务三　银行结算账户 ……………………………………………………… (53)
  - 任务四　票据结算 …………………………………………………………… (64)
  - 任务五　其他结算方式 ……………………………………………………… (79)
- 第三单元　税收法律制度 ……………………………………………………… (92)
  - 任务一　税收概述 …………………………………………………………… (92)
  - 任务二　主要税种 …………………………………………………………… (99)
  - 任务三　税收征收管理 ……………………………………………………… (114)
- 第四单元　财政法律制度 ……………………………………………………… (137)
  - 任务一　预算法律制度 ……………………………………………………… (137)
  - 任务二　政府采购法律制度 ………………………………………………… (148)
  - 任务三　国库集中收付制度 ………………………………………………… (161)
- 第五单元　会计职业道德 ……………………………………………………… (171)
  - 任务一　会计职业道德概述 ………………………………………………… (171)
  - 任务二　会计职业道德规范的主要内容 …………………………………… (176)
  - 任务三　会计职业道德教育 ………………………………………………… (186)
  - 任务四　会计职业道德建设 ………………………………………………… (190)
- 附录一　中华人民共和国会计法 ……………………………………………… (199)
- 附录二　会计基础工作规范 …………………………………………………… (206)

第一单元　会计法律制度

> **知识目标**
> - 掌握会计法律制度的构成，熟悉我国现行的会计工作管理体制。
> - 掌握会计核算的要求，掌握会计档案的种类、保管期限和会计档案销毁管理的有关规定。
> - 掌握会计机构设置的影响因素以及会计机构负责人任职资格，熟悉设立代理记账机构的条件和代理记账机构的业务范围，理解会计专业职务和会计专业技术资格的有关规定。
> - 掌握会计工作交接的程序和会计人员回避制度。
> - 掌握违反会计法律制度的法律责任。
>
> **技能目标**
> - 会识别违反会计法律制度的行为，明白其责任后果，会进行会计法律制度案例分析。

任务一　认识会计法律制度

洪鑫公司是一家国有大型企业。2018年12月，公司总经理针对公司效益下滑将面临亏损的情况，电话请示正在外地出差的董事长。董事长指示把财务会计报告做得"漂亮"一些，总经理把这项工作交给公司总会计师，要求其按董事长的意见办。总会计师授意会计科科长遵照办理。会计科科长对当年度的财务会计报告进行了"技术"处理，虚拟了若干笔无交易的销售收入，从而使公司的财务报表由亏损变为盈利，经惠华会计师事务所审计后，公司财务会计报告对外报出。

问题：该公司董事长、总经理、总会计师、会计科科长的行为是否违反了会计法律制度的规定？

法是由国家制定或认可的具有普遍约束力，由国家强制力保证实施的社会行为规范及其相应的规范性法律文件的总称。会计法是调整经济关系中各种会计关系的法律规范。会计工作是我国对各种经济活动和财务收支进行分析、检查的经济管理活动。在会计工作中，必须遵守相关的会计法规，才能规范会计行为，确保会计信息的质量，提高经济效益，维护社会正常的经济秩序。

一、会计法律制度的概念

会计法律制度是指由国家权力机关和行政机关制定的，用以调整会计关系的各项法律、法规、规章和规范性文件的总和,通常简称为会计法规。

所谓会计关系,是会计机构和会计人员在办理会计事务过程中,以及国家在管理会计工作过程中发生的经济关系。在一个单位,会计关系的主体为会计机构和会计人员,客体为与会计工作相关的具体事务。为了规范会计行为和调整会计关系,保证会计工作的有序进行,国家需要制定一系列的会计法律制度。

二、会计法律制度的构成

我国的会计法律制度包括会计法律、会计行政法规、会计部门规章和地方性会计法规。

(一) 会计法律

会计法律,是指由全国人民代表大会及其常务委员会经过一定立法程序制定的有关会计工作的法律,它是调整我国经济生活中会计关系的法律总规范。我国目前有两部会计法律,即《中华人民共和国会计法》(以下简称《会计法》)和《中华人民共和国注册会计师法》(以下简称《注册会计师法》)。

《会计法》于1985年1月21日经第六届全国人民代表大会常务委员会第九次会议通过,1993年12月29日第八届全国人民代表大会常务委员会第五次会议第一次修正,1999年10月31日第九届全国人民代表大会常务委员会第十二次会议修订,2017年11月4日第十二届全国人民代表大会常务委员会第三十次会议第二次修正。

【特别提示】《会计法》是会计法律制度中层次最高的法律规范,既是制定其他会计法规的依据,又是指导会计工作的最高准则。

《注册会计师法》于1993年10月31日经第八届全国人民代表大会常务委员会第四次会议通过,自1994年1月1日起施行,2014年8月31日第十二届全国人民代表大会常务委员会第十次会议修正,是规范注册会计师及其行业行为的最高准则。

【边学边练1-1·单选题】《中华人民共和国会计法》属于( )。

A. 会计法律
B. 会计行政法规
C. 会计部门规章
D. 地方性会计法规

【答案】A。

【解析】我国目前有两部会计法律,即《会计法》和《注册会计师法》。

(二) 会计行政法规

会计行政法规,是指由国务院制定发布,或者由国务院有关部门拟订经国务院批准发布的,调整经济生活中某些方面会计关系的法律规范,其制定依据是《会计法》。如1990年12月31日国务院发布的《总会计师条例》(2011年修订)和2000年6月21日国务院发布的《企业财务会计报告条例》等都属于会计行政法规。

(1)《总会计师条例》是对《会计法》中有关规定的细化和补充,主要规定了单位总会计师的职责、权限、任免、奖惩等。

(2)《企业财务会计报告条例》主要规定了企业财务会计报告的构成、编制和对外提供的要求、法律责任等。该条例要求企业负责人对本企业的财务会计报告的真实性和完整性负责,规定有关部门或机构必须依据法律法规索要企业财务会计报告。

【边学边练1-2·多选题】下列各项中,属于会计行政法规的有(　　)。

A. 国务院发布的《总会计师条例》
B. 国务院发布的《企业财务会计报告条例》
C. 省级人大常委会发布的地方会计管理条例
D. 财政部发布的《财政部门实施会计监督办法》

【答案】AB。

【解析】会计行政法规,是指由国务院制定发布,或者由国务院有关部门拟订经国务院批准发布的,调整经济生活中某些方面会计关系的法律规范,A和B均是由国务院制定的,C属于地方性会计法规,D属于会计部门规章。

(三)会计部门规章

会计部门规章,是指由财政部以及其他相关部门根据法律和国务院的行政法规、决定、命令,在本部门的权限范围内制定的、调整会计工作中某些方面内容的国家统一的会计准则制度和规范性文件,如财政部发布的《财政部门实施会计监督办法》《企业会计准则——基本准则》《代理记账管理办法》《会计师事务所审批和监督办法》等。

国务院其他部门根据其职责权限制定的会计方面的规范性文件也属于会计规章,但必须报财政部审核或备案。

【特别提示】会计部门规章的特征表现为××办法、××准则、××制度、××规范。

【边学边练1-3·多选题】下列各项中,属于会计部门规章的是(　　)。

A. 单位制定的内部监督制度
B. 《财政部门实施会计监督办法》
C. 《企业会计准则——应用指南》
D. 《金融企业会计制度》

【答案】BCD。

【解析】单位制定的内部监督制度属于本企业内部制定的制度,不是国家权力机关和行政机关制定的,不属于会计法律制度,也就不属于会计部门规章。

(四)地方性会计法规

地方性会计法规,是指省、自治区、直辖市人民代表大会或其常务委员会,在与宪法、会计法律、会计行政法规不相抵触的前提下,根据本地区情况制定发布的关于会计核算、会计监督、会计机构和会计人员以及会计工作管理的规范性文件。

任务反馈

从事会计工作应当了解、掌握会计法律制度的构成、会计核算的法律规定、会计监督的法律规定、会计机构和会计人员的法律规定及违反会计法律制度的法律责任。掌握会计法律制度是做好会计工作的前提,只有掌握会计法律制度,才能遵循并坚持会计法律制度,最终才能做好会计工作。在该案例中,洪鑫公司董事长、总经理、总会计师、会计科科长是财务会计报告的签章主体,董事长、总经理、总会计师授意、指使、强令会计机构、会计人员编制虚假财务会计报告的行为违反了会计法律制度的规定,应当承担相应的法律责任;会计科科长编制虚假财务会计报告,应当承担相应的法律责任。由此可以得出:该单位会计工作不能做好的重要原因是该单位的相关负责人及会计人员不遵守《会计法》,没有依法开展会计工作。

任务二　会计工作管理体制

某单位为加强内部管理,进一步健全岗位责任制,重新制定了内部各岗位及人员职责。其中,对会计机构负责人增加了"负责本单位内部的会计工作管理"这一职责权限。

问题：该单位的做法是否正确？请说明理由。

任何一个国家都会运用一定的方式对会计活动进行干预、干涉或控制,也就是说,各国实际上都存在会计工作管理体制的问题。加强对会计行为的管制,借助会计管制来达到市场的有效运行,是国家干预市场运行的一个重要手段。会计工作管理体制是划分会计管理工作职责权限关系的制度,包括会计工作的行政管理、自律管理和单位内部的会计工作管理等。

一、会计工作的行政管理

会计工作的主管部门,是指代表国家对会计工作行使职能的政府部门。《会计法》第七条规定:"国务院财政部门主管全国的会计工作。县级以上地方各级人民政府财政部门管理本行政区域内的会计工作。"我国对会计工作实行的是"统一指导、分级管理"原则下的政府主导型管理体制,财政部作为全国会计工作的主管部门,对全国的会计工作进行统一指导,对地方的会计管理工作予以指导、监督;地方财政部门在财政部的统一指导下,做好本行政区域内的会计管理工作。

【点拨指导】《会计法》规定由财政部门"主管"全国会计工作,而不是"管理"会计工作,说明会计工作的管理不仅是财政部门的事,税务、审计、人民银行、证券监管、保险监管等其他相关部门也应当在各自职责范围内发挥作用,参与会计管理。

【边学边练1-4·单选题】根据《会计法》的规定,主管全国会计工作的政府部门是(　　)。
A. 财政部门
B. 税务部门
C. 审计部门
D. 金融部门
【答案】A。
【解析】税务、审计、金融等部门虽然在履行职责中也涉及管理会计工作,但由于受行业、业务范围的限制,这些部门所涉及的会计单位没有财政部门广泛,不属于主管会计工作的部门。

财政部门履行的会计行政管理职能主要有:

（一）制定国家统一的会计准则制度

《会计法》第八条规定："国家实行统一的会计制度。国家统一的会计制度由国务院财政部门根据本法制定并公布。国务院有关部门可以依照本法和国家统一的会计制度制定对会计核算和会计监督有特殊要求的行业实施国家统一的会计制度的具体办法或者补充规定，报国务院财政部门审核批准。中国人民解放军总后勤部可以依照本法和国家统一的会计制度制定军队实施国家统一的会计制度的具体办法，报国务院财政部门备案。"

国家实行统一的会计制度。国家统一的会计制度是指在全国范围内实施的会计工作管理方面的规范性文件，主要包括四个方面：（1）国家统一的会计核算制度；（2）国家统一的会计监督制度；（3）国家统一的会计机构和会计人员管理制度；（4）国家统一的会计工作管理制度。

各地区、各部门可以在国务院财政部门制定的国家统一会计制度基础上，制定符合《会计法》要求且与其具体情况相适应的会计制度或者补充规定，报国务院财政部门审核批准或者备案后实施。

（二）会计市场管理

在市场经济条件下，政府必须加强对会计市场的管理，包括会计市场的准入管理、过程的监督和会计市场退出管理三个方面。根据《会计法》的规定，财政部门是会计行业和注册会计师行业的主管部门，履行相应的会计市场管理职责。

（1）会计市场的准入管理。财政部门对代理记账机构的设立、注册会计师资格的取得及注册会计师事务所的设立等进行了具体的规定。获准进入会计市场后，这些机构和人员还应当继续保持符合相关资格条件的状态，并主动接受财政部门的监督检查。

（2）会计市场的运行管理。财政部门对获准进入会计市场的机构和人员是否遵守各项法律法规，是否依据相关准则、制度和规范执行业务的过程及结果要进行监督和检查。会计市场的运行管理是会计市场管理的重要组成部分。

（3）会计市场的退出管理。《注册会计师法》第三十九条规定："会计师事务所违反本法第二十条、第二十一条规定的，由省级以上人民政府财政部门给予警告，没收违法所得，可以并处违法所得一倍以上五倍以下的罚款；情节严重的，并可以由省级以上人民政府财政部门暂停其经营业务或者予以撤销。注册会计师违反本法第二十条、第二十一条规定的，由省级以上人民政府财政部门给予警告；情节严重的，可以由省级以上人民政府财政部门暂停其执行业务或者吊销注册会计师证书。"

（三）会计专业人才评价

会计专业人才是我国经济建设中不可或缺的重要力量，也是我国人才队伍的重要组成部分。目前，我国已经基本形成阶梯式的会计专业人才评价机制，包括初级、中级、高级会计专业人才评价机制和会计行业领军人才的培养评价等。

对先进会计工作者的表彰奖励也属于会计专业人才评价的范畴。《会计法》第六条规定："对认真执行本法，忠于职守，坚持原则，做出显著成绩的会计人员，给予精神的或物质的奖励。"因此，财政部制定了《全国先进会计工作者评选表彰办法》（财会〔2007〕7号），明确了评选范围、条件和程序等，先进会计工作者表彰工作做到了经常化、制度化。

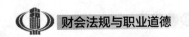

（四）会计监督检查

会计监督是会计的基本职能之一，是我国经济监督体系中的重要组成部分，经济越发展，越需要加强会计监督检查。财政部门实施的会计监督检查主要是会计信息质量检查和会计师事务所执业质量检查以及对会计行业自律组织的监督、指导等。

财政部组织实施对全国的会计信息质量检查，并依法对违法行为实施行政处罚；县级以上财政部门组织实施本行政区域内的会计信息质量检查，并依法对本行政区域单位或人员的违法行为实施行政处罚。

财政部组织实施全国会计师事务所的执业质量检查，并依法对违反《注册会计师法》的行为实施行政处罚。省、自治区、直辖市人民政府财政部门组织实施本行政区域内的会计师事务所执业质量检查，并依法对本行政区域内会计师事务所或注册会计师违反《注册会计师法》的行为实施行政处罚。

二、会计工作的自律管理

行业自律是相对于行政管理的一种管理模式。行政管理是国家行政机关依法对国家和社会公共事务进行管理。行业自律，是指行业协会根据会员的一致意愿，自行制定规则，并据此对各成员进行管理，以促进成员之间的公平竞争和行业的有序发展。会计行业自律管理制度是对行政管理制度的一种有益补充，有助于督促会计人员依法开展会计工作，树立良好的行业风气，促进行业的发展。我国目前的会计行业自律组织主要有中国注册会计师协会、中国会计学会和中国总会计师协会。

（一）中国注册会计师协会

中国注册会计师协会是依据《注册会计师法》和《社会团体登记管理条例》的有关规定成立，在财政部党组领导下开展行业管理和服务的法定组织。

（二）中国会计学会

中国会计学会创建于1980年，是由财政部所属全国会计领域各类专业组织及会计理论界、实务界专业人员自愿结成的学术性、专业性、非营利性社会组织。中国会计学会中有许多个人会员在各自领域担任重要职务。中国会计学会还有单位会员，涵盖国有大中型企业、大专院校、省级会计管理机构。中国会计学会接受财政部和民政部的业务指导、监督和管理。

（三）中国总会计师协会

中国总会计师协会是经财政部审核同意、民政部正式批准，依法注册登记成立的跨地区、跨部门、跨行业的全国非营利一级社团组织，是总会计师行业的全国性自律组织。

三、单位内部的会计工作管理

单位内部对会计工作的管理主要包括会计工作的组织领导、会计人员的选拔任用等。

（一）单位负责人要组织、管理好本单位的会计工作

《会计法》第四条规定："单位负责人对本单位的会计工作和会计资料的真实性、完整性负责。"第二十八条规定："单位负责人应当保证会计机构、会计人员依法履行职责，不得授

意、指使、强令会计机构、会计人员违法办理会计事项。"这些规定明确了单位负责人在单位会计工作管理中的权力和责任。

单位负责人是指单位法定代表人或者法律、行政法规规定代表单位行使职权的主要负责人。单位负责人主要包括两类人员：一是单位的法定代表人，即依法代表法人单位行使职权的负责人，如国有企业的厂长、经理，公司制企业的董事长，国家机关的最高行政官员，社会团体的行政事务负责人等；二是按照法律、行政法规规定代表单位行使职权的负责人，即依法代表非法人单位行使职权的负责人，如代表合伙企业执行合伙企业事务的合伙人、个人独资企业的投资人等。

【特别提示】单位负责人是单位会计行为的责任主体，但并不排除会计人员和其他人员的责任。

（二）会计人员的选拔任用由所在单位具体负责

财政部只对从事会计工作人员的相关资格条件进行统一规定，如担任会计机构负责人应当具备会计师以上专业技术职务资格或者从事会计工作三年以上的经历，担任总会计师应当在取得会计师任职资格后主管一个单位或者单位内一个重要方面的财务会计工作不少于三年。会计人员取得相关资格或符合有关条件的前提下，能否具体从事相关工作，由所在单位自行决定。单位要加强对本单位会计人员的管理，依法合理设置会计岗位，督促会计人员按照国家统一的会计制度的规定进行会计核算和监督。

【边学边练1-5·多选题】下列各项中，不属于单位负责人的有（　　）。

A．某公司董事长
B．某个人独资企业的投资人
C．某公司总经理
D．某公司分管财务的副经理

【答案】CD。

【解析】公司制企业的单位负责人是董事长，不是总经理和财务副经理。

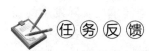

该单位的做法不正确。根据我国《会计法》的规定，单位负责人对本单位的会计工作和会计资料的真实性、完整性负责。单位负责人应当按照国家规定组织好本单位的会计工作，保证财务会计报告真实、完整。会计机构负责人不具备"负责本单位内部的会计工作管理"的权限。

任务三　会计核算

某外商投资工业企业在2018年发生下列事项：

1. 新投产的一部设备在生产产品的同时又产出可利用的废料，经理授意销售科科长将废料售给一名个体户，每次收入的现金由经理另立银行账户统一保管，作为奖金定期取出发给管理人员,财务科科长认为这是为管理人员办好事,所以也未要求将这项收入纳入会计核算。

2. 作为子公司,该企业采用了由母公司统一配置的以英语为文字界面的会计审核软件,于是该企业以母公司的规定为由,以英语作为会计记录的唯一文字,向我国政府部门报送的会计报表也采用英语。

问题:该案例上述事项中,有哪些是违反会计法规的?请分别就不同的事项,具体说明该企业违反了会计法规的哪些规定。

会计核算是会计工作的基本职能之一,是会计工作的重要环节。会计核算也称会计反映,是以货币为主要计量单位,运用专门的会计方法,对生产经营活动或者预算执行过程及其结果进行连续、系统、全面的记录、计算、分析,定期编制并提供财务会计报告和其他一系列内部管理所需的会计资料,为做出经营决策和进行宏观经济管理提供依据的一项会计活动。

一、会计核算的基本规范

我国会计法规体系中,在法律层次对会计核算进行规范的有《会计法》,在法规层次对会计核算进行规范的有《企业财务会计报告条例》,在部门规章层次对会计核算进行规范的主要有《会计基础工作规范》《企业会计准则——基本准则》等。

会计核算的法律规定是各单位进行会计核算应当遵循的基本规范。关于会计核算的法律规定,其基本内容可以概括为:一个中心,两个基本要求,三个统一规定。

(一) 一个中心——会计资料真实完整

会计资料是在会计核算过程中形成的、记录和反映实际发生的经济业务事项的资料,包括会计凭证、会计账簿、财务会计报告和其他会计资料。《会计法》和《会计基础工作规范》都规定,会计资料的内容和要求必须符合国家统一的会计制度的规定,保证会计资料的真实性和完整性;不得伪造、变造会计凭证、会计账簿及其他会计资料,不得提供虚假的财务会计报告。

会计资料的真实性;主要是指会计资料所反映的内容和结果,应当同单位实际发生的经济业务的内容及其结果相一致。会计资料的完整性,主要是指构成会计资料的各项要素都必须齐全,以使会计资料如实、全面地记录和反映经济业务发生的情况,便于会计资料使用者全面、准确地了解经济活动情况。会计资料的真实性和完整性是会计资料最基本的质量要求,是会计工作的生命,因此各单位必须保证所提供的会计资料的真实和完整。

生成和提供虚假会计资料是一种严重的违法行为。伪造会计资料,是指以虚假的经济业务或者资金往来为前提,编造虚假的会计凭证、会计账簿和其他会计资料的行为;变造会计资料,是指采取涂改、挖补以及其他方法改变会计凭证、会计账簿和其他会计资料的行为;提供虚假财务会计报告,是指通过编造虚假的会计凭证、会计账簿及其他会计资料或篡改财务会计报告上的真实数据,使财务会计报告不能真实、完整地反映财务状况和经营成果,借以误导、欺骗会计资料使用者的行为。这些违法行为既包括单位及其工作人员为单位内部的非法目的而实施的伪造、变造会计资料和提供虚假财务会计报告的行为,也包括为他人伪造、变造会计资料和提供虚假财务会计报告提供方便的行为。伪造、变造会计资料和提供虚假财务会计报告的主体为"任何单位和个人"。

【边学边练1-6·判断题】业务员小张出差花了2000元住宿费,却采用涂改手段将2000

元改为4000元的住宿发票前来报销。小张的行为属于伪造会计凭证的行为。（　　）

【答案】错。

【解析】小张的行为属于变造会计凭证，不是伪造会计凭证。

（二）两个基本要求

两个基本要求：一是依法设账，二是会计核算必须以实际发生的经济业务事项为依据。

1. 依法设账的基本要求

设账，是如实记录和反映经济活动情况的重要前提。依法设账，是设账的最基本要求。这里的"法"，既包括《会计法》、会计行政法规和国家统一的会计制度，又包括其他法律、行政法规，如《中华人民共和国税收征收管理法》《中华人民共和国公司法》等。《中华人民共和国税收征收管理法》第十九条规定："纳税人、扣缴义务人按照有关法律、行政法规和国务院财政、税务主管部门的规定设置账簿，根据合法、有效凭证记账，进行核算。"《中华人民共和国公司法》第一百七十一条规定："公司除法定的会计账簿外，不得另立会计账簿。"

2. 对会计核算依据的基本要求

会计核算应当以实际发生的经济业务为依据，体现了会计核算的真实性和客观性的要求。《会计法》第九条规定："各单位必须根据实际发生的经济业务事项进行会计核算，填制会计凭证，登记会计账簿，编制财务会计报告。"如果以不真实或虚假的经济业务事项或者资料为依据进行会计核算，会导致会计资料失实、失真，从而影响会计资料的有效使用，扰乱社会经济秩序，这是一种严重的违法行为。

（三）三个统一规定

1. 正确采用会计处理方法

会计处理方法，是指在会计核算中采用的具体方法，通常包括收入确认法、企业所得税的会计处理方法、存货计价方法、固定资产折旧方法、编制合并会计报表的方法等。各单位采用的会计处理方法，前后各期应当一致，不得随意变更；确有必要变更的，应当按照国家统一的会计制度的规定变更，并将变更的原因、情况及影响在财务会计报告中说明，以便于会计资料使用者了解会计处理方法变更对会计资料影响的情况。

合理、合规地选择会计处理方法并遵循一致性原则要求，是确保会计信息质量的必要条件。

2. 正确使用会计记录文字

会计记录文字是在进行会计核算时，为记载经济业务发生情况和辅助说明会计数字所体现的经济内涵而使用的文字。会计记录文字是进行会计核算和提供会计资料不可或缺的重要媒介，是会计资料的重要组成部分，因此会计记录文字的使用必须规范。《会计法》第二十二条规定："会计记录的文字应当使用中文。在民族自治地方，会计记录可以同时使用当地通用的一种民族文字。在中华人民共和国境内的外商投资企业、外国企业和其他外国组织的会计记录可以同时使用一种外国文字。"使用中文是强制性的，使用其他通用文字是备选性的，不能理解为可以使用中文，也可以使用其他通用文字。

【点拨指导】关于会计记录使用民族文字的提示：

（1）允许使用民族文字的前提是使用中文；

(2) 少数民族文字只允许在民族自治地方使用；

(3) 与中文同时使用的民族文字必须是当地通用的,并且只能是一种。

【边学边练1-7·单选题】 对于在中国境内的某一美国经济组织,其会计记录使用的文字符合规定的是( )。

A. 只能使用中文,不能使用其他文字

B. 只能使用外文

C. 在中文和外文中选一种

D. 使用中文,同时可以选一种外文

【答案】 D。

【解析】 根据《会计法》的规定,在中华人民共和国境内的外商投资企业、外国企业和其他外国组织的会计记录应当使用中文,同时可以使用一种外国文字。

3. 使用电子计算机进行会计核算必须符合法律规定

使用电子计算机进行会计核算,即会计电算化,是将以电子计算机为主的当代电子和信息技术应用于会计工作,是采用电子计算机替代手工记账、算账、报账,以及对会计资料进行电子化分析和利用的现代记账手段。

《会计法》第十三条规定:"使用电子计算机进行会计核算的,其软件及其生成的会计凭证、会计账簿、财务会计报告和其他会计资料,也必须符合国家统一的会计制度的规定。"

二、会计凭证的规定

会计凭证是记录经济业务事项的发生和完成情况,明确经济责任,并作为记账依据的书面证明,是会计核算的重要会计资料。每个企业都必须按一定的程序填制和审核会计凭证,根据审核无误的会计凭证进行账簿登记,如实反映企业的经济业务。按照填制程序和用途的不同,会计凭证分为原始凭证和记账凭证。

(一) 原始凭证

原始凭证是在经济业务事项发生时由经办人员直接取得或者填制,用以表明某项经济业务事项已经发生或完成情况,明确有关经济责任的一种原始凭据。它是会计核算的原始依据。

【边学边练1-8·单选题】 下列各项中,不属于原始凭证的是( )。

A. 结算凭证

B. 购销合同

C. 领料单

D. 入库单

【答案】 B。

【解析】 购销合同,不能证明经济业务已经发生或完成,所以不属于原始凭证。

按照来源的不同,原始凭证可分为外来原始凭证和自制原始凭证两种。外来原始凭证是企业、单位同外部的企业、单位或个人发生经济业务往来时,从外部企业、单位或个人取得的原始凭证,是一次凭证,如购买货物取得的增值税专用发票、银行对账单、职工出差取得的飞机票、火车票等。自制原始凭证是由本单位内部经办人员在办理经济业务时自行填制的原始凭证,如收料单、产品出库单、借款单、职工工资发放单等。

按照格式是否一致,原始凭证可以分为统一印制的具有固定格式的原始凭证(如发票、各种结算凭证)和各单位印制的无统一格式的内部凭证(如领料单、入库单等)。

1. **原始凭证的内容**

按照《会计基础工作规范》的规定,原始凭证应包括如下内容:凭证的名称;填制凭证的日期;填制凭证单位名称或者填制人姓名;经办人员的签名或者盖章;接受凭证单位名称;经济业务内容;数量、单价和金额。

2. **原始凭证的填制和取得**

填制或取得原始凭证,是会计核算工作的起点。一般情况下,原始凭证都是由经济业务事项经办人员取得或填制的,涉及的人员较广,人员各自具备的会计专业知识也参差不齐。为了使会计工作能够顺利进行,办理经济业务事项的单位和人员,都必须填制或取得原始凭证并及时送交会计机构。

3. **原始凭证的审核**

审核原始凭证,是确保会计资料质量的重要措施之一,也是会计机构、会计人员的重要职责。会计机构、会计人员必须按照国家统一的会计制度的规定对原始凭证进行审核,对不真实、不合法的原始凭证有权不予接受,并向单位负责人报告;对记载不准确、不完整的原始凭证予以退回,并要求按照国家统一的会计制度的规定更正、补充。

4. **原始凭证错误的更正**

原始凭证记载的各项内容均不得涂改;原始凭证有错误的,应当由开具单位重开或者更正,更正处应当加盖出具单位印章。原始凭证金额有错误的,应当由出具单位重开,不得在原始凭证上更正。

【边学边练1-9·单选题】原始凭证出现金额错误,应由( )。

A. 经办人更正
B. 会计人员更正
C. 原开具单位更正
D. 原开具单位重新开具

【答案】D。

【解析】原始凭证金额有错误的,应当由原始凭证开具单位重新开具,不得在原始凭证上更正。

(二)记账凭证

记账凭证是对经济业务事项按其性质加以归类、确定会计分录,并据以登记会计账簿的凭证。它具有分类归纳原始凭证和满足登记会计账簿需要的作用。

1. **记账凭证的内容**

根据《会计基础工作规范》规定,记账凭证的内容必须具备:(1)填制凭证的日期;(2)凭证编号;(3)经济业务摘要;(4)会计科目;(5)金额;(6)所附原始凭证张数;(7)填制凭证人员、稽核人员、记账人员、会计机构负责人、会计主管人员签名或者盖章。

除结账和更正错误的记账凭证可以不附原始凭证外,其他记账凭证必须附有原始凭证,并注明所附原始凭证的张数。所附原始凭证张数的计算,一般应以原始凭证的自然张数为准。

【特别提示】如果一张原始凭证所列的支出需要由几个单位共同负担时,应当由保存该原始凭证的单位开具原始凭证分割单给其他应共同负担的单位。

2. 记账凭证的编制

记账凭证的编制是会计核算过程中非常重要的环节,是提供正确会计信息的关键。记账凭证必须依据审核无误的原始凭证和有关资料进行编制。

【边学边练 1-10·案例题】2018 年 5 月 10 日,甲公司收到一张应由甲公司与乙公司共同负担费用支出的原始凭证,甲公司会计人员张某以该原始凭证及应承担的费用进行账务处理,并保存该原始凭证;同时应乙公司要求将该原始凭证复制件提供给乙公司用于账务处理。请分析甲公司会计人员张某的做法是否正确。

【解析】会计人员张某的做法不正确。理由是:根据《会计基础工作规范》第五十一条的规定,一张原始凭证所列的支出需要由几个单位共同负担时,应当由保存该原始凭证的单位开具原始凭证分割单给其他应共同负担的单位,而不是给复制件。

3. 记账凭证的审核

记账凭证的审核是指为了保证和监督款项的收付、物资的收发、债权债务的计算以及账簿记录的正确性,对记录经济业务事项的原始凭证进行复查,对记账凭证的填制进行检查。只有审核无误的记账凭证,才能作为记账的依据。

三、会计账簿的规定

会计账簿,是指按照会计科目开设账户、账页,以会计凭证为依据,用来序时、分类地登记有关经济业务的簿籍。会计账簿是会计资料的主要载体之一,也是会计资料的重要组成部分。

(一) 会计账簿的种类

各单位要依法设置的会计账簿包括总账、明细账、日记账和其他辅助性账簿。

1. 总账

总账也称总分类账,是指根据会计科目(也称总账科目)开设的账簿,用于分类登记单位的全部经济业务事项,提供资产、负债、资本、费用、成本、收入和成果等总括核算的资料。总账一般使用订本账。

2. 明细账

明细账也称明细分类账,是根据总账科目所属的明细科目设置的,用于分类登记某一类经济业务事项,提供有关明细核算资料。明细账一般采用活页账。

3. 日记账

日记账是一种特殊的序时明细账,是指按照经济业务事项发生的时间先后顺序,逐日逐笔地进行登记的账簿。现金日记账和银行存款日记账必须使用订本式账簿。

4. 其他辅助性账簿

其他辅助性账簿也称备查账簿,是为备忘备查而设置的。在会计实务中,备查账簿主要包括各种租借设备、物资的辅助登记或有关应收、应付款项的备查簿,担保、抵押备查簿等。

(二) 会计账簿的启用

启用新的会计账簿,应当在账簿封面上写明单位名称和账簿名称,并填写账簿扉页上的"账簿启用及交接表",注明启用日期、账簿页数、记账人员和会计机构负责人(会计主管人员)姓名,并加盖名章和单位公章。

(三) 登记会计账簿的规定

根据有关规定,会计账簿的登记应满足以下要求。

(1) 根据经过审核无误的会计凭证登记会计账簿。依据会计凭证登记会计账簿,是基本的会计记账规则,是保证会计账簿记录质量的重要一环。

(2) 按照记账规则登记会计账簿。会计账簿应当按照连续编号的页码顺序登记;会计账簿记录发生错误或者隔页、缺号、跳行的,应当按照国家统一的会计制度规定的方法更正,并由会计人员和会计机构负责人(会计主管人员)在更正处盖章。

(3) 使用电子计算机进行会计核算的,其会计账簿的登记、更正,应当符合国家统一的会计制度的规定。

(4) 禁止账外设账。各单位发生的各项经济业务事项应当在依法设置的会计账簿上统一登记、核算,不得私设会计账簿核算。

(四) 结账的基本要求

结账就是在将一定时期内所发生的经济业务事项全部登记入账的基础上,结计出各个账户的"本期发生额"和"期末余额",并将余额结转下期或转入新账。结账可以分为月结、季结和年结三种。各单位应当按照规定定期结账。

年度终了,要把各账户的余额结转到下一会计年度,并在摘要栏内注明"结转下年"字样;在下一会计年度新建有关会计账簿的第一行余额栏内填写上年结转的余额,并在摘要栏注明"上年结转"字样。

四、财务会计报告的规定

财务会计报告是企业对外提供的反映企业某一特定日期财务状况和某一会计期间经营成果、现金流量的文件。

(一) 财务会计报告的构成

财务会计报告由会计报表、会计报表附注和财务情况说明书组成。

1. 会计报表

会计报表是财务会计报告的主要组成部分。它是根据会计账簿记录和有关资料,按照规定的报表格式,总括反映一定会计期间的经济活动和财务收支情况及其结果的一种报告文体。会计报表主要包括资产负债表、利润表、现金流量表及相关附表。

2. 会计报表附注

会计报表附注是对会计报表的补充说明,也是财务会计报告的重要组成部分。会计报表附注主要包括两类内容:一是对会计报表各要素的补充说明,二是对那些会计报表中无法描述的其他财务信息的补充说明。

3. 财务情况说明书

财务情况说明书是对单位一定会计期间内财务、成本等情况进行分析总结的书面文字报告,也是财务会计报告的重要组成部分。按照《企业财务会计报告条例》第十五条的规定,财务情况说明书至少应对下列情况进行说明:(1)企业生产经营的基本情况;(2)利润实现和分配情况;(3)资金增减和周转情况;(4)对企业财务状况、经营成果和现金流量有重大影响的其他事项。

【边学边练1-11·多选题】下列各项中,属于企业财务会计报告组成部分的有(　　)。

A. 会计报表
B. 年度财务计划
C. 会计报表附注
D. 财务情况说明书

【答案】ACD。

【解析】根据《会计法》和《企业财务会计报告条例》的规定,财务会计报告由会计报表、会计报表附注和财务情况说明书组成,不包括年度财务计划。

(二)财务会计报告的编制

财务会计报告的编制,是会计核算工作的重要环节。企业不得编制和对外提供虚假或者隐瞒重要事实的财务会计报告。各单位的财务会计报告必须根据经过审核的会计账簿记录和有关资料编制,并符合《会计法》和国家统一的会计制度关于财务会计报告的编制要求、提供对象和提供期限的规定。向不同的会计资料使用者提供的财务会计报告,其编制依据应当一致。

(三)财务会计报告的注册会计师审计

《会计法》第二十条规定:"有关法律、行政法规规定会计报表、会计报表附注和财务情况说明书须经注册会计师审计的,注册会计师及其所在的会计师事务所出具的审计报告应当随同财务会计报告一并提供。"

另外,《企业财务会计报告条例》第三十八条规定:"接受企业财务会计报告的组织或者个人,在企业财务会计报告未正式对外披露前,应当对其内容保密。"

(四)财务会计报告的签章程序和财务会计报告的责任主体

《会计法》第二十一条规定:"财务会计报告应当由单位负责人和主管会计工作的负责人、会计机构负责人(会计主管人员)签名并盖章;设置总会计师的单位,还须由总会计师签名并盖章。"

【点拨指导】单位负责人应当保证本企业财务会计报告的真实性、完整性。因此,单位负责人是单位对外提供的财务会计报告的责任主体。财务会计报告虽然主要由会计人员编制,但财务会计报告的编制不是会计人员的个人行为,财务会计报告所反映的情况是单位全体经营管理人员工作成果的综合体现。单位负责人作为法定代表人,依法代表单位行使职权,应当对本单位对外提供的财务会计报告的质量负责。

【边学边练1-12·案例题】振兴公司是一家国有大型企业。2018年12月,公司召开董事会,董事长兼总经理胡某认为:"财务会计报告专业性很强,我也看不懂,以前我在财务会计报告上签字盖章只是履行程序而已,意义不大,从今以后公司对外报送的财务会计报告一律改由范总会计师一人把关,并由其签字盖章后就可对外报出。"请分析胡某的观点有无不妥之处。

【解析】根据《会计法》第二十一条的规定,财务会计报告应当由单位负责人和主管会计工作的负责人、会计机构负责人(会计主管人员)签名并盖章;设置总会计师的单位,还须由总会计师签名并盖章。胡某的观点不符合《会计法》的规定。胡某应在公司对外报出的财务会计报告上签名并盖章。

五、会计档案管理的规定

会计档案是指单位在进行会计核算等过程中接收或形成的,记录和反映单位经济业务事项的,具有保存价值的文字、图表等各种形式的会计资料,包括通过计算机等电子设备形成、传输和存储的电子会计档案。会计档案对于单位总结经济工作,指导单位的生产经营和事业管理,查验经济财务问题,防止贪污舞弊,研究经济发展的方针、战略都具有重要作用。因此,各单位必须加强对会计档案的管理,确保会计档案资料的安全和完整,并充分加以利用。

(一)会计档案的范围和种类

会计档案包括会计凭证、会计账簿、财务会计报告以及其他会计资料等会计核算的专业材料。其中:(1)会计凭证类,包括原始凭证、记账凭证;(2)会计账簿类,包括总账、明细账、日记账、固定资产卡片账及其他辅助性账簿;(3)财务会计报告类,包括月度、季度、半年度、年度财务会计报告;(4)其他会计资料,包括银行存款余额调节表、银行对账单、纳税申报表、会计档案移交清册、会计档案保管清册、会计档案销毁清册、会计档案鉴定意见书及其他具有保存价值的会计资料。

【特别提示】财务预算、计划、制度等文件材料属于文书档案,不属于会计档案。

【边学边练1-13·多选题】下列各项中,不属于会计档案的是(　　)。
A. 会计档案移交清册
B. 设计企划书
C. 财务会计报告
D. 内部控制管理文件

【答案】BD。
【解析】设计企划书和内部控制管理文件属于文书档案,不属于会计档案。

(二)会计档案的管理部门

财政部和国家档案局主管全国会计档案工作,共同制定全国统一的会计档案工作制度,对全国档案工作实行监督和指导。

县级以上地方人民政府财政部门和档案行政管理部门管理本行政区域内的会计档案工作,并对本行政区域内会计档案工作实施监督和指导。

(三)会计档案的归档与移交

各单位每年形成的会计档案,应由单位会计部门按照归档要求负责整理、立卷或装订。当年形成的会计档案,在会计年度终了后,可由单位会计管理机构临时保管一年,再移交单位档案管理机构保管。因工作需要确需推迟移交的,应当经单位档案管理机构同意。

单位会计管理机构临时保管会计档案最长不超过三年。临时保管期间,会计档案的保管应当符合国家档案管理的有关规定,且出纳人员不得兼管会计档案。

(四)会计档案的查阅、复制和借出

单位应当严格按照相关制度利用会计档案。单位保存的会计档案一般不得对外借出。确因工作需要且根据国家有关规定必须借出的,应当严格按照规定办理相关手续。

(五)会计档案的保管期限

会计档案保管期限分为永久和定期两类。定期保管期限一般分为十年和三十年。会计档案的保管期限,从会计年度终了后的第一天算起。《会计档案管理办法》对企业和其他组织会计档案保管期限做出了明确规定,具体如表1-1所示。

表1-1 企业和其他组织会计档案保管期限

类别	序号	档案名称	保管期限	备注
会计凭证	1	原始凭证	30年	
	2	记账凭证	30年	
会计账簿	3	总账	30年	
	4	明细账	30年	
	5	日记账	30年	
	6	固定资产卡片		固定资产报废清理后保管5年
	7	其他辅助性账簿	30年	
财务会计报告	8	月度、季度、半年度财务会计报告	10年	
	9	年度财务会计报告	永久	
其他会计资料	10	银行存款余额调节表	10年	
	11	银行对账单	10年	
	12	纳税申报表	10年	
	13	会计档案移交清册	30年	
	14	会计档案保管清册	永久	
	15	会计档案销毁清册	永久	
	16	会计档案鉴定意见书	永久	

【边学边练1-14·单选题】会计档案移交清册的保管期限是( )。

A. 十年
B. 二十年
C. 三十年
D. 永久

【答案】C。

【解析】会计档案移交清册的保管期限是三十年,会计档案保管清册和会计档案销毁清册的保管期限是永久。

(六)会计档案的销毁

1. 会计档案的鉴定

单位应当定期对已到保管期限的会计档案进行鉴定,并形成会计档案鉴定意见书。经鉴定,仍需继续保存的会计档案,应当重新划定保管期限;对保管期满,确无保存价值的会计

档案,可以销毁。

2. 会计档案的销毁

经鉴定可以销毁的会计档案,应当按照以下程序销毁。

(1) 单位档案管理机构编制会计档案销毁清册,列明拟销毁会计档案的名称、卷号、册数、起止年度、档案编号、应保管期限、已保管期限和销毁时间等内容。

(2) 单位负责人、档案管理机构负责人、会计管理机构负责人、档案管理机构经办人、会计管理机构经办人在会计档案销毁清册上签署意见。

(3) 单位档案管理机构负责组织会计档案销毁工作,并与会计管理机构共同派员监销。监销人在会计档案销毁前,应当按照会计档案销毁清册所列内容进行清点核对;在会计档案销毁后,应当在会计档案销毁清册上签名或盖章。

电子会计档案的销毁还应当符合国家有关电子档案的规定,并由单位档案管理机构、会计管理机构和信息系统管理机构共同派员监销。

【边学边练1-15·判断题】一般的单位销毁会计档案的,其监销者是单位负责人。(　　)

【答案】错。

【解析】一般单位销毁会计档案时,应当由单位档案管理机构和会计机构共同派员监销,而不是单位负责人监销。

3. 不得销毁的会计档案

对于保管期满但未结清的债权债务会计凭证及其他未了事项的会计凭证不得销毁,纸质会计档案应当单独抽出立卷,电子会计档案单独转存,保管到未了事项完结时为止。单独抽出立卷或转存的会计档案,应当在会计档案鉴定意见书、会计档案销毁清册和会计档案保管清册中列明。

【边学边练1-16·判断题】正处于项目建设期期间的建设单位,其保管期满的会计档案可以销毁。(　　)

【答案】错。

【解析】建设单位会计档案虽然保管期满,但由于还处于项目建设期,属于未了事项,所以会计档案要保管到项目建设完成时才可以销毁。

1. 将废料收入另立账户保管是私设会计账簿,私设小金库的行为,即单位发生的经济业务或会计事项不在依法设置的会计账簿上进行统一登记和核算,而在另外私设的会计账簿上进行登记的行为。该行为违反了会计法规。《会计法》第十六条规定:"各单位发生的各项经济业务事项应当在依法设置的会计账簿上统一登记、核算,不得违反本法和国家统一的会计制度的规定私设会计账簿登记、核算。"

2. 该企业以英语作为会计记录的唯一文字,向我国政府部门报送的会计报表也采用英语,该行为违反了会计法规。根据《会计法》《会计基础工作规范》对于会计核算基本规范中对文字要求的规定,会计记录的文字应当使用中文;在中国境内的外商投资企业在中国境内进行会计核算的会计软件及会计报表一般采用中文,也可以同时使用某种外国文字。使用中文是强制性的,使用其他通用文字是备选性的,不能理解为不使用中文而只使用其他通用文字。

任务四 会计监督

星达公司是在天津市设立的一家中外合资经营企业。2018年5月,星达公司接到通知,天津市财政局将对该公司会计工作情况进行检查。公司董事长兼总经理赵某不以为然,认为作为中外合资经营企业,星达公司不受《会计法》的约束,财政部门无权对星达公司会计工作进行检查。

问题:
1. 星达公司董事长兼总经理赵某的观点是否正确?
2. 财政部门的监督属于什么监督?
3. 我国的会计监督体系包括哪几部分?

会计监督是指单位内部的会计机构和会计人员、依法享有经济监督检查职权的政府有关部门、依法批准成立的社会审计中介组织,对国家机关、社会团体、企业事业单位经济活动的合法性、合理性和会计资料的真实性、完整性以及本单位内部预算执行情况所进行的监督。目前我国已形成了三位一体的会计监督体系,包括以单位会计机构、会计人员为主体的单位内部监督、以政府财政部门为主体的政府监督和以注册会计师为主体的社会监督。"三位"是指我国的会计监督包括单位内部监督、政府监督和社会监督三个层次;"一体"是指各层次之间相互联系、相互协调,形成一个有机整体。在会计监督体系中,单位内部监督的本质是内部控制,是企业本身经营管理的重要组成部分;社会监督是对单位内部监督的再监督,其特征是独立性和有偿性;政府监督是对单位内部监督和社会监督的再监督,其特征是强制性和无偿性。因此,《会计法》所确立的会计监督体系,是三种监督相互补充、相互制约和不可替代的关系,是一种有效的会计监督体系。

一、单位内部会计监督

(一) 单位内部会计监督的概念

单位内部会计监督,是指会计机构、会计人员依照法律的规定,通过会计手段对经济活动的合法性、合理性和有效性进行的一种监督。这是单位内部为保证会计秩序、防止有关部门人员故意违法、预防单位内部管理失控的重要会计监督制度,其本质是一种内部控制制度。建立健全单位内部会计监督制度,是贯彻执行会计法律、法规、规章制度,保证会计工作有序进行,完善会计监督体系的重要措施。

(二) 单位内部会计监督的主体和对象

根据《会计法》《会计基础工作规范》的规定,各单位的会计机构、会计人员应对本单位的经济活动进行会计监督。内部会计监督的主体是各单位的会计机构、会计人员;内部会计监督的对象是单位的经济活动。会计机构、会计人员对违反《会计法》和国家统一的会计制度规定的会计事项,有权拒绝办理或者按照职权予以纠正。会计机构、会计人员发现会计账簿记录与实物、款项及有关资料不相符的,按照国家统一的会计制度的规定有权自行处理的,应当及时处理;无权处理的,应当立即向单位负责人报告,请求查明原因,做出处理。会计机构、会计人员应当忠于职守,认真履行监督职责,不得放弃原则,不得失职、渎职,更不能与违法者同流合污。一切妨碍、阻挠会计机构、会计人员进行会计监督的行为都是违法行为。

尽管单位内部会计监督的主体是各单位的会计机构、会计人员,但内部会计监督不仅仅是会计机构、会计人员的事情,单位负责人应当积极支持,保障会计机构、会计人员行使会计监督的职权。

(三)单位内部会计监督制度的基本要求

单位内部会计监督的内容十分广泛,涉及人、财、物等诸多方面,各单位应当根据实际情况建立、健全本单位内部会计监督制度。根据《会计法》第二十七条的规定,单位内部会计监督制度应当符合以下要求。

(1) 记账人员与经济业务事项和会计事项的审批人员、经办人员、财物保管人员的职责权限应当明确,并相互分离、相互制约。

(2) 重大对外投资、资产处置、资金调度和其他重要经济业务事项的决策和执行的相互监督、相互制约程序应当明确。

(3) 财产清查的范围、期限和组织程序应当明确。

(4) 对会计资料定期进行内部审计的办法和程序应当明确。

(四)单位负责人在会计监督方面的义务

单位负责人在会计监督方面的义务主要有两点:一是应当保证会计机构、会计人员依法履行职责,二是不得授意、指使、强令会计机构、会计人员违法办理会计事项。

单位负责人在保证会计机构、会计人员依法履行职责方面应注意以下问题。

(1) 要支持会计机构、会计人员的工作。会计人员在工作过程中往往会因严格执行国家会计制度而与他人发生工作上的矛盾,这时,需要单位负责人坚决支持会计人员依法履行职责,如果有人非法干涉会计机构、会计人员行使职权,单位负责人应当制止。

(2) 单位负责人自己也不得非法干涉会计机构、会计人员行使职权。

(五)会计机构和会计人员在单位内部会计监督中的职权

1. 依法开展会计核算和监督

对违反《会计法》和国家统一的会计制度规定的会计事项,有权拒绝办理或者按照职权予以纠正。单位内部会计监督,在许多情况下,是通过单位内部的会计机构、会计人员在处理会计业务过程中进行的。由于会计机构、会计人员对会计业务及相关法规、制度有比较全面的了解和掌握,对会计事项是否合法的界限比较清楚,单位内部的其他人员是不可能具有他们这种先天的优势的。因此,会计机构、会计人员在处理会计业务过程中严格把关,对会计业务实行监督,可以有效地防范违法会计行为的发生,这也是单位负责人的会计责任得以具体落实的重要措施。

2. 对单位内部的会计资料和财产物资实施监督

发现会计账簿记录与实物、款项及有关资料不相符的,按照国家统一的会计制度规定有权自行处理的,应当及时处理;无权处理的,应当立即向单位负责人报告,请求查明原因,做出处理。会计资料是会计工作的最终产品，对自己工作的结果实施有效的控制和监督，是会计机构、会计人员的基本职责。单位的财产物资及其财产物资的货币表现，是会计工作的对象。保证单位内部的账实、账款、账账与账表相符，是法律、单位内部负责人对会计工作的基本要求，也是加强物资管理的重要措施。

【边学边练 1-17·单选题】单位内部会计监督，可以通过（　　）在处理会计业务过程中进行。

A. 单位内部会计机构、会计人员

B. 单位负责人

C. 单位内部纪检人员

D. 上级单位领导

【答案】A。

【解析】单位内部会计监督，是指会计机构、会计人员依照法律的规定，通过会计手段对经济活动的合法性、合理性和有效性进行的一种监督。

二、会计工作的政府监督

（一）会计工作的政府监督的概念

会计工作的政府监督主要是指财政部门代表国家对单位和单位中相关人员的会计行为实施的监督检查，以及对发现的违法会计行为实施的行政处罚，是一种外部监督。这是我国经济监督体系的一个重要方面，它与单位内部会计机构、会计人员实行的内部会计监督是相辅相成的。

（二）会计工作的政府监督的主体

财政部门是会计工作政府监督的实施主体。这里所说的财政部门，是指国务院财政部门、国务院财政部门的派出机构和县级以上人民政府财政部门。

此外，根据《会计法》第三十三条的规定，除财政部门外，审计、税务、人民银行、证券监管、保险监管等部门依照有关法律、行政法规规定的职责和权限，可以对有关单位的会计资料实施监督检查。例如根据《中华人民共和国税收征收管理法》第五十四条的规定，税务机关有权检查纳税人的账簿、记账凭证、报表和有关资料。监督检查部门对有关单位的会计资料依法履行监督检查后，应当出具检查结论。这些规定明确地表明：除了财政部门对各单位会计工作的监督，其他有关政府部门对相关单位会计资料实施的监督检查也属于会计工作的政府监督范畴。

（三）财政部门会计监督的主要内容

根据《财政部门实施会计监督办法》第二条的规定，国务院财政部门及其派出机构和县级以上地方各级人民政府财政部门对国家机关、社会团体、公司、企业、事业单位和其他组织执行《会计法》和国家统一的会计制度的行为实施监督检查以及对违法会计行为实施行政处罚。当事人的违法会计行为依法应当给予行政处分的，执行有关法律、行政法规的规定。

根据《会计法》第三十五条的规定，各单位必须依照有关法律、行政法规的规定，接受有关监督检查部门依法实施的监督检查,如实提供会计凭证、会计账簿、财务会计报告和其他会计资料以及有关情况,不得拒绝、隐匿、谎报。

根据《会计法》的规定,财政部门可以依法对各单位的下列情况实施监督。

(1) 各单位是否依法设置会计账簿。具体包括:按照国家的相关法律、行政法规和国家统一的会计制度的规定,各单位是否依法设置会计账簿;已经设置会计账簿的单位,所设置的会计账簿是否符合相关法律、行政法规和国家统一会计制度的要求;各单位是否存在账外设账的行为;是否存在伪造、变造会计账簿的行为等。

(2) 各单位的会计凭证、会计账簿、财务会计报告和其他会计资料是否真实、完整。具体包括:《会计法》第十条规定的应当办理会计手续、进行会计核算的经济业务事项是否如实在会计凭证、会计账簿、财务会计报告和其他会计资料上反映;填制的会计凭证、登记的会计账簿、编制的财务会计报告与实际发生的经济业务事项是否相符,是否做到账实相符、账证相符、账账相符、账表相符;财务会计报告的内容是否符合有关法律、行政法规和国家统一的会计制度的规定;其他会计资料是否真实、完整。

(3) 各单位的会计核算是否符合《会计法》和国家统一的会计制度的规定。具体包括:所采用的会计年度、使用记账本位币和会计记录文字是否符合法律、行政法规和国家统一的会计制度的规定;填制或者取得原始凭证、编制记账凭证、登记会计账簿是否符合法律、行政法规和国家统一的会计制度的规定;财务会计报告的编制程序、报送对象和投送期限是否符合法律、行政法规和国家统一的会计制度的规定;会计处理方法的采用和变更是否符合法律、行政法规和国家统一的会计制度的规定;使用的会计软件及其生成的会计资料是否符合法律、行政法规和国家统一的会计制度的规定;是否按照法律、行政法规和国家统一的会计制度的规定建立并实施内部会计监督制度;会计核算是否有其他违法会计行为。

(4) 从事会计工作的人员是否具备专业能力、遵守职业道德。从事会计工作的人员是否具备专业技术资格,是否遵守会计职业道德;会计机构负责人(会计主管人员)是否具备法律、行政法规和国家统一的会计制度规定的任职资格。

【点拨指导】在对各单位会计凭证、会计账簿、财务会计报告和其他会计资料真实性、完整性实施监督检查过程中,发现重大违法嫌疑时,国务院财政部门及其派出机构可以向与被监督单位有经济业务往来的单位和被监督单位开立账户的金融机构查询有关情况,有关单位和金融机构应予以支持。

此外,国务院财政部门和省、自治区、直辖市人民政府财政部门,依法对注册会计师、会计师事务所和注册会计师协会进行监督、指导。财政部门对会计师事务所出具审计报告的程序和内容进行监督。

【边学边练1-18·多选题】下列属于会计工作的政府监督范畴的有( )。

A. 税务机关对纳税人记账凭证的检查

B. 财政部门对各单位会计工作的监督

C. 人民银行对有关金融单位相关会计账簿的监督

D. 证券监管部门对证券公司有关会计资料实施检查

【答案】ABCD。

【解析】除财政部门外,审计、税务、人民银行、证券监管、保险监管等部门依照有关法律、行政法规规定的职责和权限,可以对有关单位的会计资料实施监督检查。

三、会计工作的社会监督

（一）会计工作的社会监督的概念

会计工作的社会监督主要是指由注册会计师及其所在的会计师事务所依法对委托单位的经济活动进行的审计、鉴证的一种监督制度。此外，单位和个人检举违反《会计法》和国家统一的会计制度规定的行为，也属于会计工作社会监督的范畴。注册会计师接受委托对财务会计报告进行审计，既要对委托方负责，又要对财务会计报告的使用者负责，更要对国家法律负责。因此，注册会计师从事财务会计报告的审计，从一定意义上讲，也是对有关单位的财务会计报告和会计工作进行监督。通过注册会计师审计，发现并纠正财务会计报告中的问题，从而促进委托人不断改进会计工作，提高会计信息质量。

（二）注册会计师审计与内部审计的关系

1. 注册会计师审计与内部审计的联系

注册会计师审计与内部审计之间的联系主要是：注册会计师审计与内部审计都是现代审计体系的重要组成部分，都关注内部控制的健全性和有效性，注册会计师审计可能涉及对内部审计成果的利用等。

2. 注册会计师审计与内部审计的区别

注册会计师审计与内部审计在许多方面存在区别。

（1）审计独立性不同。内部审计受本部门、本单位直接领导，只是具有相对独立性；注册会计师审计则完全独立于被审计单位，独立性较强。

（2）审计方式不同。内部审计依照单位经营管理需要自行组织实施，具有较大的灵活性；注册会计师审计是受托审计，必须按照《注册会计师法》、执业准则、规则实施审计。

（3）审计的职责和作用不同。内部审计的结果只对本部门、本单位负责，只作为本部门、本单位改进经营管理的参考，不对外公开；注册会计师审计需要对被审计单位的投资者、债权人及其其他利益相关者负责，对外出具的审计报告具有鉴证作用。

注册会计师审计与内部审计尽管存在很大的差别，但是任何一种外部审计在对一个单位进行审计时，都要对其内部审计情况进行了解并考虑是否利用其工作成果，这样做一方面是为了提高审计效率，另一方面也是为了确保审计质量。

（三）注册会计师及其所在的会计师事务所业务范围

注册会计师是依法取得注册会计师证书并接受委托从事审计和会计咨询、会计服务业务的执业人员。注册会计师依法承办如下两方面的业务。

1. 审计业务

审计业务，具体包括：（1）审查企业会计报表，出具审计报告；（2）验证企业资本，出具验资报告；（3）办理企业合并、分立、清算事宜中的审计业务，出具有关的报告；（4）法律、行政法规规定的其他审计业务。

2. 会计咨询、服务业务

会计咨询、服务业务，主要包括：（1）设计会计制度；（2）担任会计顾问；（3）代理纳税申报;(4)代理记账;(5)办理投资评估、资产评估和项目可行性研究中的有关业务;(6)提供会计咨询、税务咨询和管理咨询;(7)代理申请工商注册登记,协助拟订合同、章程和其他业务文件;(8)培训会计、审计和财务管理人员;(9)其他的会计咨询、会计服务业务。

注册会计师承办业务,由其所在的会计师事务所统一受理并与委托人签订委托合同。会计师事务所对其注册会计师承办的业务,承担民事责任。

会计责任和审计责任的区分

被审计单位接受注册会计师审计,应当区分会计责任和审计责任。被审计单位的会计责任是指被审计单位应对其提供的与审计相关的会计资料、其他证明材料的真实性和完整性负责。审计责任是指注册会计师对委托人和被审计单位应尽的义务。如要求注册会计师依法独立实施审计程序、获取充分适当的审计证据,依法出具审计报告,清楚地表达对被审计单位会计报表整体的意见,并对出具的审计报告负责等。

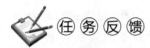

1. 根据《财政部门实施会计监督办法》第一章第三条的规定:"县级以上财政部门负责本行政区域的会计监督检查,并依法对违法会计行为实施行政处罚。"中外合资经营企业属于在中国注册的法人企业,应当遵守中国有关法律,因此无权拒绝财政部门对其会计工作的监督检查。所以,赵某认为中外合资企业不受《会计法》约束的观点是不正确的。

2. 财政部门的监督属于政府会计监督。

3. 我国的会计监督体系包括:(1)以单位会计机构、会计人员为主体的单位内部会计监督;(2)以财政部门为主体的政府会计监督;(3)以注册会计师及所在的会计师事务所为主体的社会会计监督。

任务五　会计机构和会计人员

2018年1月,江海国有食品加工企业新领导班子上任后,做出了精简内设机构等决定,将会计科撤并到企业管理办公室(以下简称企管办),同时任命企管办主任王某兼任会计主管人员。会计科撤并到企管办后,会计工作分工如下:原会计科会计继续担任会计,原企管办工作人员即王某的女儿担任出纳工作。企管办主任王某自参加工作后一直从事文秘行政工作,为了尽快胜任会计主管人员岗位,企业同意王某半脱产参加会计培训班,并参加2018年会计师资格考试。

问题:该企业撤并会计机构、任命会计主管人员、会计工作岗位分工是否符合法律规定？请说明理由。

会计机构是各单位专门负责办理本单位会计业务事项，进行会计核算，实行会计监督的职能部门，如财务部、财会处、会计科等。会计人员是指直接从事会计工作的人员，一般包括会计机构负责人、主管会计、出纳员等。建立健全会计机构，配备与工作要求相适应的、一定数量和质量的会计人员，是做好会计工作，充分发挥会计职能作用的重要保证。《会计法》《会计基础工作规范》等对会计机构设置和会计人员配备做出了具体规定。

一、会计机构

（一）会计机构的设置

《会计法》第三十六条第一款规定："各单位应当根据会计业务的需要，设置会计机构，或者在有关机构中设置会计人员并指定会计主管人员；不具备设置条件的，应当委托经批准设立从事会计代理记账业务的中介机构代理记账。"可见，各单位办理会计事务的组织方式有以下三种：单独设置会计机构，在有关机构中配置专职会计人员并指定会计主管人员，委托中介机构代理记账。

1. 单独设置会计机构

单独设置会计机构是指单位依法设置独立负责会计事务的内部机构，负责进行会计核算，实行会计监督。是否单独设置会计机构由各单位根据自身会计业务的需要自主决定。一般而言，一个单位是否单独设置会计机构，往往取决于下列各因素。

（1）单位规模的大小。一个单位的规模往往决定了这个单位内部职能部门的设置，也决定了是否设置会计机构。一般来说，大中型企业（包括集团公司、股份有限公司、有限责任公司等）和具有一定规模的事业行政单位，以及财务收支数额较大、会计业务较多的社会团体和其他经济组织，都应单独设置会计机构，如会计（或财务）处、部、科、股、组等，以便及时组织本单位各项经济活动和财务收支的核算，实行有效的会计监督。

（2）经济业务和财务收支的繁简。经济业务多、财务收支量大的单位，有必要单独设置会计机构，以保证会计工作的效率和会计信息的质量。那些规模很小、业务和人员都不多的企业，可以不单独设置会计机构。

（3）经营管理的要求。有效的经营管理是以信息的及时准确和全面系统为前提的。一个单位在经营管理上的要求越高，对会计信息的需求也相应增加，对会计信息系统的要求也就越高，从而决定了该单位设置会计机构的必要性。

2. 在有关机构中配置专职会计人员并指定会计主管人员

这是对设置会计机构问题提出的又一原则性要求。对于不具备单独设置会计机构条件的单位，如财务收支数额不大、会计业务比较简单的企业、机关、团体、事业单位和个体工商户等，为了适合这些单位的内部客观需要和组织结构特点，允许其在有关机构中配备专职会计人员，这类机构一般应是单位内部与财务会计工作接近的机构，如计划、统计或经营管理部门，或者是有利于发挥会计职能作用的内部综合部门，如办公室等。只配备专职会计人员的单位也必须建立健全财务会计制度和执行严格的财务手续，其专职会计人员的专业职能不能被其他职能所替代。

【点拨指导】"会计主管人员"是《会计法》中的一个特指概念，不同于通常所说的"会计主管""主管会计""主办会计"等,而是指不单独设置会计机构的单位里,负责组织管理会计事务、行使会计机构负责人职权的负责人。

根据《会计基础工作规范》第六条的规定,应在专职会计人员中指定会计主管人员,目的是强化责任制度,防止出现会计工作无人负责的局面。

【边学边练1-19·单选题】因财务收支数额不大、会计业务比较简单,不设置财务会计机构,而在有关机构中设置专职会计人员的单位,单位负责人应当( )。

A. 任命或聘请会计机构负责人

B. 指定会计主管人员

C. 指定出纳

D. 兼任该机构的负责人

【答案】B。

【解析】不设置会计机构的单位应设置专职会计人员并在专职会计人员中指定会计主管人员。

3. **委托中介机构代理记账**

根据《会计法》第三十六条的规定,不具备设置会计机构条件的单位,应当委托经批准设立从事会计代理记账业务的中介机构代理记账。此项规定的目的,是适应不具备设置会计机构、配备专职会计人员条件的单位解决记账、算账、报账问题的要求。近年来,在我国经济飞速发展的同时,各单位的组织形式、经营规模都发生了很大变化,同时出现了大量规模较小的企业、个体工商户和其他经济组织,这就产生了现有会计人员的数量难以满足不断增长的各类经济组织进行会计核算要求的问题。一些经济组织很难找到业务素质相当的会计人员;而且,有些经营规模较小的经济组织配备一名会计和一名出纳,费用上也较难承受。在这种情况下,代理记账业务应运而生。

(二)代理记账

为了肯定代理记账业务,1993年12月29日,第八届全国人民代表大会常务委员会第五次会议在《关于修改〈中华人民共和国会计法〉的决定》中,明确规定对不具备设置会计机构条件的单位,可以委托经批准设立从事会计代理记账业务的中介机构代理记账,从而确立了代理记账业务的法律地位。为了具体规范代理记账业务,财政部发布的《代理记账管理办法》对从事代理记账的条件、代理记账的程序、委托双方的责任和义务等作了具体规定。

1. **代理记账的概念**

代理记账是指从事代理记账业务的社会中介机构(即会计咨询机构、会计服务机构、会计师事务所等)接受委托人的委托办理会计业务。委托人是指委托代理记账机构办理会计业务的单位。代理记账机构是指依法取得代理记账许可,从事代理记账业务的中介机构。

【边学边练1-20·判断题】代理记账是指企业委托有会计技术资格的人员记账的行为。( )

【答案】错。

【解析】代理记账是委托从事代理记账业务的社会中介机构办理会计业务,而不是委托具备会计技术资格的个人记账。这个表述不准确。

2. 设立代理记账机构的条件

申请代理记账资格的机构应当同时具备下列条件：

(1) 为依法设立的企业。

(2) 专职从业人员不少于三名。

(3) 主管代理记账业务的负责人具有会计师以上专业技术职务资格或者从事会计工作不少于三年，且为专职从业人员。

(4) 有健全的代理记账业务内部规范。

除会计师事务所以外的机构从事代理记账业务，应当经县级以上人民政府财政部门批准，领取由财政部统一规定样式的代理记账许可证书。

会计师事务所及其分所可以依法从事代理记账业务。申请人应当自取得代理记账许可证书之日起二十日内通过企业信用信息公示系统向社会公示。

3. 代理记账机构的业务范围

代理记账机构可以接受委托办理下列业务。

(1) 根据委托人提供的原始凭证和其他资料，按照国家统一的会计制度的规定进行会计核算，包括审核原始凭证、填制记账凭证、登记会计账簿、编制财务会计报告等。

(2) 对外提供财务会计报告。代理记账机构为委托人编制的财务会计报告，经代理记账机构负责人和委托人签名并盖章后，按照有关法律、行政法规和国家统一的会计制度的规定对外提供。

(3) 向税务机关提供税务资料。

(4) 委托人委托的其他会计业务。

> **代理记账的基本程序**
>
> (1) 委托人与代理记账机构在相互协商的基础上签订书面委托合同。委托合同除应具备法律规定的基本条款外，应当明确以下内容：委托人、受托人对会计资料真实性、完整性承担的责任；会计资料传递程序和签收手续；编制和提供财务会计报告的要求；会计档案的保管要求及相应责任；委托人、受托人终止委托合同应当办理的会计交接事宜。
>
> (2) 代理记账机构根据委托合同约定，定期派人到委托人所在地办理会计核算业务；或者根据委托人送交的原始凭证在代理记账机构所在地办理会计核算业务。
>
> (3) 代理记账机构为委托人编制的财务会计报告，经代理记账机构负责人和委托人签名并盖章后，按照相关规定对外提供。

4. 委托代理记账的委托人的义务

(1) 对本单位发生的经济业务事项，应当填制或者取得符合国家统一的会计制度规定的原始凭证。

(2) 应当配备专人负责日常货币收支和保管。

(3) 及时向代理记账机构提供真实、完整的原始凭证和其他相关资料。

(4) 对于代理记账机构退回的,要求按照国家统一的会计制度规定进行更正、补充的原始凭证,应当及时予以更正、补充。

5. **代理记账机构及其从业人员的义务**

(1) 遵守有关法律、行政法规和国家统一的会计制度的规定,按照委托合同办理代理记账业务。

(2) 对在执行业务中知悉的商业秘密予以保密。

(3) 对委托人要求其做出不当的会计处理,提供不实的会计资料,以及其他不符合法律、法规和国家统一的会计制度行为的,予以拒绝。

(4) 对委托人提出的有关会计处理相关问题予以解释。

【特别提示】委托代理记账机构办理会计业务并不改变单位负责人对会计资料真实性和完整性承担责任。

(三)会计机构负责人(会计主管人员)

1. **会计机构负责人(会计主管人员)的设置**

《会计基础工作规范》第六条规定:"设置会计机构,应当配备会计机构负责人;在有关机构中配备专职会计人员,应当在专职会计人员中指定会计主管人员。"会计机构负责人(会计主管人员),是指在一个单位内具体负责会计工作的中层领导人员。在单位领导人的领导下,会计机构负责人或会计主管人员负有组织、管理包括会计基础工作在内的所有会计工作的责任。

2. **会计机构负责人、会计主管人员的全面素质要求**

会计机构负责人、会计主管人员的任职资格和条件应当包括以下主要内容。

(1) 政治素质。

会计机构负责人、会计主管人员应坚持原则,廉洁奉公,具备良好的职业道德。财务会计工作直接处理经济业务,经济上的问题必然会在会计处理中反映出来,不能坚持原则,就不可能揭发已经出现的漏洞,就不会去纠正违反财经纪律和财务会计制度的行为;没有廉洁奉公的品质,还可能犯下通同作弊的错误,甚至走上犯罪道路。

(2) 会计专业技术资格条件和工作经历。

担任单位会计机构负责人(会计主管人员)的人员,应当具备会计师以上专业技术职务资格或者从事会计工作不少于三年。作为会计机构的负责人或者会计主管人员,没有一定的实践经验显然是不行的,否则不能对下级实施有效的指导,更会贻误工作,造成经济损失。

(3) 政策业务水平。

要熟悉国家的财经法律、法规、规章和方针、政策,掌握本行业业务管理的有关知识。市场经济是法制经济。在社会主义市场经济发展过程中,我国的经济立法工作取得了巨大的成绩,任何单位的经济业务都要受到有关法律、法规、规章的规范。从事财务会计管理工作的人员如果不了解、不掌握这方面的知识和相关管理知识,容易使单位的经营管理工作走入法律的"盲区"或"误区",带来危险的后果。

(4) 较强的组织能力。

组织能力是一种基本的领导能力。会计机构负责人、会计主管人员应当具备一定的组织能力,包括协调能力、综合分析能力等。即要求会计机构负责人、会计主管人员不仅是会计工作的行家里手,还要能领导和组织好本单位的会计工作,这对整个会计工作的效率和质量是十分关键的。

(5) 身体条件。

会计工作劳动强度大、技术难度高,会计机构负责人、会计主管人员必须有较好的身体状况,能适应本职工作的要求。

上述这些条件,是对会计机构负责人、会计主管人员素质的全面要求。各单位在选配会计机构负责人或会计主管人员时,应该严格把关,才能做好本单位的财务会计工作,从而对做好本单位的整个经营管理工作起到积极的作用。

二、会计工作岗位设置

会计工作岗位,是指一个单位会计机构内部根据业务分工而设置的从事会计工作、办理会计事项的职能岗位。在会计机构内部设置会计工作岗位,有利于明确分工和确定岗位职责,建立岗位责任制;有利于会计人员钻研业务,提高工作效率和质量;有利于会计工作的程序化和规范化,加强会计基础工作;还有利于强化会计管理职能,提高会计工作的作用;同时,也是配备数量适当的会计人员的客观依据之一。

对于会计工作岗位的设置有如下规范性要求。

(1) 各单位应当根据会计业务需要设置会计工作岗位。

各单位会计工作岗位设置应与其业务活动规模、特点和管理要求相适应,保证单位会计信息的生成、加工和传递真实可靠、及时有效。各单位的业务活动规模、特点和管理要求不同,其会计工作的组织方法、会计人员的数量和会计工作岗位的职责分工也不同。

会计工作岗位一般可分为:会计机构负责人或会计主管人员,出纳,财产物资核算,工资核算,成本费用核算,财务成果核算,资金核算,往来结算,总账报表,稽核,档案管理等。开展会计电化算和管理会计的单位,可以根据需要设置相应工作岗位,也可以与其他工作岗位相结合。

【点拨指导】会计机构中对正式移交之前的会计档案进行保管的工作岗位属于会计岗位,但档案管理部门中对正式移交之后的会计档案进行保管的会计档案管理岗位,不属于会计岗位;单位内部审计、社会审计和政府审计等工作相关的岗位不属于会计岗位。医院门诊收费员、住院处收费员、药房收费员、药品库房记账员、商场收费(银)员所从事的工作均不属于会计岗位。

总会计师岗位

总会计师是指具有较高的会计专业技术职务,协助单位行政领导人组织领导本单位的经济核算和财务会计工作的专门人员,是单位行政群体的成员之一。总会计师不是一种专业技术职务,也不是会计机构的负责人或会计主管人员,而是一种行政职务。

1. 总会计师的设置范围：全民所有制大、中型企业设置总会计师；事业单位和业务主管部门根据需要，经批准可以设置总会计师。

2. 总会计师的地位：总会计师是单位领导成员，协助单位主要领导人工作，直接对单位主要领导人负责。总会计师作为单位财务会计的主要负责人，全面负责本单位的财务会计管理和经济核算，参与本单位的重大经营决策活动，是单位主要领导人的得力参谋和助手。总会计师依法行使职权，应受到法律的保护，任何人包括任何单位主要领导人在内，都不得阻碍总会计师依法行使职权。

为了保障总会计师有职有权，充分发挥总会计师的作用，凡设置总会计师的单位不能再设置与总会计师职责重叠的副职。

（2）符合内部牵制制度的要求。根据《会计基础工作规范》第十二条的规定，会计工作岗位，可以一人一岗、一人多岗或者一岗多人。在设置会计工作岗位时，必须遵循"不相容职务相分离原则"。

【特别提示】出纳人员不得兼管稽核、会计档案保管和收入、费用、债权债务账目的登记工作。

（3）会计人员的工作岗位应当有计划地进行轮换。定期或不定期地轮换会计人员的工作岗位有利于全面核算与监督业务，不断提高会计业务技能和业务素质。

（4）要建立岗位责任制。会计工作岗位责任制是指明确各项会计工作的职责范围、具体要求和内容，并落实到每个会计工作的岗位或会计人员的一种会计工作责任制度。建立会计岗位责任制是为了分清每一位会计人员的职责和要求，做到事事有人管，人人有专责，从而提高会计工作效率，保证会计信息质量。

【边学边练1-21·判断题】出纳人员不得兼任任何账目的登记工作。（　　）

【答案】错。

【解析】出纳人员不得兼管收入、费用、债权债务等直接与单位资金收支增减有关账目的登记工作，并不是不得兼任任何账目的登记工作。

会计电算化岗位的设置

随着计算机的发展，会计电算化在企业也越来越普及了。会计电算化岗位的设置除要考虑会计人员工作规则外，还要受单位电算化系统模式、规模的制约，这种制约甚至是决定性的，单位采用的系统大小、复杂程度都对岗位设置产生了重要影响。其设置主要涉及以下几个方面。

（1）系统管理员。系统管理员负责会计电算化过程中的管理及运行工作，要具备会计和计算机知识，以及相关的会计电算化组织管理的经验，可由会计主管兼任。采用中小型计算机和计算机网络会计软件的单位，须设立此岗位。

（2）系统操作员。系统操作员要具备会计知识及上机操作知识，达到会计电算化初级知识培训的水平。

(3)数据审核员。数据审核员要具备会计和计算机知识,由具有会计师以上职称的财会人员担任。

(4)系统维护员。系统维护员负责计算机硬件、软件的正常运行,要具备计算机和会计知识,经过会计电算化中级培训。采用大型、小型计算机和计算机网络会计软件的单位,应专门设立此岗位,由专职人员担任。

(5)会计档案管理员。会计档案管理员负责存档各类数据软盘、程序软盘、输出的账表、凭证及其他各种会计档案资料的保管工作,做好软盘、数据及资料的安全保密工作。

三、会计人员工作交接

(一)会计人员工作交接的概念

会计人员工作交接,也称会计工作交接,是指会计人员工作调动、离职或因病暂时不能工作,应与接管人员办理交接手续的一种工作程序。做好会计工作交接,可以使会计工作前后衔接,保证会计工作连续进行;可以防止账目不清、财务混乱等现象的发生,它是明确经济责任的有效措施。

(二)交接的范围

(1)会计人员工作调动或者因故离职,应与接管人员办理会计工作的交接手续。

(2)会计人员临时离职或因病不能工作且需要接替或代理的,会计机构负责人、会计主管人员或单位领导人必须指定有关人员接替或代理,并办理交接手续;临时离职或因病不能工作的会计人员恢复工作的,应当与接替或代理人员办理交接手续。

(3)移交人员因病或其他特殊原因不能亲自办理移交的,经单位领导人批准,可由移交人员委托他人代办移交,但委托人应当对所移交的会计凭证、会计账簿、会计报表和其他有关资料的合法性、真实性承担法律责任。

(三)办理会计工作交接的基本程序

1. 交接前的准备工作

会计人员办理移交手续前,必须及时做好以下工作。

(1)对已经受理的经济业务尚未填制会计凭证的,应当填制完毕。

(2)尚未登记的账目,应当登记完毕,并在最后一笔余额后加盖经办人员印章。

(3)整理应该移交的各项资料,对未了事项写出书面材料。

(4)编制移交清册,列明应当移交的会计凭证、会计账簿、会计报表、印章、现金、有价证券、支票簿、发票、文件、其他会计资料和物品等内容;实行会计电算化的单位,从事该项工作的移交人员还应当在移交清册中列明会计软件及密码、会计软件数据盘(磁带等)及有关资料、实物等内容。

(5)会计机构负责人、会计主管人员移交时,还必须将财务会计工作、重大账务收支和会计人员的情况等,向接替人员详细介绍。对需要移交的遗留问题,应当写出书面材料。

2. 移交点收

移交人员离职前,必须将本人经管的会计工作,在规定的期限内全部向接管人员移交清楚。接管人员应认真按照移交清册逐项核对点收。

现金要根据会计账簿记录余额进行当面点交,不得短缺,接替人员发现不一致或"白条抵库"现象时,由移交人员在规定期限内负责查清处理。

有价证券的数量要与会计账簿记录一致,有价证券面额与发行价不一致时,按照会计账簿余额交接。

会计凭证、会计账簿、会计报表和其他会计资料必须完整无缺,不得有遗漏。如有短缺,必须查清原因,并在移交清册中加以注明,由移交人员负责。

银行存款账户余额要与银行对账单核对,如不一致,应编制银行存款余额调节表调节成一致;各种财产物资和债权债务的明细账户余额要与总账有关账户余额核对相符;对重要实物要实地盘点;对余额较大的往来账户要与往来单位、个人核对。

移交人员经管的票据、印章和其他实物等,必须交接清楚。

移交人员从事会计电算化工作的,要对有关电子数据在实际操作状态下进行交接。

3. 专人负责监交

对监交的具体要求:一般会计人员办理交接手续,由单位会计机构负责人、会计主管人员监交;会计机构负责人、会计主管人员办理交接手续,由单位领导人负责监交,必要时可由上级主管部门派人会同监交。

4. 交接后的有关事宜

(1) 会计工作交接完毕后,交接双方和监交人应在移交清册上签名或盖章,并应在移交清册上注明:单位名称,交接日期,交接双方和监交人员的职务、姓名,移交清册页数以及需要说明的问题和意见等。

(2) 接管人员应继续使用移交的账簿,不得擅自另立新账,以保持会计记录的连续性。

(3) 移交清册一般应填制一式三份,交接双方各执一份,存档一份。

(四) 移交后的责任

根据《会计基础工作规范》第三十五条的规定,移交人员对所移交的会计凭证、会计账簿、会计报表和其他有关资料的合法性、真实性承担法律责任。即便接替人员在交接时因疏忽没有发现所接会计资料在合法性、真实性方面的问题而在事后发现,仍应由原移交人员负责,原移交人员不得以会计资料已移交而推脱应负的责任,接替人员不对移交过来材料的真实性、完整性负法律上的责任。

【思考1-22·单选题】根据会计法律制度的有关规定,在办理会计工作交接手续时,发现"白条抵库"现象,因采取的做法是(   )。

A. 由监交人员负责查清处理
B. 由接管人员在移交后负责查清处理
C. 由内部审计人员负责查清处理
D. 由移交人员在规定期限内负责查清处理

【答案】D。

【解析】根据相关规定,在办理会计工作交接手续中,如发现"白条抵库"现象,由移交人员在规定期限内负责查清处理。

四、会计专业技术资格与会计专业职务

会计专业技术资格和会计专业职务,都是我国用于考核和评价会计人员的专业知识和业务技能的制度。目的是通过考核,合理评价会计人员的技术等级,促进会计人员加强业务学习,不断提高业务水平。

(一) 会计专业技术资格

1. 会计专业技术资格考试级别与取得途径

会计专业技术资格,是指担任会计专业职务的任职资格,分为初级资格、中级资格和高级资格三个级别。初级、中级会计专业技术资格的取得实行全国统一考试制度;高级会计师资格实行考试与评比相结合制度。

初级会计资格考试科目包括"初级会计实务"和"经济法基础";中级资格考试科目包括"中级会计实务""财务管理"和"经济法"。初级会计资格考试实行一年内一次通过全部科目考试的方法;中级会计资格考试成绩以两年为一个周期,单科成绩采取滚动计算的方法。

【边学边练 1-23·多选题】以下不属于初级会计资格考试科目的是( )。

A. 初级会计实务
B. 经济法基础
C. 财务管理
D. 经济法

【答案】CD。
【解析】"财务管理""经济法"属于中级会计资格考试科目。

2. 会计专业技术资格考试报名条件

报名参加会计专业技术资格考试的人员,应具备以下基本条件:(1)坚持原则,具备良好的职业道德品质;(2)认真执行《会计法》和国家统一的会计制度,以及有关财经法律、法规、规章制度,无严重违反财经纪律的行为;(3)履行岗位职责,热爱本职工作。

报考初级会计资格考试的人员除具备上述基本条件外,必须具备教育部门认可的高中毕业以上学历。报考中级会计资格考试的人员除具备上述基本条件外,还必须有下列条件之一:(1)取得大学专科学历,从事会计工作满五年;(2)取得大学本科学历,从事会计工作满四年;(3)取得双学士学位或研究生班毕业,从事会计工作满二年;(4)取得硕士学位,从事会计工作满一年;(5)取得博士学位。

上述考试报名条件中所说的学历,是指国家教育部门承认的学历;会计工作年限,是指取得相应学历前、后从事会计工作时间的总和。

(二) 会计专业职务

会计专业职务是区分会计人员从事业务工作的技术等级。会计专业职务分为高级会计师(高级职务)、会计师(中级职务)、助理会计师(初级职务)、会计员(初级职务)。

【边学边练 1-24·多选题】以下属于会计专业职务的是( )。

A. 会计员
B. 助理会计师

C. 会计师
D. 总会计师

【答案】ABC。

【解析】会计专业职务分为高级会计师、会计师、助理会计师、会计员。总会计师不属于会计专业职务。

1. 会计员的基本职责和任职条件

会计员的基本职责是负责具体审核和办理财务收支,编制记账凭证,登记会计账簿,编制会计报表和办理其他会计事务。

会计员的基本任职条件:(1)初步掌握财务会计知识和技能;(2)熟悉并能按照执行有关会计法规和财务会计制度;(3)能担负一个岗位的财务会计工作;(4)大学专科或中等专业学校毕业,在财务会计工作岗位上见习一年期满。

2. 助理会计师的基本职责和任职条件

助理会计师的基本职责是负责草拟一般的财务会计制度、规定、办法,解释、解答财务会计法规、制度中的一般规定,分析检查某一方面或某些项目的财务收支和预算的执行情况。

助理会计师的基本任职条件:(1)掌握一般的财务会计基础理论和专业知识;(2)熟悉并能正确执行有关的财经方针、政策和财务会计法规、制度;(3)能担负一个方面或某个重要岗位的财务会计工作;(4)取得硕士学位,或取得第二学士学位或研究生班结业证书,具备履行助理会计师职责的能力;大学本科毕业,在财务会计工作岗位上见习一年期满;大学专科毕业并担任会计员职务二年以上;或中等专业学校毕业并担任会计员职务四年以上。

3. 会计师的基本职责和任职条件

会计师的基本职责是负责草拟比较重要的财务会计制度、规定、办法,解释、解答财务会计法规、制度中的重要问题,分析检查财务收支和预算的执行情况,培养初级会计人才。

会计师的基本任职条件:(1)较系统地掌握财务会计基础理论和专业知识;(2)掌握并能正确贯彻执行有关的财经方针、政策和财务会计法规、制度;(3)具有一定的财务会计工作经验,能担负一个单位或管理一个地区、一个部门、一个系统某个方面的财务会计工作;(4)取得博士学位,并具有履行会计师职责的能力;取得硕士学位并担任助理会计师职务二年左右;取得第二学士学位或研究生结业证书,并担任助理会计师职务二至三年;大学本科或大学专科毕业并担任助理会计师职务四年以上;(5)掌握一门外语。

4. 高级会计师的基本职责和任职条件

高级会计师的基本职责是负责草拟和解释、解答在一个地区、一个部门、一个系统或在全国施行的财务会计法规、制度、办法;组织和指导一个地区或一个部门、一个系统的经济核算和财务会计工作;培养中级以上会计人才。

高级会计师的基本任职条件:(1)较系统地掌握经济、财务会计理论和专业知识;(2)具有较高的政策水平和丰富的财务会计工作经验,能担负一个地区、一个部门或一个系统的财务会计管理工作;(3)取得博士学位,并担任会计师职务二至三年,或取得硕士学位、第二学士学位或研究生班结业证书,或大学本科毕业并担任会计师职务五年以上;(4)较熟练地掌握一门外语。

五、会计人员继续教育

1. 会计人员继续教育的对象和特点

会计人员继续教育,是指会计专业技术人员为不断提高和保持专业胜任能力和职业道德水平,持续地接受一定形式的、有组织的理论知识、专业技能和职业道德的教育和培训活动。

会计人员继续教育的对象为国家机关、社会团体、企业、事业单位和其他组织的会计专业技术人员。会计专业技术人员包括具有会计专业技术资格的人员或不具有会计专业技术资格但从事会计工作的人员。具有会计专业技术资格的人员,应当自取得资格的次年开始参加继续教育,并在规定时间内取得规定学分。不具有会计专业技术资格但从事会计工作的人员,应当自从事会计工作的次年开始参加继续教育,并在规定时间内取得规定学分。

会计人员继续教育的特点:一是具有针对性,即针对不同对象确定不同的教育内容,采取不同的教育方式,有利于解决实际问题;二是具有适应性,即联系实际工作需要,学以致用;三是具有灵活性,即继续教育培训内容、方法、形式等方面具有灵活性。

2. 会计人员继续教育的内容

会计人员继续教育的内容包括公需科目和专业科目,公需科目包括专业技术人员应当普遍掌握的法律法规、政策理论、职业道德、技术信息等基本知识,专业科目包括会计专业技术人员从事会计工作应当掌握的财务会计、管理会计、财务管理、内部控制与风险管理、会计信息化、会计职业道德、财税金融、会计法律法规等相关专业知识。

3. 会计人员继续教育的形式

会计专业技术人员可以自愿选择参加继续教育的形式。会计专业技术人员继续教育的形式主要有以下几种。

(1)参加县级以上地方人民政府财政部门、人力资源社会保障部门,新疆生产建设兵团财政局、人力资源社会保障局,中共中央直属机关事务管理局,国家机关事务管理局(以下统称继续教育管理部门)组织的会计专业技术人员继续教育培训、高端会计人才培训、全国会计专业技术资格考试等会计相关考试、会计类专业会议等。

(2)参加会计继续教育机构或用人单位组织的会计专业技术人员继续教育培训。

(3)参加国家教育行政主管部门承认的中专以上(含中专)会计类专业学历(学位)教育;承担继续教育管理部门或行业组织(团体)的会计类研究课题,或在有国内统一刊号(CN)的经济、管理类报刊上发表会计类论文;公开出版会计类书籍;参加注册会计师、资产评估师、税务师等继续教育培训。

(4)继续教育管理部门认可的其他形式。

4. 会计人员继续教育的学时要求

会计专业技术人员参加继续教育采取学分制管理,每年参加继续教育取得的学分不得少于九十学分。其中,专业科目一般不少于总学分的三分之二。

会计专业技术人员参加继续教育取得的学分,在全国范围内当年度有效,不得结转下年度。

六、会计人员回避制度

回避制度是指为了保证执法或者执业的公正性,对由于某种原因可能影响其公正执法或者执业的人员实行任职回避和业务回避的一种制度。回避制度已成为我国人事管理的一项重要制度。事实表明,在会计工作中由于亲情关系而通同作弊和违法违纪的,已不在少数,在会计人员中实行回避制度,其必要性已经十分明显。

《会计基础工作规范》第十六条规定:"国家机关、国有企业、事业单位任用会计人员应当实行回避制度。单位领导人的直系亲属不得担任本单位的会计机构负责人、会计主管人员。会计机构负责人、会计主管人员的直系亲属不得在本单位会计机构中担任出纳工作。需要回避的直系亲属为:夫妻关系、直系血亲关系、三代以内旁系血亲以及配偶亲关系。"

亲属关系

亲属关系是因婚姻、血缘或收养而产生的社会关系。亲属关系人员之间在法律上和道义上都相互具有一定的权利义务关系。这种权利义务关系,在家庭生活中表现为相互抚养的权利和义务;在一般事情上表现为比他人更为紧密的合作与支持;在工作和个人事业上,这种密切关系往往表现为相互提携、相互支持。这就容易滋生用人唯亲、相互利用甚至徇私枉法的弊端。所以,回避制度中需要回避的主要有以下三种亲属关系。

(1)夫妻关系。夫妻关系是血亲关系和姻亲关系的基础和源泉,它是亲属关系中核心和重要的部分,属亲属回避的主要内容之一。

(2)直系血亲关系。直系血亲关系是指具有直接血缘关系的亲属。法律上讲的有两种情况:第一种是指出生于同一祖先,有自然联系的亲属,如祖父母、父母、子女等;第二种是指本来没有自然的或直接的血缘关系,但法律上确定其地位与血亲相等,如养父母和养子女之间的关系。直系血亲关系是亲属关系中最为紧密的关系之一,也应当列入回避范围。

(3)三代以内旁系血亲以及配偶亲关系。旁系血亲是指源于同一祖先的非直系的血亲。所谓三代,就是从自身往上或者往下数三代以内,除了直系血亲以外的血亲,就是三代以内旁系血亲,实际上就是自己的兄弟姐妹及其子女与父母的兄弟姐妹及其子女。所谓配偶亲,主要是指配偶的父母、兄弟姐妹,儿女的配偶及儿女配偶的父母。因为三代以内旁系血亲以及配偶亲关系在亲属中也是比较亲密的关系,所以也需要回避。

【边学边练1-25·多选题】根据相关规定,国家机关、国有企业、事业单位任用会计人员应当实行回避制度,单位负责人的直系亲属不得担任本单位的( )。

A. 会计机构负责人

B. 会计主管人员

C. 出纳

D. 会计档案管理人员

【答案】AB。

【解析】《会计基础工作规范》第十六条规定:"单位领导人的直系亲属不得担任本单位的会计机构负责人、会计主管人员。会计机构负责人、会计主管人员的直系亲属不得在本单位会计机构中担任出纳工作。"

(1) 企业撤并会计机构合法,因为根据《会计法》第三十六条的规定,各单位应当根据会计业务的需要,设置会计机构,或者在有关机构中设置会计人员并指定会计主管人员;不具备设置条件的,应当委托经批准设立从事会计代理记账业务的中介机构代理记账。

(2) 企业任命王某为会计主管人员的做法不正确。根据《会计法》第三十八条的规定,担任单位会计机构负责人(会计主管人员)的,应当具备会计师以上专业技术职务资格或者从事会计工作三年以上经历。王某多年从事文秘行政工作,缺少会计工作经历,也不具备会计师以上专业技术职务资格,因此王某不符合担任会计主管人员的条件。

(3) 王某的女儿担任出纳工作不符合规定。根据《会计基础工作规范》第十六条的规定,国家机关、国有企业、事业单位任用会计人员应当实行回避制度。会计机构负责人、会计主管人员的直系亲属不得在本单位会计机构中担任出纳工作。因此,王某的女儿不宜担任出纳工作。

任务六 法律责任

黄某自担任某私营企业的会计以后,经常现金结算不开发票,购买、开具假发票不入账,虚报从业人员,以涂改账单和报送虚假报表等手段办理会计账务。由于多次未被税务机关查出,黄某受到老板的赏识和加薪。某次接受税务检查前,他又从其他企业高价买来空白统一发票,私刻发票专用章,擅自填写有关项目,以平衡企业的财务收支,企图逃避税务检查,但最终被税务机关发现查处。

问题:

1. 黄某的行为有没有违反《会计法》? 为什么?
2. 依照《会计法》,对黄某应如何处理?

一、法律责任概述

法律责任,是指违反法律规定的行为应当承担的法律后果,也就是对违法者的制裁。它是一种通过对违法行为惩罚来实施法律规则的要求。为了保证会计法律规范的有效实施,惩治会计违法行为,《会计法》规定了明确的法律责任。法律责任主要包括两种责任形式:一是行政责任,二是刑事责任。

（一）行政责任

行政责任是指行政法律关系主体在国家行政管理活动中因违反了行政法律规范，不履行行政法律、法规、规章等所规定的义务而应承担的法律责任。在《会计法》的规定中，有许多是对会计活动进行行政管理的内容，属于行政法律规范，相应地，《会计法》"法律责任"一章中，对违反这些行政法律规范的行为，规定了行政法律责任。行政责任主要有行政处罚和行政处分两种方式。

1. 行政处罚

行政处罚是指特定的行政主体基于一般行政管理职权，对其认为违反行政法上的强制性义务、违反行政管理程序的行政管理相对人所实施的一种行政制裁措施。

行政处罚主要分为罚款、责令限期改正等。

2. 行政处分

行政处分是国家工作人员违反行政法律规范所应承担的一种行政法律责任，是行政机关对国家工作人员故意或者过失侵犯行政相对人的合法权益所实施的法律制裁。行政处分的形式有警告、记过、记大过、降级、撤职、开除等。

（二）刑事责任

刑事责任是指犯罪行为应当承担的法律责任，即对犯罪分子依照刑事法律的规定追究的法律责任。刑事责任与行政责任两者的主要区别如下。

1. 追究的违法行为不同

追究刑事责任的是犯罪行为，追究行政责任的是一般违法行为。

2. 追究责任的机关不同

追究刑事责任只能由司法机关依照《中华人民共和国刑法》的规定追究，追究行政责任由国家特定的行政机关依照有关法律的规定决定。

3. 承担法律责任的后果不同

追究刑事责任比追究行政责任严厉得多。

刑事责任是触犯《中华人民共和国刑法》者所应承受的由国家审判机关给予的制裁后果，即刑罚，包括主刑和附加刑。

（1）主刑。主刑是对犯罪分子适用的主要刑罚方法，只能独立适用，不能附加适用，对犯罪分子只能判处一种主刑。主刑分为管制、拘役、有期徒刑、无期徒刑和死刑。

（2）附加刑。附加刑是既可独立适用又可以附加适用的刑罚方法。附加刑分为罚金、剥夺政治权利、没收财产。对犯罪的外国人，也可以独立或附加适用驱逐出境。

二、不依法设置会计账簿等会计违法行为的法律责任

根据《会计法》第四十二条的规定，违反《会计法》规定，有下列行为之一的，由县级以上人民政府财政部门责令限期改正，可以对单位并处三千元以上五万元以下的罚款；对其直接负责的主管人员和其他直接责任人员，可以处二千元以上二万元以下的罚款；属于国家工作人员的，还应当由其所在单位或者有关单位给予行政处分。

（1）不依法设置会计账簿的行为。即违反《会计法》和国家统一的会计制度的规定，应

当设置会计账簿的单位不设置会计账簿或者未按规定的种类、形式及要求设置会计账簿的行为。

（2）私设会计账簿的行为。即不在依法设置的会计账簿上对经济业务事项进行统一会计核算,而另外私自设置会计账簿进行会计核算的行为,即常说的"账外账"。

（3）未按照规定填制、取得原始凭证或者填制、取得的原始凭证不符合规定的行为。

（4）以未经审核的会计凭证为依据登记会计账簿或者登记会计账簿不符合规定的行为。

（5）随意变更会计处理方法的行为。会计处理方法的变更会直接影响会计资料的质量和可比性,按照相关法律的规定,不得随意变更会计处理方法。

（6）向不同的会计资料使用者提供的财务会计报告编制依据不一致的行为。财务会计报告应当根据登记完整、核对无误的会计账簿记录和其他有关会计资料编制,使用的计量方法、确认原则、统计标准应当一致,做到数字真实、计算准确、内容完整、说明清楚。不得向不同的会计资料使用者提供编制依据不一致的财务会计报告。

（7）未按照规定使用会计记录文字或者记账本位币的行为。

（8）未按照规定保管会计资料,致使会计资料毁损、灭失的行为。

（9）未按照规定建立并实施单位内部会计监督制度或者拒绝依法实施的监督或者不如实提供有关会计资料及有关情况的行为。

（10）任用会计人员不符合《会计法》规定的行为。

有上述所列行为之一,构成犯罪的,依法追究刑事责任。会计工作人员有(1)中所列行为之一,情节严重的,五年内不得从事会计工作。

【边学边练 1-26·单选题】根据《会计法》的规定,对随意变更会计处理方法的单位,县级以上人民政府财政部门责令限期改正,并可以处（　　）。

A. 一千元以上三万元以下的罚款
B. 二千元以上二万元以下的罚款
C. 三千元以上五万元以下的罚款
D. 三千元以上二万元以下的罚款

【答案】C。

【解析】根据《会计法》第四十二条的规定,县级以上人民政府财政部门在责令限期改正的同时,有权对单位并处三千元以上五万元以下的罚款,对其直接负责的主管人员和其他直接责任人员,处二千元以上二万元以下的罚款。该题中所说的罚款是针对单位进行的罚款。

三、其他会计违法行为的法律责任

（一）伪造、变造会计凭证、会计账簿,编制虚假财务会计报告的法律责任

伪造、变造会计凭证、会计账簿,编制虚假财务会计报告,构成犯罪的,依法追究刑事责任;尚不构成犯罪的,由县级以上人民政府财政部门予以通报,可以对单位并处五千元以上十万元以下的罚款;对其直接负责的主管人员和其他直接责任人员,可以处三千元以上五万元以下的罚款;属于国家工作人员的,还应当由其所在单位或者有关单位依法给予撤职直至开除的行政处分;其中的会计人员,五年内不得从事会计工作。

（二）隐匿或者故意销毁依法应当保存的会计凭证、会计账簿、财务会计报告的法律责任

所谓隐匿，是指故意转移、隐藏应当保存的会计凭证、会计账簿、财务会计报告的行为。所谓销毁，是指故意将依法应当保存的会计凭证、会计账簿、财务会计报告予以毁灭的行为。

隐匿或者故意销毁依法应当保存的会计凭证、会计账簿、财务会计报告，构成犯罪的，依法追究刑事责任。有上述行为，尚不构成犯罪的，由县级以上人民政府财政部门予以通报，可以对单位并处五千元以上十万元以下的罚款；对其直接负责的主管人员和其他直接责任人员，可以处三千元以上五万元以下的罚款；属于国家工作人员的，还应当由其所在单位或者有关单位依法给予撤职直至开除的行政处分；其中的会计人员，五年内不得从事会计工作。

（三）授意、指使、强令会计机构、会计人员及其他人员伪造、变造会计凭证、会计账簿，编制虚假财务会计报告或者隐匿、故意销毁依法应当保存的会计凭证、会计账簿、财务会计报告的法律责任

所谓授意，是指暗示他人按其意思行事。所谓指使，是指通过明示方式，指示他人按其意思行事。所谓强令，是指明知其命令是违反法律的，而强迫他人执行其命令的行为。

授意、指使、强令会计机构、会计人员及其他人员伪造、变造会计凭证、会计账簿，编制虚假财务会计报告或者隐匿、故意销毁依法应当保存的会计凭证、会计账簿、财务会计报告，构成犯罪的，依法追究刑事责任；尚不构成犯罪的，由县级以上人民政府财政部门对违法行为人处以五千元以上五万元以下的罚款；属于国家工作人员的，还应当由其所在单位或者有关单位依法给予降级、撤职、开除的行政处分。

（四）单位负责人对依法履行职责、抵制违反《会计法》规定行为的会计人员实行打击报复的法律责任以及对受打击报复的会计人员的补救措施

单位负责人对依法履行职责、抵制违反《会计法》规定行为的会计人员以降级、撤职、调离工作岗位、解聘或者开除等方式实行打击报复，构成犯罪的，依法追究刑事责任；尚不构成犯罪的，由其所在单位或者有关单位依法给予行政处分。对受打击报复的会计人员，应当恢复其名誉和原有职务、级别。

【边学边练1-27·案例题】 某研究所会计处原会计张某因举报前所长经济问题受到开除处分。新任所长上任后，在所长办公会上提出，张某遭受打击报复问题属实，建议撤销对张某的处分，恢复其名誉，重新安置到后勤部门当物资保管员。请分析新任所长的建议是否正确，请说明理由。

【解析】 新任所长建议撤销对张某的处分，恢复其名誉的做法正确，但将张某重新安置到后勤部门当物资保管员的做法并不符合《会计法》的规定。根据《会计法》第四十六条的规定，对受到受打击报复的会计人员，应当恢复其名誉和原有职位、级别。所以，应当恢复张某原来的会计职务。

四、违反《企业财务会计报告条例》有关规定的法律责任

违反《企业财务会计报告条例》第三十九条的规定，有下列行为之一的，由县级以上人民

政府财政部门责令限期改正,对企业可以处三千元以上五万元以下的罚款;对直接负责的主管人员和其他直接责任人员,可以处二千元以上二万元以下的罚款;属于国家工作人员的,并依法给予行政处分或者纪律处分。

(1) 随意改变会计要素的确认和计量标准的。

(2) 随意改变财务会计报告的编制基础、编制依据、编制原则和方法的。

(3) 提前或者延迟结账日结账的。

(4) 在编制年度财务会计报告前,未按照《企业财务会计报告条例》规定全面清查资产、核实债务的。

(5) 拒绝财政部门和其他有关部门对财务会计报告依法进行的监督检查,或者不如实提供有关情况的。

1. 黄某的行为违反了《会计法》。因为黄某的行为属于伪造、变造会计凭证、会计账簿和编制虚假财务会计报告的行为。根据《会计法》第四十三条的规定,伪造、变造会计凭证、会计账簿和编制虚假财务会计报告属于违法行为。

2. 黄某伪造、变造会计凭证、会计账簿和编制虚假财务会计报告,若构成犯罪,依法追究其刑事责任。尚不构成犯罪的,当地人民政府财政部门可以对黄某予以通报,并对其单位处三千元以上五万元以下的罚款,黄某五年内不得从事会计工作。

本单元是关于会计法律制度的介绍,主要内容包括认识会计法律制度、会计工作管理体制、会计核算、会计监督、会计机构和会计人员、法律责任等。本单元是本书的重点单元,涉及《会计法》《会计基础工作规范》中大量内容,所以要求学生在学习过程中既要记忆,又要理解,会应用所学知识对会计工作中的违法行为及应承担的法律责任进行具体分析。

一、单项选择题

1. 会计法律制度中层次最高的是(　　)。
A.《企业会计准则——基本准则》　　　　B.《会计法》
C.《企业会计制度》　　　　　　　　　　D.《中华人民共和国宪法》

2.《企业会计准则——基本准则》属于(　　)。
A. 会计法律　　　　　　　　　　　　　B. 地方性会计法规
C. 会计行政法规　　　　　　　　　　　D. 会计部门规章

3. 下列各项中,属于会计工作政府监督实施主体的是(　　)。
A. 证监会　　　　　　　　　　　　　　B. 税务部门
C. 财政部　　　　　　　　　　　　　　D. 银保监会

4. 某企业在申请贷款时,将企业资产负债表"长期借款"项目少填列1个亿,"未分配利润"项目多填列1个亿后提交给银行,该企业的这一行为属于(　　)。
　A. 伪造财务会计报告
　B. 以虚假的经济业务编制财务会计报告
　C. 变造财务会计报告
　D. 提供虚假的财务会计报告

5. 下列各项中,对报送的财务报表的合法性、真实性负首要法律责任的是(　　)。
　A. 总会计师　　　　　　　　　　B. 会计主管人员
　C. 单位负责人　　　　　　　　　D. 会计机构负责人

6. 下列做法,违反《会计法》规定的有(　　)。
　A. 某企业将财会部与企管部合并
　B. 某医院在行政办公室设置了会计人员并指定了符合条件的会计主管人员
　C. 某私营企业委托一持有会计专业技术资格证书的无业人员为其代理记账
　D. 企业聘请一位从事会计工作满五年,且具有助理会计师职务的人员为本企业会计机构负责人

7. 会计机构负责人因调动工作或离职办理交接手续的,负责监交的人员是(　　)。
　A. 主管单位派出的人员　　　　　B. 单位负责人
　C. 人事部门负责人　　　　　　　D. 内部审计机构负责人

8. 下列不属于注册会计师可以承办的业务的是(　　)。
　A. 审计业务　　　　　　　　　　B. 会计服务业务
　C. 会计核算业务　　　　　　　　D. 会计咨询业务

9. 会计工作交接完毕后,下列哪类人员不必在移交清册上签名盖章(　　)。
　A. 会计机构负责人　　　　　　　B. 监交人
　C. 接管人　　　　　　　　　　　D. 移交人

10. 根据《会计法》,以下岗位属于会计岗位的有(　　)。
　A. 出纳　　　　　　　　　　　　B. 单位内部审计
　C. 药房收费员　　　　　　　　　D. 政府审计

11. 银行对账单的保管期限是(　　)。
　A. 5年　　　　B. 10年　　　　C. 30年　　　　D. 永久

12. 企业以下的档案中,需要永久保存的是(　　)。
　A. 汇总凭证　　　　　　　　　　B. 现金日记账
　C. 总账　　　　　　　　　　　　D. 年度财务会计报告

13. 初级会计资格考试实行的具体方法是(　　)。
　A. 两年为一周期,单科成绩滚动计算　　B. 一年内一次全部通过
　C. 三年为一周期,单科成绩滚动计算　　D. 单科成绩长期滚动计算

14. 根据会计法律制度的规定,下列行为中,属于变造会计资料的是(　　)。
　A. 以虚假的经济业务编制会计凭证和会计账簿
　B. 用涂改、挖补等手段改变会计凭证和会计账簿的真实内容
　C. 随意变更会计处理方法
　D. 由于差错导致会计凭证和会计账簿记录不一致

15. 对于隐匿或故意销毁依法应当保存的会计凭证、会计账簿和财务会计报告的行为,尚不构成犯罪的,可以对直接负责的主管人员和其他直接责任人员处以罚款,罚款的数额范围是( )。

　　A. 五千元以上,五万元以下罚款　　B. 三千元以上,五万元以下罚款
　　C. 五千元以上,十万元以下罚款　　D. 三千元以上,十万元以下罚款

二、多项选择题

1. 下列各项中,不符合会计法律制度规定的是( )。
　　A. 某县财政局对本行政区域的单位执行国家统一的会计制度的情况进行检查
　　B. 某学校在学校办公室配备了专职会计人员
　　C. 出纳人员兼管会计档案
　　D. 某国有中型企业同时设置总会计师和分管会计工作的副总经理

2. 中国会计学会是由全国会计领域各类专业组织及个人自愿结成的( )社会组织。
　　A. 学术性　　B. 专业性　　C. 营利性　　D. 非营利性

3. 会计机构、会计人员在审核原始凭证时,对不真实、不合法的原始凭证应当( )。
　　A. 有权不予理会　　B. 向单位负责人报告
　　C. 向会计机构负责人报告　　D. 予以退回,要求更正、补充

4. 根据《会计档案管理办法》的规定,在对保管期满的会计档案进行整理以备销毁时,不得销毁的档案有( )。
　　A. 未结清的债权债务原始凭证
　　B. 正在建设期间的建设单位会计档案
　　C. 所有会计报表类档案
　　D. 超过会计档案保管期限但尚未报废的固定资产购买凭证

5. 我国会计工作管理体制主要包括的内容有( )。
　　A. 会计工作的行政管理
　　B. 会计工作的自律管理
　　C. 明确对会计工作的监督检查部门和监督检查范围
　　D. 单位内部的会计工作管理

6. 代理机构代表委托人办理的业务事项有( )。
　　A. 登记会计账簿　　B. 编制财务会计报告
　　C. 出具审计报告　　D. 向税务机关提供纳税申报

7. 会计工作岗位可以( )。
　　A. 一人多岗　　B. 一人一岗　　C. 多岗多人　　D. 一岗多人

8. 根据国家统一会计制度的规定,下列属于会计资料的有( )。
　　A. 会计凭证　　B. 会计账簿
　　C. 财务会计报告　　D. 会计档案

9. 会计监督分为( )。
　　A. 单位和个人监督　　B. 单位内部会计监管
　　C. 会计工作的政府监督　　D. 会计工作的社会监督

10. 下列各项中,任用会计人员应当实行回避制度的有(　　　　)。
   A. 国有企业　　　　B. 集体企业　　　　C. 国家机关　　　　D. 事业单位
11. 《会计法》规定的法律责任可分为(　　　　)。
   A. 赔偿责任　　　　B. 行政责任　　　　C. 连带责任　　　　D. 刑事责任
12. 下列各项中,属于会计工作岗位设置要求的是(　　　　)。
   A. 按需设岗　　　　　　　　　　　B. 建立轮岗制度
   C. 建立岗位责任制　　　　　　　　D. 符合内部牵制的要求
13. 下列属于私设会计账簿的有(　　　　)。
   A. 某单位在法定账册之外设置小金库
   B. 某单位将外单位给予的回扣单独设置账簿进行反映
   C. 某单位设置了专门用于记载资金的银行存款日记账和现金日记账
   D. 某单位在总账之外又针对税务检查设置了另外一套账
14. 单位负责人对依法履行职责、抵制违反《会计法》规定行为的会计人员进行打击报复的行为包括(　　　　)。
   A. 降级　　　　　　　　　　　　　B. 撤职
   C. 调离工作岗位　　　　　　　　　D. 解聘或者开除
15. 单位负责人对依法履行职责、抵制违反《会计法》规定行为的会计人员实行打击报复,构成犯罪的,依法追究刑事责任;尚不构成犯罪的,由其所在单位或者有关单位依法给予行政处分。对受打击报复的会计人员,应当(　　　　)。
   A. 恢复其名誉　　　　　　　　　　B. 恢复原有职务
   C. 恢复原有级别　　　　　　　　　D. 给予赔偿

三、判断题

1. 国务院财政部门可以根据《会计法》的规定制定并公布国家统一的会计制度。(　　)
2. 采用电子计算机进行会计核算的单位,只需保存电子数据和会计软件资料,不用保存打印出的纸质会计档案。(　　)
3. 各级人民政府的财政部门管理本行政区域内的会计工作,体现统一领导、分级管理的原则。(　　)
4. 不设置会计机构的,应设置会计人员并由总经理统一领导。(　　)
5. 根据《会计法》《会计基础工作规范》和《内部会计控制规范——基本规范(试行)》的规定,单位内部会计监督的主体既包括各单位的会计机构和会计人员,也包括各单位的审计机构和审计人员。(　　)
6. 回避制度是指为了保证执法或者执业的公正性,对由于某种原因可能影响其公正执法或者执业的人员实行任职回避和业务回避的一种制度。(　　)
7. 财政部门有权对会计师事务所出具审计报告的程序和内容进行监督。(　　)
8. 政府监督和社会监督都属于外部会计监督。(　　)
9. 任何单位和个人对违反《会计法》和国家统一的会计制度规定的会计行为有权检举。(　　)
10. 会计工作交接后,接管人员必须另立账簿,不得继续使用移交前的账簿。(　　)
11. 总会计师是主管本单位财务会计工作的行政领导,不属于会计工作岗位。(　　)

12. 不管什么学历的人员,参加中级会计资格考试的人员至少从事会计工作满一年。( )
13. 根据《会计法》的要求,所有单位都必须设置会计机构。( )
14. 主刑只能独立适用,附加刑只能附加适用。( )
15. 违反《会计法》构成犯罪的,依法追究刑事责任。( )

四、案例分析题

北盛公司是河北省秦皇岛市一家外商独资企业,2018 年度发生了以下事项:

1. 公司接到市财政局通知,市财政局将要来公司检查会计工作情况。公司董事长兼总经理杰克认为,公司作为中外合资经营企业,不应受《会计法》的约束,财政部门无权来检查。

2. 由于公司董事长兼总经理杰克居住在美国,为提高信息披露效率,经公司董事会研究决定,公司对外报送的财务会计报告由财务经理赵某签字、盖章后报出,不再由董事长杰克签章。

3. 公司从外地购买了一批钢材,收到发票后,与实际支付款项进行核对时发现发票金额错误,采购员李某在原始凭证上进行了更改,并加盖了自己的印章,作为报销凭证。

要求:根据上述资料,回答下列问题。

(1) 针对事项 1,下列说法正确的是( )。

A. 杰克观点正确

B. 杰克观点不正确

C. 该公司虽然是外商独资企业,但属于中国境内的公司,依法应该接受市财政局检查

D. 该公司是外商独资企业,应该接受美国相关部门的检查

(2) 该公司期末编制财务会计报表应当使用( )。

A. 美元 B. 英镑
C. 人民币 D. 欧元

(3) 该公司对外报送的财务会计报告,应当签章的主体有( )。

A. 董事长杰克 B. 财务经理赵某
C. 采购员李某 D. 会计王某

(4) 针对公司采购人员李某更改金额的做法,下列表述正确的是( )。

A. 符合规定,原始凭证金额有错误的,应当由采购员重开或更正,更正处应当加盖采购员印章

B. 不符合规定,原始凭证金额有错误的,应当由会计人员更正,更正处应当加盖会计人员印章

C. 不符合规定,原始凭证金额有错误的,应当由出具单位重开,不得在原始凭证上更正

D. 不符合规定,原始凭证金额有错误的,应当由采购员重开,不得在原始凭证上更正

第一单元
参考答案

第二单元　支付结算法律制度

知识目标
- 掌握现金使用范围的规定和现金管理的基本要求。
- 了解支付结算的概念和一般原则,掌握填写票据和结算凭证的基本要求。
- 掌握中国人民银行对于企业账户管理的相关规定,银行账户种类、开户要求、各账户功能及使用中的注意事项。
- 掌握支票、商业汇票、银行卡、汇兑结算方式的规定。

技能目标
- 会填写票据,分析判断各种结算方式使用的正确性。

任务一　现金结算

　　双华公司开业之初,由其开户银行核定的库存现金金额为 4000 元,但随着其业务量越来越大,双华公司发现 4000 元的库存现金不能满足其需要,于是公司在未向银行提出申请的情况下,私自决定将库存现金金额提高到 6000 元,并且经常直接从公司现金收入中提取款项支付货款,后被银行发现,对其处以罚款。双华公司不服,并以向人民银行申请复议为名,拒绝交付罚款。
　　问题:双华公司现金管理有哪些不妥之处?

一、现金结算的概念及特点

(一)现金结算的概念

　　现金是指通常存放于单位财会部门、由出纳人员经管的货币。现金结算是指在商品交易、劳务供应等经济往来中,直接使用现金进行应收应付款结算的一种行为。在我国,现金结算主要适用于单位与个人之间的款项收付,以及单位之间的转账结算起点金额以下的零星小额收付。现金是流动性最强的资产,使用时不受任何特定用途的限制,具有普遍的可接受性,也是不法分子猎取的主要目标。因此,各单位应当严格遵守国家有关现金管理制度,正确进行现金收支核算,监督现金使用的合法性与合理性。

 知识链接

现金是指具有现实购买力或者法定清偿力的通货。在金属货币流通条件下,现金是指金属铸币及其他作辅币使用的铸币;在纸币或者信用货币流通的条件下,现金包括铸币、纸币和信用货币。在我国,现金是指人民币,包括纸币和金属辅币。

(二)现金结算的特点

(1) 直接和便利。在现金结算方式下,买卖双方一手交钱,一手交货,当面钱货两清,无须通过中介,因而对买卖双方来说是最为直接和便利的。

同样,在劳务供应、信贷存放和资金调拨方面,现金结算也是最为直接和便利的,因而被社会大众所接受。

(2) 不安全性。由于现金使用极为广泛和便利,因而便成为不法分子觊觎的最主要目标,很容易被偷盗、贪污、挪用。在现实经济生活中,大多数的经济犯罪活动都和现金有关。此外,现金还容易因火灾、虫蛀、鼠咬等而发生损失。

(3) 不易宏观控制和管理。由于现金结算大部分不通过银行进行,因而使国家很难对其进行控制。过多的现金结算会使流通中的现金过多,从而容易造成通货膨胀,增加对物价的压力。

(4) 费用较高。使用现金结算虽然可以使各单位减少银行手续费用,但现金清点、运送、保管的费用较高。对于整个国家来说,过多的现金结算会增大整个国家印制、保管、运送现金和回收废旧现钞等工作的费用和损失,浪费人力、物力和财力。

【特别提示】现金结算的渠道有付款人直接将现金支付给收款人,付款人委托银行、非银行金融机构或者非金融机构将现金支付给收款人。

二、现金结算的范围

根据《现金管理暂行条例》第五条的规定,开户单位可以在下列范围内使用现金:

(1) 职工工资、津贴;
(2) 个人劳务报酬;
(3) 根据国家规定颁发给个人的科学技术、文化艺术、体育等各种奖金;
(4) 各种劳保、福利费用以及国家规定的对个人的其他支出;
(5) 向个人收购农副产品和其他物资的价款;
(6) 出差人员必须随身携带的差旅费;
(7) 结算起点以下的零星支出;
(8) 中国人民银行确定需要支付现金的其他支出。

(7)项中结算起点定为一千元。结算起点的调整,由中国人民银行确定,报国务院备案。

除(5)、(6)项外,开户单位支付给个人的款项,超过使用现金限额的部分,应当以支票或者银行本票支付;确需全额支付现金的,经开户银行审核后,予以支付现金。

【特别提示】机关、团体、部队、全民所有制和集体所有制企业事业单位购置国家规定的

专项控制商品,必须采取转账结算方式,不得使用现金。

三、现金使用的限额

现金使用的限额是指为了保证开户单位日常零星开支的需要,允许单位留存现金的最高数额。根据《现金管理暂行条例实施细则》第四条的规定,各开户单位的库存现金都要核定限额。库存现金限额由开户单位提出计划,报开户银行审批。经核定的库存现金限额,开户单位必须严格遵守,超过部分应于当日终了前存入银行。

【点拨指导】各开户单位的库存现金限额,由于生产或业务变化,需要增加或者减少时,应当向开户银行提出申请,经批准后再行调整。

开户单位库存现金的限额由开户银行根据单位的实际需要核定,一般按照开户单位三天至五天日常零星开支所需核定库存现金限额。边远地区和交通不发达地区的开户单位的库存现金限额,可以适当放宽,但最多不得超过十五天的日常零星开支。对没有在银行单独开立账户的附属单位也要实行现金管理,必须保留的现金,也要核定限额,其限额包括在开户单位的库存限额之内。

商业和服务行业的找零备用现金也要根据营业额核定定额,但不包括在开户单位的库存现金限额之内。

【边学边练2-1·单选题】现金使用的限额,由开户行根据单位的实际需要核定,一般按照单位(　　)的日常零星开支所需确定。

A. 三天至五天
B. 五天至七天
C. 十天
D. 十五天

【答案】A。

【解析】本题考核现金使用的限额。

四、现金收支的基本要求

开户单位应当按照以下要求办理现金收支。

(1) 开户单位收入现金应于当日送存开户银行,当日送存有困难的,由开户银行确定送存时间。

(2) 不得坐支现金。开户单位支付现金,可以从本单位库存现金中支付或从开户银行提取,不得从本单位的现金收入中直接支付(即坐支)。特殊原因须坐支现金的,应当事先报经开户银行审查批准,由开户银行核定坐支范围和限额。坐支单位必须在现金账上如实反映坐支金额,并按月向开户银行报送坐支金额和使用情况。

(3) 开户单位在规定的现金使用范围内从开户银行提取现金时,必须如实写明用途,由本单位财会部门负责人签字盖章,经开户银行审查批准后,予以支付。

(4) 因采购地点不确定、交通不便、抢险救灾以及其他特殊情况,办理转账结算不够方便,必须使用现金的开户单位,应当向开户银行提出书面申请,由本单位财会部门负责人签字盖章,开户银行审查批准后,予以支付现金。

(5) 现金管理"八不准"。即不准用不符合财务制度的凭证顶替库存现金,不准单位之间相互借用现金,不准谎报用途套取现金,不准利用银行账户代其他单位和个人存入或者支取现金,不准将单位收入的现金以个人名义存入储蓄,不准保留账外公款(即小金库),不准发行变相货币,不准以任何票券代替人民币在市场上流通。

【边学边练 2-2·单选题】因采购地点不确定,办理转账不够方便,必须使用现金的开户单位,要向开户银行提出书面申请,由(　　)签字盖章,开户银行审查批准后,予以现金支付。

  A. 本单位财会部门负责人
  B. 本单位负责人
  C. 总会计师
  D. 董事长

【答案】A。
【解析】根据现金收支的基本要求,因采购地点不确定、交通不便、抢险救灾以及其他特殊情况,办理转账结算不方便,必须使用现金的开户单位,应当向开户银行提出书面申请,由本单位财会部门负责人签字盖章,开户银行审查批准后,予以支付现金。

(1) 双华公司私自将库存现金限额提高,违反了《现金管理暂行条例》的规定。企业如果需要增加库存限额,应向开户银行申请,由开户银行核定。

(2) 双华公司直接从现金收入中支付现金,属于坐支行为。根据《现金管理暂行条例》第十一条的规定,开户单位不得坐支现金。

任务二　支付结算概述

宏达公司因购货向万鸿公司签发了一张银行承兑汇票,金额记载为 30 万元,签章为宏达公司公章,出票日期为 2019 年 1 月 30 日。万鸿公司收到汇票后在规定期限内向付款人银行提示承兑,但银行以票据不符合要求而拒绝受理。

问题:
1. 该银行承兑汇票上的出票日期的填写是否符合要求?请说明理由。
2. 该银行承兑汇票上的签章是否符合要求?请说明理由。
3. 银行拒绝受理的行为是否合法?

一、支付结算的概念和特征

(一)概念

支付结算,是指单位、个人在社会经济活动中使用现金、票据、信用卡和汇兑、托收承付等结算方式进行货币给付及其资金清算的行为。其主要功能是完成资金从一方当事人向另一方当事人的转移。支付结算工作的任务是根据经济往来组织支付结算,准确、及时、安全地办理支付结算,并按照有关法律、行政法规和支付结算办法的规定管理支付结算,保障支付结算活动的正常运行。

【**特别提示**】银行、城市信用合作社、农村信用合作社(以下简称银行)以及单位(含个体工商户)和个人是办理支付结算的主体。其中,银行是支付结算和资金清算的中介机构。

支付结算的主要形式和法律依据

支付结算的方式有以下几种:(1)支票;(2)银行本票;(3)银行汇票;(4)商业汇票;(5)汇兑;(6)委托收款;(7)托收承付;(8)信用卡;(9)信用证。

支付结算是一种转账结算,为了规范支付结算行为,保障支付结算活动中当事人的合法权益,加速资金周转和商品流通,促进社会主义市场经济的发展,我国制定了一系列支付结算方面的法律、法规和制度,主要包括:1995年5月10日第八届全国人民代表大会常务委员会第十三次会议通过的于1996年1月1日起实施的《中华人民共和国票据法》(2004年修正),1997年8月21日经国务院批准由中国人民银行发布的于同年10月1日起实施的《票据管理实施办法》(2011年修订),1997年9月19日中国人民银行发布的于同年12月1日起实施的《支付结算办法》,中国人民银行发布的于1997年8月1日起实施的《国内信用证结算办法》(2016年修订),1999年1月5日中国人民银行发布的于同年3月1日起实施的《银行卡业务管理办法》,2003年4月10日中国人民银行发布的于同年9月1日起实施的《人民币银行结算账户管理办法》等。

(二) 特征

支付结算具有以下特征。

(1)支付结算必须通过中国人民银行批准的金融机构进行,未经中国人民银行批准的非银行金融机构和其他单位不得作为中介机构经营支付结算业务。但法律、行政法规另有规定的除外。支付结算与一般的货币给付及资金清算行为不同。

(2)支付结算是一种要式行为。所谓要式行为,是指法律规定必须按照一定形式进行的行为。如果该行为不符合法定的形式要求,即为无效。

(3)支付结算的发生取决于委托人的意志。银行在支付结算中作为中介机构,只要以善意且符合规定的正常操作程序审查,对伪造、变造的票据和结算凭证上的签章以及需要交验的个人有效身份证件,未发现异常而支付金额的,对出票人或付款人不再承担受委托付款的责任,对持票人或收款人不再承担付款责任。与此同时,当事人对在银行的存款有自己的支配权。

(4)支付结算实行统一管理和分级管理相结合的管理体制。支付结算是一项政策性强、与当事人利益息息相关的活动,因此,必须对其实行统一的管理。《支付结算办法》规定,中国人民银行总行负责制定统一的支付结算制度,组织、协调、管理、监督全国的支付结算工作,调解、处理银行之间的支付结算纠纷;中国人民银行省、自治区、直辖市分行根据统一的支付结算制度制定实施细则,报总行备案。

(5) 支付结算必须依法进行。《支付结算办法》第五条规定:"银行、城市信用合作社、农村信用合作社(以下简称银行)以及单位和个人(含个体工商户),办理支付结算必须遵守国家的法律、行政法规和本办法的各项规定,不得损害社会公共利益。"因此,支付结算的当事人必须严格依法进行支付结算活动。

【边学边练 2-3·单选题】在支付结算中充当中介机构的是( )。
A. 工商局
B. 单位
C. 个人
D. 银行
【答案】D。
【解析】银行是支付结算和资金清算的中介机构。

二、支付结算的基本原则

支付结算的基本原则,是银行、单位和个人在进行支付结算活动时所必须遵循的行为准则。根据相关规定,支付结算必须遵守以下原则。

1. 恪守信用,履约付款原则

根据该原则,各单位之间、单位与个人之间发生交易往来,产生支付结算行为时,结算当事人必须依照双方约定的民事法律关系内容依法承担义务和行使权利,严格遵守信用,履行付款义务,特别是应当按照约定的付款金额和付款日期进行支付。结算双方办理款项收付完全建立在自觉自愿、相互信用的基础上。

2. 谁的钱进谁的账、由谁支配原则

根据该原则,银行在办理结算时,必须按照存款人的委托,将款项支付给其指定的收款人;对存款人的资金,除国家法律另有规定外,必须由其自由支配。这一原则主要在于维护存款人对存款资金的所有权,保证其对资金支配的自主权。

3. 银行不垫款原则

银行在办理结算过程中,只负责办理结算当事人之间的款项划拨,不承担垫付任何款项的责任。这一原则主要在于划清银行资金与存款人资金的界限,保护银行资金的所有权和经营权,有利于促使单位和个人直接对自己的债权债务负责。

【点拨指导】银行不垫款原则并不意味着银行在任何情况下都不垫款,当银行作为商业汇票承兑人时,具有绝对付款的义务,不能以其与出票人之间的资金关系为理由而拒绝垫款。

上述三个原则既可单独发挥作用,又可作为一个有机的整体,分别从不同的角度强调了付款人、收款人和银行在结算过程中的权利和义务,从而保障了结算活动的正常进行。

三、办理支付结算的基本要求

根据《支付结算办法》的规定,单位、个人和银行办理支付结算的基本要求包括以下几个方面。

(1) 单位、个人和银行办理支付结算,必须使用按中国人民银行统一规定印制的票据凭证和结算凭证。票据和结算凭证是办理支付结算的工具,未使用中国人民银行统一规定格式的结算凭证,银行不予受理。

(2) 单位、个人和银行应当按照《人民币银行结算账户管理办法》的规定开立、使用账户。

在银行开立存款账户的单位和个人办理支付结算的账户内须有足够的资金保证支付。银行依法为单位、个人在银行开立的存款账户内的存款保密,维护其资金的自主支配权。除国家法律、行政法规另有规定外,银行不得为任何单位或个人查询;除国家法律另有规定外,银行不代任何单位或个人冻结扣划存款人账户内存款,不得停止单位、个人存款的正常支付。

(3) 票据和结算凭证上的签章和其他记载事项应当真实,不得伪造、变造。

所谓"伪造",是指无权限人假冒他人或虚构他人名义签章的行为。所谓"变造",是指无权更改票据内容的人,对票据上签章以外的记载事项加以改变的行为。变造票据的方法多是在合法票据的基础上,对票据加以剪接、挖补、覆盖、涂改,从而非法改变票据的记载事项。伪造、变造票据属于欺诈行为,应追究其刑事责任。

票据和结算凭证上的签章,为签名、盖章或者签名加盖章。单位、银行在票据上的签章和单位在结算凭证上的签章,为该单位、银行的盖章加其法定代表人或者其授权的代理人的签名或者盖章。个人在票据和结算凭证上的签章,应为该个人本名的签名或盖章。银行汇票的出票人在票据上的签章,应为经中国人民银行批准使用的该银行汇票专用章加其法定代表人或其授权经办人的签名或者盖章。支票的出票人在票据上的签章,应为其预留银行的签章。

(4) 填写票据和结算凭证应当规范,做到要素齐全、数字正确、字迹清晰、不错不漏、不潦草,防止涂改。

【边学边练 2-4·单选题】甲向乙开具一张商业汇票,下列记载事项中,可以更改的是( )。

A. 金额
B. 出票日期
C. 付款地
D. 收款人姓名

【答案】C。

【解析】票据和结算凭证的出票金额、出票日期、收款人名称不得更改,更改的票据无效。

四、填写票据和结算凭证的基本要求

票据和结算凭证是办理支付结算的工具,是银行、单位和个人凭以记账的会计凭证,是记载经济业务和明确经济责任的一种书面证明。因此,填写票据和结算凭证,必须做到标准化、规范化,具体应符合以下基本要求。

(一) 关于收款人名称

单位和银行的名称应当记载全称或者规范化简称。规范化简称应当具有排他性，与全称在实质上具有同一性。

(二) 关于出票日期

票据的出票日期必须使用中文大写。在填写月、日时，月为壹、贰和壹拾的，日为壹至玖和壹拾、贰拾和叁拾的，应在其前面加"零"；日为拾壹至拾玖的，应在其前面加"壹"。例如，1月14日，应写成零壹月壹拾肆日；10月30日，应写成零壹拾月零叁拾日。票据出票日期使用小写填写的，银行不予受理。大写日期未按要求规范填写的，银行可予受理，但由此造成损失的，由出票人自行承担。

(三) 关于金额

票据和结算凭证金额以中文大写和阿拉伯数字同时记载，二者必须一致，否则银行不予受理。

少数民族地区和外国驻华使领馆根据实际需要，金额大写可以使用少数民族文字或者外国文字记载。

(1) 中文大写金额数字应用正楷或行书填写，不得自造简化字。如果金额数字书写中使用繁体字，也应受理。

(2) 中文大写金额数字到"元"为止的，在"元"之后应写"整"（或"正"）字；到"角"为止的，在"角"之后可以不写"整"（或"正"）字。大写金额数字有"分"的，"分"后面不写"整"（或"正"）字。

(3) 中文大写金额数字前应标明"人民币"字样，大写金额数字应紧接"人民币"字样填写，不得留有空白。大写金额数字前未印"人民币"字样的，应加填"人民币"三字。在票据和结算凭证的大写金额栏内不得预印固定的"仟、佰、拾、万、仟、佰、拾、元、角、分"字样。

(4) 阿拉伯小写金额数字中有"0"的，中文大写应按照汉语语言规律、金额数字构成和防止涂改的要求进行书写。举例如下：

① 阿拉伯数字中间有"0"时，中文大写金额要写"零"字。例如，￥1409.50，应写成人民币壹仟肆佰零玖元伍角。

② 阿拉伯数字中间连续有几个"0"时，中文大写金额中间可以只写一个"零"字。例如，￥6007.14，应写成人民币陆仟零柒元壹角肆分。

③ 阿拉伯数字万位或元位是"0"，或者数字中间连续有几个"0"，万位、元位也是"0"，但千位、角位不是"0"时，中文大写金额中可以只写一个"零"字，也可以不写零字。例如，￥1680.32，应写成人民币壹仟陆佰捌拾元零叁角贰分，或者写成人民币壹仟陆佰捌拾元叁角贰分；又例如，￥107 000.53，应写成人民币壹拾万柒仟元零伍角叁分，或者写成人民币壹拾万零柒仟元伍角叁分。

④ 阿拉伯金额数字角位是"0"，而分位不是"0"时，中文大写金额"元"后面应写"零"字。例如，￥16 409.02，应写成人民币壹万陆仟肆佰零玖元零贰分；又例如，￥325.04，应写成人民币叁佰贰拾伍元零肆分。

(5) 阿拉伯小写金额数字前面均应填写人民币符号"￥"。阿拉伯小写金额数字要认真填写,不得连写,以防分辨不清。

【边学边练 2-5·判断题】阿拉伯金额数字角位是"0",而分位不是"0"时,中文大写金额"元"后面可以写"零"字,也可以不写"零"字。( )

【答案】错。

【解析】根据票据和结算凭证填写的基本要求,阿拉伯金额数字角位是"0",而分位不是"0"时,中文大写金额"元"后面应写"零"字。

1. 不符合要求。根据《支付结算办法》附一《正确填写票据和结算凭证的基本规定》,票据的出票日期必须使用中文大写。规范写法为"贰零壹玖年零壹月零叁拾日"。

2. 不符合要求。根据《支付结算办法》的规定,单位在票据上的签章和单位在结算凭证上的签章,为该单位的盖章加其法定代表人或其授权的代理人的签名或盖章。

3. 合法。因票据填写不符合要求,导致票据无效,银行有权不予受理。

任务三 银行结算账户

方硕公司是河北省石家庄市一家食品加工企业,近期需要从山东采购一批原料,于是向山东农业银行提出开立采购专户的申请。另外,公司近期因经营周转资金不足,打算通过本公司的基本存款账户向开户银行申请借款。

问题:

1. 方硕公司能否在山东农业银行开立采购专户?
2. 方硕公司能否通过公司的基本存款账户向开户银行借款?

银行结算账户是资金从一方当事人向另一方当事人转移的起点和终点,单位或个人之间的人民币转账离不开银行结算账户。2003年4月10日,中国人民银行发布了《人民币银行结算账户管理办法》(以下简称《银行结算账户管理办法》),该办法于2003年9月1日起施行,1994年10月9日中国人民银行发布的《银行账户管理办法》同时废止。2005年1月19日,中国人民银行发布了《人民币银行结算账户管理办法实施细则》,自2005年1月31日起施行。本任务将根据上述规定,对人民币银行结算账户(以下简称银行结算账户)管理制度的基本内容加以说明。

一、银行结算账户的概念和种类

(一)银行结算账户的概念和特点

银行结算账户是指银行为存款人开立的办理资金收付结算的人民币活期存款账户。这里的存款人是指在中国境内开立银行结算账户的机关、团体、部队、企业、事业单位、其他组织、个体工商户和自然人。银行是指在中国境内经中国人民银行批准经营支付结算业务的政策性银行、商业银行（含外资独资银行、中外合资银行、外国银行分行）、城市信用合作社、农村信用合作社。从该定义可知，银行结算账户具有以下特点。

1. 办理人民币业务

人民币银行结算账户与外币存款账户不同。外币存款账户办理的是外币业务，其开立和使用应遵守国家外汇管理局的有关规定。

2. 办理资金收付结算业务

人民币银行结算账户与储蓄账户不同。储蓄账户的基本功能是存取本金和支取利息，储蓄账户不具有办理资金收付结算的功能，其开立和使用应遵守《储蓄管理条例》的规定。

3. 属活期存款账户

人民币银行结算账户是活期存款账户，与单位定期存款账户不同。单位定期存款账户不具有结算的功能，该类账户的开立和使用应遵守《人民币单位存款管理办法》的规定。

（二）银行结算账户的种类

银行结算账户按存款人不同分为单位银行结算账户和个人银行结算账户。

存款人以单位名称开立的银行结算账户为单位银行结算账户。这里所指的单位包括机关、团体、部队、企业、事业单位、其他组织等。单位银行结算账户按用途不同分为基本存款账户、一般存款账户、专用存款账户、临时存款账户。

个人银行结算账户是指存款人凭个人身份证件以自然人名称开立的银行存款账户。邮政储蓄机构办理银行卡业务开立的账户纳入个人银行结算账户管理。

【特别提示】根据《银行结算账户管理办法》第三条的规定，个体工商户凭营业执照以字号或经营者姓名开立的银行结算账户纳入单位银行结算账户。

二、银行结算账户管理的基本原则

1. 一个基本账户

单位银行结算账户的存款人只能在银行开立一个基本存款账户，不能多头开立基本存款账户。

2. 自主选择银行开立银行结算账户

存款人可以自主选择银行开立银行结算账户。除国家法律、行政法规和国务院规定外，任何单位和个人不得强令存款人到指定银行开立银行结算账户。

3. 守法

银行结算账户的开立和使用应当遵守法律、行政法规，不得利用银行结算账户进行偷逃税款、逃废债务、套取现金及其他违法犯罪活动。

4. 银行结算账户信息保密

银行应依法为存款人的银行结算账户信息保密。对单位或者个人银行结算账户的存款和有关资料,除国家法律、行政法规另有规定外,银行有权拒绝任何单位或个人查询。

三、银行结算账户的开立、变更和撤销

(一)银行结算账户的开立

存款人应当以实名在注册地或住所地开立银行结算账户。符合异地(跨省、市、县)开户条件的,也可以在异地开立银行结算账户。

存款人开立的银行结算账户,需要核准的,银行应及时报送中国人民银行当地分支行核准;不需要核准的,银行应办理开户手续,并于开户之后的法定期限内向中国人民银行当地分支行备案。另外,自 2019 年 2 月 25 日起在全国范围分批取消企业银行账户许可,强化企业银行账户管理,全面加强事中事后监管。第一批取消企业银行账户许可的地区为江苏省、浙江省,中华人民共和国境内依法设立的企业法人、非法人企业、个体工商户在取消企业银行账户许可地区的银行业金融机构办理基本存款账户、临时存款账户,由核准制改为备案制。因为取消企业银行账户许可目前只涉及江苏省和浙江省,所以这里主要介绍未取消企业银行账户许可的情况。

知 识 链 接

核准类账户和备案类账户

核准类账户包括:
(1) 基本存款账户;
(2) 临时存款账户(因注册验资和增资验资开立的除外);
(3) 预算单位专用存款账户;
(4) QFII 专用存款账户(合格境外机构投资者在境内从事证券投资开立的人民币特殊账户和人民币结算资金账户)。

备案类账户包括:
(1) 一般存款账户;
(2) 个人银行结算账户;
(3) 因注册验资和增资验资开立的临时存款账户;
(4) 其他专用存款账户。

(二)银行结算账户的变更

银行结算账户的变更,是指存款人的账户信息资料发生变化或改变。银行结算账户发生变更时,应当办理相关的变更手续。结算账户的存款人更改名称,但不改变开户银行及账号的,应于五个工作日内向开户银行提出银行结算账户的变更申请,并出具有关部门的证明文件。

单位的法定代表人或主要负责人、住址以及其他开户资料发生变更时,应于五个工作日

内书面通知开户银行并提供有关证明。

银行接到存款人的变更通知后,应及时办理变更手续,并于两个工作日内向中国人民银行报告。

(三) 银行结算账户的撤销

银行结算账户的撤销,是指存款人因开户资格或其他原因终止银行结算账户使用的行为。存款人有以下情形之一的,应向开户银行提出撤销银行结算账户的申请。

(1) 被撤并、解散、宣告破产或关闭的。

(2) 注销、被吊销营业执照的。

(3) 因迁址需要变更开户银行的。

(4) 其他原因需要撤销银行结算账户的。

开户银行在收到存款人撤销银行结算账户申请后,对于符合销户条件的,应在两个工作日内办理撤销手续。

存款人尚未清偿其开户银行债务的,不得申请撤销银行结算账户。存款人撤销银行结算账户,必须与开户银行核对银行结算账户存款余额,交回各种重要空白票据及结算凭证和开户登记证,银行核对无误后方可办理销户手续。

银行撤销单位银行结算账户时应在其基本存款账户开户登记证上注明销户日期并签章,同时于撤销银行结算账户之日起两个工作日内,向中国人民银行报告。

银行对一年未发生收付活动且未欠开户银行债务的单位银行结算账户,应通知单位自发出通知之日起三十日内办理销户手续,逾期视同自愿销户,未划转款项列入久悬未取专户管理。

四、基本存款账户

(一) 基本存款账户的概念

基本存款账户是指存款人因办理日常转账结算和现金收付需要开立的银行结算账户。下列存款人,可以申请开立基本存款账户:企业法人,非法人企业,机关、事业单位,团级(含)以上军队、武警部队及分散执勤的支(分)队,社会团体,民办非企业组织,异地常设机构,外国驻华机构,个体工商户,居民委员会、村民委员会、社区委员会,单位设立的独立核算的附属机构,其他组织。

(二) 基本存款账户使用范围

基本存款账户是存款人的主办账户。存款人日常经营活动的资金收付及其工资、奖金和现金的支取,应通过基本存款账户办理。存款人通过基本存款账户提取和使用现金不得违反《现金管理暂行条例》的规定。

(三) 基本存款账户开户要求

开立基本存款账户应按照规定的程序办理并提交有关证明文件。单位银行结算账户的存款人只能在银行开立一个基本存款账户。存款人申请开立基本存款账户,应向银行出具下列证明文件。

(1) 企业法人,应出具企业法人营业执照正本。
(2) 非法人企业,应出具企业营业执照正本。
(3) 机关和实行预算管理的事业单位,应出具政府人事部门或编制委员会的批文或登记证书和财政部门同意其开户的证明;非预算管理的事业单位,应出具政府人事部门或编制委员会的批文或登记证书。
(4) 军队、武警团级(含)以上单位以及分散执勤的支(分)队,应出具军队军级以上单位财务部门、武警总队财务部门的开户证明。
(5) 社会团体,应出具社会团体登记证书,宗教组织还应出具宗教事务管理部门的批文或证明。
(6) 民办非企业组织,应出具民办非企业登记证书。
(7) 外地常设机构,应出具其驻在地政府主管部门的批文。
(8) 外国驻华机构,应出具国家有关主管部门的批文或证明;外资企业驻华代表处、办事处应出具国家登记机关颁发的登记证。
(9) 个体工商户,应出具个体工商户营业执照正本。
(10) 居民委员会、村民委员会、社区委员会,应出具其主管部门的批文或证明。
(11) 独立核算的附属机构,应出具其主管部门的基本存款账户开户登记证和批文。
(12) 其他组织,应出具政府主管部门的批文或证明。

如果上述存款人为从事生产、经营活动纳税人的,还应出具税务部门颁发的税务登记证。

(四) 开立基本存款账户的程序

存款人申请开立基本存款账户时,应填制开户申请书,提供规定的文件。送交盖有存款人印章的印鉴卡片,经银行审核同意,凭中国人民银行当地分支机构合法的开户许可证,即可开立基本存款账户。具体程序如图 2-1 所示。

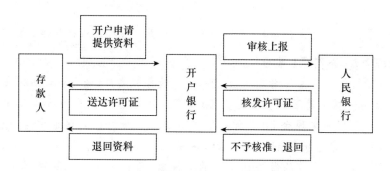

图 2-1 基本存款账户开立程序

【边学边练 2-6·判断题】基本存款账户既可以用于日常转账结算,也可以用于现金收付。( )

【答案】对。

【解析】从基本存款账户概念的表述中可以得出结论。

五、一般存款账户

(一) 一般存款账户的概念

一般存款账户是指存款人因借款或其他结算需要,在基本存款账户开户银行以外的银行营业机构开立的银行结算账户。

(二) 一般存款账户的使用范围

一般存款账户用于办理存款人借款转存、借款归还和其他结算的资金收付。

【特别提示】一般存款账户可以办理现金缴存,但不得办理现金支取。

(三) 一般存款账户的开户要求

开立一般存款账户应按照规定的程序办理并提交有关证明文件。存款人申请开立一般存款账户,应向银行出具其开立基本存款账户规定的证明文件、基本存款账户开户许可证和下列证明文件。

(1) 存款人因向银行借款需要而开立的,应出具借款合同。

(2) 存款人因其他结算需要而开立的,应出具有关证明。

(四) 开立一般存款账户的程序

存款人申请开立一般存款账户时,应填制开户申请书,提供规定的文件;银行应对存款人的开户申请书填写的事项和证明文件的真实性、完整性、合规性进行认真审查,符合开立一般存款账户条件的,银行应办理开户手续,同时应在其基本存款账户开户许可证上登记账户名称、账号、账户性质、开户银行、开户日期,并签章,于开户之日起五个工作日内向中国人民银行当地分支行备案;自开立一般存款账户之日起三个工作日内书面通知基本存款账户开户银行。

【特别提示】开立一般存款账户,实行备案制,无须中国人民银行核准。

【边学边练2-7·案例题】某房地产开发公司在 X 银行开立基本存款账户,2018年3月7日,该公司因贷款需要又在 Y 银行开立了一个一般存款账户(账号:871927866432)。3月12日,该公司财务人员签发了一张现金支票(支票上的出票人账号为871927866432),并向 Y 银行提示付款,要求提取现金50万元。Y 银行工作人员对该支票审核后,拒绝为该公司办理现金取款手续。请分析 Y 银行工作人员的做法是否正确。

【解析】Y 银行工作人员的做法是正确的。根据《银行结算账户管理办法》第三十四条的规定,一般存款账户可以办理现金缴存,但不得办理现金支取。因此,该房地产开发公司财务人员要求通过其在 Y 银行开立的一般存款账户提取现金的做法是违反规定的,Y 银行工作人员严格执行有关银行结算账户管理规定,不予办理现金支取的做法是正确的。

六、专用存款账户

(一) 专用存款账户的概念

专用存款账户是指存款人按照法律、行政法规和规章,对其特定用途资金进行专项管理和使用而开立的银行结算账户。

（二）专用存款账户的使用范围

专用存款账户用于办理各项专用资金的收付，适用于下列资金：基本建设资金，更新改造资金，财政预算外资金，粮、棉、油收购资金，证券交易结算资金，期货交易保证金，信托基金，金融机构存放同业资金，政策性房地产开发资金，单位银行卡备用金，住房基金，社会保障基金，收入汇缴资金和业务支出资金，党、团、工会设在单位的组织机构经费，其他需要专项管理和使用的资金。

（三）专用存款账户开户要求

开立专用存款账户应按照规定的程序办理并提交有关证明文件。存款人申请开立专用存款账户，应向银行出具其开立基本存款账户规定的证明文件、基本存款账户开户许可证和下列证明文件。

（1）基本建设资金、更新改造资金、政策性房地产开发资金、住房基金、社会保障基金，应出具主管部门批文。

（2）财政预算外资金，应出具财政部门的证明。

（3）粮、棉、油收购资金，应出具主管部门批文。

（4）单位银行卡备用金，应按照中国人民银行批准的银行卡章程的规定出具有关证明和资料。

（5）证券交易结算资金，应出具证券公司或证券管理部门的证明。

（6）期货交易保证金，应出具期货公司或期货管理部门的证明。

（7）金融机构存放同业资金，应出具其证明。

（8）收入汇缴资金和业务支出资金，应出具基本存款账户存款人有关的证明。

（9）党、团、工会设在单位的组织机构经费，应出具该单位或有关部门的批文或证明。

（10）其他按规定需要专项管理和使用的资金，应出具有关法规、规章或政府部门的有关文件。

（四）开立专用存款账户的程序

存款人申请开立专用存款账户时，应填制开户申请书，提供规定的证明文件。送交盖有存款人印章的印鉴卡片，经银行审核同意后可开立专用存款账户。如果申请的专用存款账户属于预算单位专用存款账户，银行应将存款人的开户申请书、相关的证明文件和银行审核意见等开户资料报送中国人民银行当地分支行，经其核准后办理开户手续；如果属于其他专用存款账户，银行应办理开户手续，并于开户之日起五个工作日内向中国人民银行当地分支行备案。

七、临时存款账户

（一）临时存款账户的概念

临时存款账户是指存款人因临时需要并在规定期限内使用而开立的银行结算账户。

（二）临时存款账户的使用范围

临时存款账户用于办理临时机构以及存款人临时经营活动发生的资金收付。具体而言,有下列情况的存款人,可以申请开立临时存款账户。

(1) 设立临时机构,例如工程指挥部、筹备领导小组、摄制组等。

(2) 异地临时经营活动,例如异地建筑施工安装活动等。

(3) 注册验资。

【特别提示】临时存款账户支取现金,应按照国家现金管理的规定办理。注册验资的临时存款账户在验资期间只收不付。临时存款账户的有效期最长不得超过两年。

(三)临时存款账户开户要求

开立临时存款账户应按照规定的程序办理并提交有关证明文件。存款人申请开立临时存款账户,应向银行出具下列证明文件。

(1) 临时机构,应出具其驻在地主管部门同意设立临时机构的批文。

(2) 异地建筑施工及安装单位,应出具其营业执照正本或其隶属单位的营业执照正本,以及施工及安装地建设主管部门核发的许可证或建筑施工及安装合同。

(3) 异地从事临时经营活动的单位,应出具其营业执照正本以及临时经营地工商行政管理部门的批文。

(4) 注册验资资金,应出具工商行政管理部门核发的企业名称预先核准通知书或有关部门的批文。

其中(2)、(3)项还应出具其基本存款账户开户许可证。

(四)开立临时存款账户的程序

存款人申请开立临时存款账户时,应填制开户申请书,提供规定的证明文件。送交盖有存款人印章的印鉴卡片,经银行审核同意后可开立临时存款账户。

八、个人银行结算账户

(一)个人银行结算账户的概念

个人银行结算账户是指自然人因投资、消费、结算等而开立的可办理支付结算业务的存款账户。自然人可根据需要申请开立个人银行结算账户,也可以在已开立的储蓄账户中选择并向开户银行申请确认为个人银行结算账户。

【特别提示】此处的储蓄账户是指居民个人的定期存款账户,俗称"死期账户"。

(二)个人银行结算账户使用范围

有下列情况的,可以申请开立个人银行结算账户:(1) 使用支票、信用卡等信用支付工具的;(2) 办理汇兑、定期借记、定期贷记、借记卡等结算业务的。

【点拨指导】"定期借记",是指由收款人定期对付款人的开户银行发起的,委托付款人开户银行按照约定划付付款人的款项给收款人的资金转账业务(如代付煤、水、电费);"定期贷记",是指银行按照付款人的付款凭证,定期将款项划付给收款人的资金转账业务(如代发工资)。

个人银行结算账户用于办理个人转账收付和现金支取,下列款项可以转入个人银行结算账户:工资、奖金收入,稿费、演出费等劳务收入,债券、期货、信托等投资的本金和收益,个人债权或产权转让收益,个人贷款转存,证券交易结算资金和期货交易保证金,继承、赠与款项,保险理赔、保费退还等款项,纳税退还,农、副、矿产品销售收入,其他合法款项。

储蓄账户仅限于办理现金存取业务,不得办理转账结算。

(三)个人银行结算账户开户要求

存款人申请开立个人银行结算账户时,应向银行出具下列证明文件。

(1) 中国居民,应出具居民身份证或临时身份证。

(2) 中国人民解放军军人,应出具军人身份证件。

(3) 中国人民武装警察,应出具武警身份证件。

(4) 香港、澳门居民,应出具港澳居民往来内地通行证;台湾居民,应出具台湾居民来往大陆通行证或者其他有效旅行证件。

(5) 外国公民,应出具护照。

(6) 法律、法规和国家有关文件规定的其他有效证件。

银行为个人开立银行结算账户时,根据需要还可要求申请人出具户口簿、驾驶执照、护照等有效证件。

(四)开立个人银行结算账户的程序

存款人申请个人银行结算账户时,应填制开户申请书,提供规定的证明文件;银行应对存款人的开户申请书填写的事项和证明文件的真实性、完整性、合规性进行认真审查;符合开立条件的,银行应办理开户手续,并于开户之日起五个工作日内向中国人民银行当地分支行备案。

【边学边练2-8·多选题】个人银行结算账户可以用于(   )。

A. 存款

B. 付款

C. 通过转账支付水电费

D. 办理信用卡

【答案】ABCD。

【解析】个人银行结算账户用于办理个人转账收付和现金支取,还可以使用支票、信用卡等信用支付工具,办理汇兑、定期借记(如代付水、电费)、定期贷记(如代发工资)、借记卡等结算业务。

九、异地银行结算账户

(一)异地银行结算账户的概念

异地银行结算账户是指存款人符合《银行结算账户管理办法》第十六条规定的条件,根据需要在异地开立的银行结算账户。

(二)异地银行结算账户使用范围

存款人有下列情形之一的,可以在异地开立有关银行结算账户。

(1) 营业执照注册地与经营地不在同一行政区域(跨省、市、县)需要开立基本存款账户的。

(2) 办理异地借款和其他结算需要开立一般存款账户的。

(3) 存款人因附属的非独立核算单位或派出机构发生的收入汇缴或业务支出需要开立专用存款账户的。

(4) 异地临时经营活动需要开立临时存款账户的。

(5) 自然人根据需要在异地开立个人银行结算账户的。

异地银行结算账户的使用应遵守开设的不同账户的使用规定。

(三) 异地银行结算账户开立要求

开立异地银行结算账户除应按照前述规定提交有关证明文件外,对于开立异地单位银行结算账户,存款人还应出具下列相应的证明文件。

(1) 经营地与注册地不在同一行政区域的存款人,在异地开立基本存款账户的,应出具注册地中国人民银行分支行的未开立基本存款账户的证明。

(2) 异地借款的存款人,在异地开立一般存款账户的,应出具在异地取得贷款的借款合同。

(3) 因经营需要在异地办理收入汇缴和业务支出的存款人,在异地开立专用存款账户的,应出具隶属单位的证明。

属于(2)和(3)情况的,还应出具其基本存款账户许可证。

(四) 开立异地银行结算账户的程序

开立异地银行结算账户的,根据其账户的种类不同,开立程序与前述相关账户开立的程序相同。

银行结算账户相关规定的比较

账户种类	是否可以办理现金缴存	是否可以办理现金支付
基本存款账户	是	是
一般存款账户	是	否
专用存款账户	不同账户规定不同	不同账户规定不同
临时存款账户	是	是
个人银行结算账户	是	是

十、违反银行结算账户管理制度的法律责任

(一) 存款人违反银行结算账户管理制度的法律责任

(1) 存款人开立、撤销银行结算账户,如果有下列行为之一的,对于非经营性的存款人,给予警告并处以一千元的罚款;对于经营性的存款人,给予警告并处以一万元以上三万元以下的罚款;构成犯罪的,移交司法机关依法追究刑事责任。

① 违反《银行结算账户管理办法》规定开立银行结算账户；
② 伪造、变造证明文件欺骗银行开立银行结算账户；
③ 违反《银行结算账户管理办法》规定不及时撤销银行结算账户。

(2) 存款人使用银行结算账户，对于非经营性的存款人有下列①~⑤项行为的，给予警告并处以一千元罚款；经营性的存款人有下列①~⑤项行为的，给予警告并处以五千元以上三万元以下的罚款；存款人有下列⑥项行为的，给予警告并处以一千元的罚款。
① 违反《银行结算账户管理办法》规定将单位款项转入个人银行结算账户；
② 违反《银行结算账户管理办法》规定支取现金；
③ 利用开立银行结算账户逃废银行债务；
④ 出租、出借银行结算账户；
⑤ 从基本存款账户之外的银行结算账户转账存入、将销货收入存入或现金存入单位信用卡账户；
⑥ 法定代表人或主要负责人、存款人地址以及其他开户资料的变更事项未在规定期限内通知银行。

(3) 违反《银行结算账户管理办法》规定，伪造、变造、私自印制开户许可证的存款人，属于非经营性的处以一千元罚款；属于经营性的处以一万元以上三万元以下的罚款；构成犯罪的，移交司法机关依法追究刑事责任。

(二) 开户银行及其有关人员违反银行结算账户管理制度的法律责任

(1) 银行在银行结算账户的开立中，如果有下列行为之一的，给予警告，并处以五万元以上三十万元以下的罚款；对该银行直接负责的高级管理人员、其他直接负责的主管人员、直接责任人员按规定给予纪律处分；情节严重的，中国人民银行有权停止对其开立基本存款账户的核准，责令该银行停业整顿或者吊销经营金融业务许可证；构成犯罪的，移交司法机关依法追究刑事责任。
① 违反《银行结算账户管理办法》规定为存款人多头开立银行结算账户；
② 明知或应知是单位资金，而允许以自然人名称开立账户存储。

(2) 银行在银行结算账户的使用中，如果有下列行为之一的，给予警告，并处以五千元以上三万元以下的罚款；对该银行直接负责的高级管理人员、其他直接负责的主管人员、直接责任人员按规定给予纪律处分；情节严重的，中国人民银行有权停止对其开立基本存款账户的核准；构成犯罪的，移交司法机关依法追究刑事责任。
① 提供虚假开户申请资料欺骗中国人民银行许可开立基本存款账户、临时存款账户、预算单位专用存款账户；
② 开立或撤销单位银行结算账户，未按《银行结算账户管理办法》规定在其基本存款账户开户许可证上予以登记、签章或通知相关开户银行；
③ 违反《银行结算账户管理办法》第四十二条的规定办理个人银行结算账户转账结算；
④ 为储蓄账户办理转账结算；
⑤ 违反规定为存款人支付现金或办理现金存入；
⑥ 超过期限或未向中国人民银行报送账户开立、变更、撤销等资料。

【边学边练2-9·单选题】存款人使用银行结算账户，不得有的行为是（　　）。
A. 违反规定办理个人银行结算账户转账结算

B. 为储蓄账户办理转账结算

C. 从基本存款账户之外的银行结算账户转账存入、将销货收入存入或现金存入单位信用卡账户

D. 违反规定开立银行结算账户

【答案】C。

【解析】AB选项属于银行在银行结算账户的使用中不得有的行为，D选项属于存款人开立、撤销银行结算账户不得有的行为，只能选择C选项。

1. 方硕公司能够在山东农业银行开立采购专户。根据《银行结算账户管理办法》第十六条的规定，存款人异地临时经营活动需要开立临时存款账户的，可以在异地开立临时存款账户。

2. 方硕公司不能通过基本存款账户向开户银行办理借款事宜。根据《银行结算账户管理办法》第十二条的规定，单位办理银行借款业务必须另外开立一般存款账户，基本存款账户不能办理银行借款业务。

任务四 票据结算

顺裕公司2018年4月9日银行存款账户余额6万元。9日，一材料供应商到顺裕公司催要金额为10万元的材料货款。顺裕公司为了尽快将供应商"打发走"，就向材料供应商开出了一张10万元的转账支票。

问题：

1. 顺裕公司开出的这张转账支票属于什么性质的支票？
2. 银行是否可以对顺裕公司进行罚款？罚款金额是多少？
3. 材料供应商是否有权要求顺裕公司对其赔偿？赔偿金额是多少？

一、票据概述

(一)票据的概念和种类

1. 票据的概念

票据是指由出票人依法签发的，约定自己或者委托付款人在见票时或指定的日期向收款人或持票人无条件支付一定金额并可转让的有价证券。票据结算是支付结算的重要内容。

2. 票据的种类

(1) 按照范围，票据可分为广义的票据和狭义的票据。

广义的票据包括各种有价证券和凭证，包括股票、国库券、企业债券、发票、提单、仓

单等。

狭义的票据指《中华人民共和国票据法》(以下简称《票据法》)上规定的票据,包括支票、汇票、本票。

支票是指出票人签发的,委托办理支票存款业务的银行或其他金融机构在见票时无条件支付确定的金额给收款人或者持票人的票据。

汇票是指出票人签发的,委托付款人在见票时或在指定日期无条件支付确定的金额给收款人或者持票人的票据。汇票分为银行汇票和商业汇票两种。

本票即银行本票,是指出票人签发的,承诺自己在见票时无条件支付确定的金额给收款人或者持票人的票据。

(2)按照付款时间,票据可分为即期票据和远期票据。

即期票据是指付款人在见票后立即付款给持票人,如支票,见票即付的汇票和本票。远期票据是指付款人见票后在一定期限或特定日期付款的票据。

【边学边练2-10·多选题】我国《票据法》所规定的票据包括(   )。

A. 银行汇票
B. 商业汇票
C. 股票
D. 支票

【答案】ABD。

【解析】股票属于证券,不属于《票据法》所规定的票据。

(二)票据的特征

(1)票据是要式证券,即出票人依法签发的有价证券。法律规定了不同种类的票据的形式,出票人必须依照法律规定的要求签发相关票据,否则不受法律的保护。票据的制作、记载事项只有按照法定的方式行使,方能产生票据效力。如果票据的制作、记载事项不符合法律规定(例如,票据欠缺绝对记载事项),该票据即归于无效。

(2)票据是债权证券。票据的持票人可以就票据上所载的金额向特定票据债务人行使其请求权,其性质是债权,所以票据是债权证券。

(3)票据是文义证券。持票人享有的票据权利内容以及与票据有关的一切事项,均以票据上记载的文字为准,文字以外的任何理由、事项都不得作为主张权利的根据。

(4)票据是设权证券,即票据所表示的权利与票据不可分离。票据的产生必须作成票据,票据的转让必须交付票据,票据权利的行使必须提示票据,权利与票据融为一体。

(5)票据是无因证券。票据的持票人只要向付款人提示付款,付款人即无条件向持票人或收款人支付票据金额。

(6)票据是流通证券,即票据是一种可转让证券。根据国际上通行的做法,凡记名票据,必须经背书才能交付转让;凡无记名票据,则可直接交付转让。《票据法》规定的票据均为记名票据,故其必须通过背书的方式进行转让。

(三)票据的功能

票据的功能,是指票据在社会经济生活中的作用。票据的功能主要有以下几种。

1. 汇兑功能

票据最初的功能是汇兑,即异地输送现金和兑换货币的工具。当时,随着商品经济的发展和市场范围的扩大,在异地贸易中携带现金不方便、不安全,还存在不同种类货币之间的兑换困难。因此产生了汇兑业务,特别是汇票出现后,更体现了票据的汇兑功能。用汇票汇款,通常是汇款人将款项交付银行,由银行作为出票人将签发的汇票寄往或交汇款人寄往异地,持票人在异地银行凭票据兑取现金或办理转账。这比现金汇兑既方便、安全,又节约费用,克服了现金支付的空间困难。

2. 支付功能

由于票据有汇兑功能,可异地兑换现金,是一种金钱给付的债权凭证,因而它逐渐具有支付功能,即可以通过法定流通转让程序,代替现金在交易中进行支付。在市场经济中经常发生大量收付货币的现象,这时就可以用票据代替现金作为支付工具,例如使用支票方式支付,具有便携、快捷、安全等优点。因此,在现代经济中,票据支付在货币支付中占有越来越大的比重。

3. 结算功能

结算功能即债务抵销功能。利用票据的结算功能,可以实现在同城或异地的经济往来中抵销不同当事人之间相互的收款、欠款或相互的支付关系,即:通过票据交换,使各方收付相抵,相互债务冲减。和使用现金相比,这种票据结算的方式更加便捷、安全、经济,因而成为现代经济中银行结算的主要方式。

4. 信用功能

在商品交易中,票据可作为预付货款或延期付款的工具,发挥商业信用功能。例如,甲方向乙方购买商品,在甲方向乙方开出票据后,乙方可先期交付商品即提供商业信用,然后,乙方再在票据指定日期向甲方收回已经交货的货款。

5. 融资功能

融资功能即融通资金或调度资金。票据的融资功能是通过票据的贴现、转贴现和再贴现实现的。在金融活动中,企业可以通过将尚未到期的票据向银行进行贴现,取得货币资金,以解决企业一时发生的资金周转困难。

票据的以上基本功能,使票据制度成为现代市场经济的一项基本制度。商业信用、银行信用的票据化和结算手段的票据化,是市场经济高度发展的重要标志之一。

(四)票据当事人

票据当事人是指票据法律关系中享有票据权利、承担票据义务的当事人,也称票据法律关系主体。票据当事人分为基本当事人和非基本当事人。

1. 基本当事人

基本当事人是指在票据作成和交付时就已存在的当事人,是构成票据法律关系的必要主体,包括出票人、付款人和收款人三种。出票人是指依法定方式签发票据并将票据交付给收款人的人。收款人是指票据到期后有权收取票据所载金额的人,又称票据权利人。付款人是指由出票人委托付款或自行承担付款责任的人。基本当事人不存在或不完全,票据上的法律关系就不能成立,票据就无效。

【特别提示】银行汇票的出票人是银行;商业汇票的出票人是银行以外的企业和其他组织;银行本票的出票人是出票银行;支票的出票人是在银行开立支票存款账户的企业、其他组织和个人。商业承兑汇票的付款人是合同中应给付款项的一方当事人,也是该汇票的承兑人;银行承兑汇票的付款人是承兑银行,但是其款项来源还是与该票据有关的合同中应付款方的存款;支票的付款人是出票人的开户银行;本票的付款人是出票人。

2. 非基本当事人

非基本当事人是指在票据作成并交付后,通过一定的票据行为加入票据关系而享有一定权利、承担一定义务的当事人,包括承兑人、背书人、被背书人、保证人。承兑人是指接受汇票出票人的付款委托同意承担支付票款义务的人;背书人是指在转让票据时,在票据背面签字或盖章并将该票据交付给受让人的票据收款人或持有人;被背书人是指被记名受让票据或接受票据转让的人;保证人是指为票据债务提供担保的人,由票据债务人以外的他人担当。除基本当事人外,非基本当事人是否存在,取决于相应票据行为是否发生。票据上的非当事人在各种票据行为中都有自己特定的身份,所以同一当事人可以有两个名称,即双重身份,如汇票中的付款人在承兑汇票后称为承兑人。

(五)票据权利与义务

票据权利与义务是指票据法律关系主体所享有的权利和应承担的义务,是票据法律关系的重要内容。

1. 票据权利

票据权利是指票据持票人向票据债务人请求支付票据金额的权利,包括付款请求权和追索权。付款请求权是指持票人向汇票的承兑人、本票的出票人、支票的付款人出示票据要求付款的权利。行使付款请求权的持票人可以是票载收款人或最后的被背书人。票据追索权是指票据当事人行使付款请求权遭到拒绝或其他法定原因存在时,向其前手请求偿还票据金额及其他法定费用的权利。行使追索权的当事人除票据记载收款人和最后被背书人外,还可能是代为清偿票据债务的保证人、背书人。

票据权利的行使和保全

票据权利的行使是指票据权利人向票据债务人提示票据,请求其履行票据债务的行为。所谓提示票据就是向债务人出示票据供其观看,请求其付款。持票人如未在《票据法》规定的期限内提示票据则发生其丧失追索权的效力,因此提示票据既是付款请求权的行使,也是追索权的保全行为。票据权利的保全是指持票人为了防止票据权利丧失而采取的措施。比如按照规定期限提示票据、要求承兑人或付款人提供拒绝承兑或拒绝付款的证明以保全追索权等。票据权利的形式和保全,应当在票据当事人的营业场所和营业时间内进行,票据当事人没有营业场所的,应当在其住所进行。

2. 票据义务

票据义务是指票据债务人向持票人支付票据金额的责任。它是基于债务人特定的票据行为(如出票、背书、承兑等)而应承担的义务,不具有制裁性质,主要包括付款义务和偿还义务。实务中,票据债务人承担票据义务的情况一般有以下四种:(1)汇票承兑人因承兑而应承担付款义务;(2)本票出票人因出票而承担自己付款的义务;(3)支票付款人在与出票人有资金关系时承担付款义务;(4)汇票、本票、支票的背书人,汇票、支票的出票人、保证人,在票据不获承兑或不获付款时承担付款清偿义务。

(六)票据行为

票据行为是指能够产生票据权利与义务关系的法律行为,即票据当事人以发生票据债务为目的的、以在票据上签名或盖章为权利义务成立要件的法律行为,包括出票、背书、承兑和保证四种。

出票是指出票人签发票据并将其交付给收款人的行为。出票包括两个行为:一是出票人依照《票据法》的规定作成票据,即在原始票据上记载法定事项并签章;二是交付票据,即将作成的票据交付给他人占有。这两者缺一不可。

背书是指持票人为将票据权利转让给他人或者将一定的票据权利授予他人行使,而在票据背面或者粘单上记载有关事项并签章的票据行为。已背书转让的票据,背书应该连续。背书连续,是指在票据转让中,转让票据的背书人与受让票据的被背书人在票据上的签章依次前后衔接。如果背书不连续,付款人可以拒绝向持票人付款,否则由付款人自行承担责任。

承兑是指汇票付款人承诺在汇票到期日支付汇票金额的票据行为。承兑仅适用于商业汇票。

保证是指汇票债务人以外的人,为担保特定债务人履行汇票债务而在汇票上记载有关事项并签章的行为。保证人对合法取得汇票的持票人所享有的汇票权利承担保证责任。被保证的汇票,保证人应当与被保证人对持票人承担连带责任。汇票到期后得不到付款的,持票人有权向保证人请求付款,保证人应当足额付款。保证人清偿票据债务后,可以行使出票人对被保证人及其前手的追索权。

【边学边练2-11·案例题】甲向乙签发一张银行承兑汇票,该汇票由甲的开户银行A承兑,乙将该汇票背书转让给丙,同时B保证人为乙的背书转让行为提供票据保证。请分析该流程中的甲、乙、A、B各自的票据行为是什么?

【答案及解析】甲的行为是出票行为,乙的行为是背书行为,A的行为是承兑行为,B保证人的行为是保证行为。

(七)票据记载事项

票据记载事项是指依法在票据上记载票据相关内容的行为。票据记载事项可分为绝对记载事项、相对记载事项、任意记载事项和不产生《票据法》上的效力的记载事项等。

(1)绝对记载事项是指《票据法》明文规定必须记载的,如不记载,票据即为无效的事项。如表明票据种类的事项,必须记明"汇票""本票""支票",否则票据无效。各类票据共同必须绝对记载的事项包括:① 票据种类的记载;② 票据金额的记载;③ 出票年月日的记载。

【点拨指导】票据的票据金额、日期、收款人名称不得更改,否则票据无效。对票据上的其他记载事项,原记载人可以更改,更改时应当由原记载人在更改处签章证明。

(2)相对记载事项是指《票据法》规定应该记载而未记载,但适用法律的有关规定而不使票据失效的事项,如汇票上未记载付款日期的,为见票即付;汇票上未记载付款地的,付款人的营业场所、住所或经常居住地为付款地,这里的"付款日期""付款地"即属于相对记载事项。

(3)任意记载事项是指《票据法》不强制当事人必须记载而允许当事人自行选择,不记载时不影响票据效力,记载时则产生票据效力的事项,如出票人在汇票上记载"不得转让"字样的,汇票不得转让,其中"不得转让"事项即为任意记载事项。

(4) 不产生《票据法》上的效力的记载事项。除了绝对记载事项、相对记载事项、任意记载事项外,票据上还可以记载其他一些事项,这些事项不具有票据的效力。

二、支票

(一)支票的概念和种类

1. 支票的概念

支票是票据的一种,具有与汇票、本票相同的要式性、无因性、文义性等基本特征。支票是指出票人签发的,委托办理支票存款业务的银行或者其他金融机构在见票时无条件支付确定的金额给收款人或者持票人的票据。

单位和个人的各种款项结算,均可以使用支票。2007年7月8日,中国人民银行宣布,支票可以实现全国范围内互通使用。

由于支票是出票人签发委托付款人向收款人支付票款,因此支票属于一种普通票据,支票的基本当事人包括出票人、付款人和收款人。支票的出票人即为存款人,是在银行开立支票存款账户的企业、其他组织和个人;付款人是出票人的开户银行;持票人可以是票面上填明的收款人,也可以是经背书转让的被背书人。

【特别提示】支票可以背书转让,但用于支取现金的支票不能背书转让。

2. 支票的种类

支票以付款方式为标准分为现金支票、转账支票和普通支票。普通支票可以用于支取现金,也可以用于转账。在普通支票左上角画两条平行线的,为划线支票,划线支票只能用于转账,不得支取现金。支票上印明"现金"字样的为现金支票,只能用于支取现金。支票上印明"转账"字样的为转账支票,专门用于转账,不能用于支取现金。上述三种支票都没有金额起点和最高限额。

【边学边练2-12·多选题】可支取现金的支票有( )。
A. 现金支票
B. 转账支票
C. 普通支票
D. 划线支票
【答案】AC。
【解析】普通支票可以用于支取现金,也可以用于转账。
【点拨指导】《支付结算办法》规定的现金支票、转账支票和普通支票均为不定额支票,由出票人根据经济活动的需要确定出票金额。同时其作为委托金融机构支付票款的支付凭证,发挥的是支付工具的作用,因而支票只能是即期的,支票记载的出票日必须是实际出票日,并且为见票即付,不允许签发远期支票。

(二)支票出票的规定

1. 出票的概念

出票人签发支票并交付的行为即为出票。支票的出票人是指在经中国人民银行当地分支行批准办理支票业务的银行机构开立可以使用支票的存款账户的单位和个人,应当具备一定的条件。

(1) 开立支票存款账户,申请人必须使用其本名,并提交证明其身份的合法证件。

(2) 开立支票存款账户和领用支票,应当有可靠的资信,并存入一定的资金。

(3) 开立支票存款账户,申请人应当预留其本名的签名式样和印鉴。

2. 支票的记载事项

支票的记载事项如表 2-1 所示。

表 2-1　支票的记载事项

绝对记载事项	① 表明"支票"的字样;② 无条件支付的委托;③ 确定的金额;④ 付款人名称;⑤ 出票日期;⑥ 出票人签章。欠缺记载上述事项之一的,支票无效
相对记载事项	① 付款地,支票上未记载付款地的,付款人的营业场所为付款地; ② 出票地,支票上未记载出票地的,出票人的营业场所、住所或者经常居住地为出票地

【特别提示】支票的金额可由出票人授权补记,收款人名称可由出票人授权补记,未补记前的支票,不得使用。出票人可以在支票上记载自己为收款人。

3. 支票的效力

出票人作成支票并交付之后,对出票人产生相应的法律效力。出票人必须按照签发的支票金额承担保证向该持票人付款的责任。这一责任包括两项:一是存有足够可处分的资金,以保证支票票款的支付;二是当付款人对支票拒绝付款或超过提示付款期时,出票人应承担付款责任。

【边学边练 2-13·案例题】王某给母亲现金支票一张,用途栏写明"生日快乐"。王母请求支票的付款银行兑现时,银行柜台营业员拒付,理由是用途栏书写不规范。请问,银行的做法是否合法?

【答案及解析】根据《支付结算办法》第二十五条的规定,票据上可以记载《票据法》和《支付结算办法》规定事项以外的其他出票事项,但是该记载事项不具有票据上的效力。在本题中,支票用途栏记载事项属于非法定记载事项,其记载对票据效力无影响,所以银行的做法不合法。

(三) 支票的付款

支票的付款,是指付款人根据持票人的请求向其支付支票金额的行为。支票的出票人必须按照签发的支票金额承担保证向收款人或持票人付款的责任。持票人向付款人提示付款时,如出票人在付款人处的存款足以支付支票金额,付款人应当在见票当日足额付款。支票限于见票即付,不得另行记载付款日期,另行记载付款日期的,该记载无效。根据《票据法》第九十一条的规定,持票人应当自出票日起十日内提示付款;异地使用的支票,其提示付款的期限由中国人民银行另行规定。超过提示付款期限的,付款人可以不予付款,但持票人并不丧失对出票人的追索权,出票人仍然应当对持票人承担支付票款的责任。付款人依法支付支票金额的,对出票人不再承担委托付款的责任,对持票人不再承担付款的责任。

（四）支票的办理要求

1. 签发支票的要求

（1）在银行开立可以使用支票存款账户的存款人购买支票时，应向其开户银行购买由中国人民银行统一印制的支票，必须填写"票据和结算凭证领用单"并签章，签章应与预留银行的签章相符。存款人因撤销、合并等原因结清账户时，必须将未使用的空白支票全部交回开户银行注销。

（2）签发支票应使用碳素墨水或墨汁填写，不能使用蓝墨水填写，中国人民银行另有规定的除外。

（3）签发现金支票和用于支取现金的普通支票必须符合国家现金管理的规定。

（4）支票的出票人签发支票的金额不得超过付款时在付款人处实有的金额。支票的出票人签发支票的金额超过付款时在付款人处实有的存款金额，在法律上，这种支票被称为空头支票。签发空头支票是一种违背诚实信用原则、扰乱金融秩序的违法行为。

【特别提示】这里的存款金额指"付款时"付款人处实有的存款金额，而不是"出票时"付款人处实有的存款金额。

（5）出票人不得签发与其预留银行签章不符的支票；使用支付密码的，出票人不得签发支付密码错误的支票。支票出票人预留的银行签章是银行审核支票付款的依据。为了保证受出票人委托的银行所支付的票款确系出票人签发的支票，保障支票的安全，出票人在签发支票时，必须使用与其预留本名的签名式样或者印鉴相一致的签章。

（6）出票人签发空头支票、签章与预留银行签章不符的支票，使用支付密码地区，支付密码错误的支票，银行应予以退票，并按票面金额处以5%但不低于一千元的罚款；持票人有权要求出票人赔偿支票金额2%的赔偿金。对屡次签发空头支票的，银行应停止其签发支票。

【点拨指导】罚款是由中国人民银行行使国家权力而进行的，是行政处罚；赔偿金是支付给持票人的民事赔偿，属于民事责任。

2. 兑付支票的要求

（1）持票人可以委托开户银行收款或直接向付款人提示付款，用于支取现金的支票仅限于收款人向付款人提示付款。

（2）持票人委托开户银行收款时，应作委托收款背书，在支票背面背书人签章栏签章，记载"委托收款"字样、背书日期，在被背书栏记载开户银行名称，并将支票和填制的进账单送交开户银行。

（3）持票人持用于转账的支票向付款人提示付款时，应在支票背面背书人签章栏签章，并将支票和填制的进账单送交出票人开户银行。

（4）收款人持用于支取现金的支票向付款人提示付款时，应在支票背面"收款人签章"处签章，持票人为个人的，还需交验本人身份证件，并在支票背面注明证件名称、号码及发证机关。

三、汇票

《票据法》将汇票分为银行汇票和商业汇票，前者是银行签发的汇票，后者则是银行之外的企事业单位、机关、团体等签发的汇票。

汇票有以下四个特征:(1)汇票有三个基本当事人,即出票人、付款人和收款人,其中,出票人和付款人为票据义务人,收款人为票据权利人;(2)汇票是由出票人委托他人支付的票据,是一种委付证券;(3)汇票既可以是见票即付,也可以是约期付款(也称指定到期日付款,分为定日付款、出票后定期付款、见票后定期付款三种);(4)汇票是付款人无条件支付票据金额给持票人的票据。

(一)商业汇票

1. 商业汇票的概念和种类

商业汇票是指出票人签发的,由承兑人承兑,并在指定日期无条件支付确定金额给收款人或者持票人的票据。商业汇票按承兑人的不同分为商业承兑汇票和银行承兑汇票。由银行以外的付款人承兑的商业汇票为商业承兑汇票,由银行承兑的商业汇票为银行承兑汇票。

【特别提示】商业汇票的付款人为承兑人。

2. 商业汇票的出票

(1)商业汇票出票人的资格。

商业承兑汇票出票人资格包括:

① 在银行开立存款账户的法人以及其他组织;

② 与付款人具有真实的委托付款关系;

③ 具有支付汇票金额的可靠资金来源。

银行承兑汇票出票人资格包括:

① 在承兑银行开立存款账户的法人以及其他组织;

② 与承兑银行具有真实的委托付款关系;

③ 资信状况良好,具有支付汇票金额的可靠资金来源。

(2)商业汇票的记载事项如表2-2所示。

表2-2 商业汇票的记载事项

绝对记载事项	① 表明"商业承兑汇票"或"银行承兑汇票"的字样;② 无条件支付的委托;③ 确定的金额;④ 付款人名称;⑤ 收款人名称;⑥ 出票日期;⑦ 出票人签章。欠缺记载上述事项之一的,汇票无效
相对记载事项	① 未记载付款日期的,为见票即付;② 汇票上未记载付款地的,付款人的营业场所、住所或者经常居住地为付款地;③ 汇票上未记载出票地的,出票人的营业场所、住所或者经常居住地为出票地

(3)出票的效力。出票人依照《票据法》的规定完成出票行为后,即产生票据上的效力,形成票据权利义务关系,这一关系因汇票当事人地位的不同而有所不同。

第一,对收款人的效力。收款人取得出票人签发的票据后,就取得了票据权利。也就是说,收款人享有付款请求权和追索权双重权利。同时收款人依法享有转让票据的权利。

第二,对付款人的效力。付款是付款人的一项权限。出票行为是单方行为,并不意味着付款人因此而承担付款的义务。但基于出票人的付款委托使付款人具有承兑人的地位,在其对汇票承兑后,付款人就承担了票据责任,成为汇票上的主债务人。

第三,对出票人的效力。出票人的出票行为是委托他人付款,这就必须保证该付款得以实现。如果持票人依法请求付款时,而付款人不予付款,出票人就应该向持票人承担票据责任。

【点拨指导】在银行开立存款账户的法人以及其他组织之间,必须具有真实的交易关系或债权债务关系,才能使用商业汇票,个人不能使用商业汇票。出票人不能签发无对价的商业汇票用以骗取银行或者其他票据当事人的资金。

3. 商业汇票的承兑

(1) 承兑的概念。承兑是指汇票付款人承诺在汇票到期日支付汇票金额的票据行为。承兑是商业汇票特有的制度。汇票是一种出票人委托他人付款的委付证券,但是出票人的出票行为只是一种单方行为,对付款人并没有约束力,只有在付款人表示愿意向收款人或持票人支付汇票金额后,持票人才能于汇票到期日向付款人行使付款请求权。承兑就是这样一种明确付款人的付款责任,确定持票人票据权利的制度。

(2) 承兑的程序。

① 提示承兑。提示承兑是指持票人向付款人出示汇票,并要求付款人承诺付款的行为。持票人应当在提示承兑期限内向付款人提示承兑。关于提示承兑的期限,因汇票付款日期的形式不同而有所不同。定日付款和出票后定期付款的汇票,持票人应当在汇票到期日前向付款人提示承兑;见票后定期付款的汇票,持票人应当自出票日起一个月内向付款人提示承兑;见票即付的汇票无须提示承兑。付款人对向其提示承兑的汇票,应当自收到提示承兑的汇票之日起三日内承兑或者拒绝承兑。如果付款人在三日内不作承兑与否表示的,则应视为拒绝承兑。持票人可以请求其做出拒绝承兑证明,并向前手行使追索权。

② 接受承兑。这是指持票人向付款人提示承兑时,付款人需要向持票人办理的收取汇票的手续。付款人收到持票人提示承兑的汇票时,应当向持票人签发收到汇票的回单,回单上应记明汇票提示承兑日期并签章。

③ 承兑的格式。付款人承兑汇票的,应当在汇票正面记载"承兑"字样和承兑日期并签章;见票后定期付款的汇票,应当在承兑时记载付款日期。可见,付款人办理承兑手续时,应在汇票上记载承兑的事项,包括承兑文句、承兑日期、承兑人签章。在这三个记载事项中,承兑文句和承兑人签章是绝对记载事项,缺一不可,否则承兑行为无效。

④ 退回已承兑的汇票。付款人按承兑格式填写完毕应记载事项后,并不意味着承兑生效,只有在其将已承兑的汇票退回持票人才产生承兑的效力。

(3) 承兑的效力。付款人承兑汇票后,应当承担到期付款的责任,而这种责任是付款人的一种绝对无条件责任,并不因持票人未在法定期限提示付款而解除。承兑人不得以其与出票人之间的资金关系来对抗持票人,拒绝支付汇票金额。

(4) 承兑不得附有条件。付款人承兑商业汇票,应当在汇票正面记载"承兑"字样和承兑日期并签章,且不得附有条件,承兑附有条件的,视为拒绝承兑,持票人可以请求作成拒绝证明,向其前手行使追索权。

【边学边练2-14·单选题】甲公司签发一张商业汇票给乙公司,付款人为丙银行。乙公司请求承兑时,丙银行在汇票上签注:"承兑。甲公司款到后支付。"下列关于丙银行付款责任的表述正确的是( )。

A. 丙银行已经承兑,应承担付款责任

B. 甲公司款到丙银行账上后,丙银行才承担付款责任

C. 应视为拒绝承兑,丙银行不承担付款责任
D. 按甲公司给丙银行付款的多少确定丙银行应承担的责任

【答案】C。

【解析】根据《票据法》第四十三条的规定,付款人承兑汇票,不得附有条件;承兑附有条件的,视为拒绝承兑。丙银行在汇票上签注:"承兑。甲公司款到后支付。"属于承兑附有条件,视为拒绝承兑,所以丙银行不承担付款责任。

4. 商业汇票的付款

(1) 付款的概念。付款是指付款人依据票据文义支付票据金额,以消灭票据关系的行为。

(2) 提示付款。提示付款是指持票人向付款人或承兑人出示票据,请求付款的行为。持票人只有在法定期限内提示付款的,才产生法律效力。持票人应在提示付款期限内通过开户银行委托收款或直接向付款人提示付款。持票人超过提示付款期限委托收款的,持票人开户银行不予受理。

【特别提示】见票即付的商业汇票,提示付款期是自出票日起一个月内;定日付款、出票后定期付款、见票后定期付款的商业汇票,提示付款期是自汇票到期日起十日内。商业汇票的付款期限,最长不得超过六个月。

(3) 支付票款。支付票款是指持票人向付款人或承兑人进行付款提示后,付款人无条件地在当日按票据金额足额支付给持票人的行为。如果付款人或承兑人不能当日足额付款的,应承担延迟付款的责任。

【点拨指导】银行承兑汇票的出票人应于汇票到期前将票款足额交存其开户银行。承兑银行应在汇票到期日或到期日后的见票当日支付票款。银行承兑汇票的出票人于汇票到期日未能足额交存票款时,承兑银行除凭票向持票人无条件付款外,对出票人尚未支付的汇票金额按照每天万分之五计收利息。

(4) 支付的效力。付款人依照票据文义支付票据金额之后,票据关系随之消灭,汇票上的全体债务人的责任便予以解除。

5. 商业汇票的背书

(1) 背书的概念。商业汇票的背书是指以转让商业汇票权利或者将一定的商业汇票权利授予他人行使为目的,按照法定的事项和方式在商业汇票背面或者粘单上记载有关事项并签章的票据行为。票据是记名证券,其转让不能仅凭单纯的交付方式,因此背书方式是我国票据的法定转让形式。

(2) 背书的记载事项。背书是一种要式行为,其记载的事项必须符合法律规定。

第一,背书人签章。背书人签章是背书的绝对记载事项。背书人背书时,必须在汇票上签章,背书才能成立,否则背书行为无效。

第二,被背书人的名称。被背书人的名称也是背书的绝对记载事项。背书人背书时,必须在汇票上记载被背书人的名称,否则票据转让行为将不成立,背书行为无效。但是,背书人未记载被背书人名称就将票据交付他人的,持票人在票据被背书人栏内记载自己的名称与背书人记载具有同等法律效力。

第三,背书日期。背书日期是背书的相对记载事项。背书未记载日期的,并不因此而无

效,而是依照《票据法》第二十九条的规定,视为在汇票到期日前背书。

(3) 背书不得记载的事项。

第一,附有条件的背书。附有条件的背书是指背书人在背书时,记载一定的条件,以限制或者影响背书的效力。根据《票据法》第三十三条的规定,汇票背书时附有条件的,所附条件不具有汇票上的效力。被背书人仍可依该背书取得票据权利。

第二,部分背书。部分背书是指背书人在背书时,将汇票金额的一部分或者将汇票金额分别转让给两人以上的背书。部分背书无效。

(4) 背书的连续。背书连续是指在票据转让中,转让汇票的背书人与受让汇票的被背书人在汇票上的签章依次前后衔接。如果背书不连续,付款人可以拒绝向持票人付款,否则付款人应自行承担责任。

(5) 禁止背书。禁止背书是指出票人或背书人在票据上记载"不得转让"等类似文句,以禁止票据权利的转让。禁止背书包括出票人的禁止背书和背书人的禁止背书。

第一,出票人的禁止背书。出票人的禁止背书应记载在汇票的正面。如果收款人或持票人将出票人作此背书的汇票转让,该转让不发生《票据法》上的效力,出票人对受让人不承担票据责任。

第二,背书人的禁止背书。背书人的禁止背书应记载在汇票的背面。如其后手再背书转让,原背书人对后手的被背书人不承担保证责任。

6. 商业汇票的保证

保证是指票据债务人以外的第三人,以担保特定债务人履行票据债务为目的,而在票据上所为的一种附属票据行为。保证的作用在于加强持票人票据权利的实现,确保票据付款义务的履行,促进票据流通。

【特别提示】这里的保证属于票据保证。

(1) 保证的当事人。保证的当事人是保证人和被保证人。保证人是指票据债务人以外的,为票据债务的履行提供担保而参与票据关系中的第三人。票据债务人一旦由他人为其提供保证,其在保证关系中就被称为被保证人。

(2) 保证的格式。保证是一种书面行为,必须作成于票据或粘单之上,如果另行签订保证合同或者保证条款的,不属于票据保证,应当适用《中华人民共和国担保法》的有关规定。

保证人必须在汇票或者粘单上记载下列事项:表明"保证"的字样,保证人名称和住所,被保证人的名称,保证日期,保证人签章。

关于被保证人的名称,如果不记载这一内容:已承兑的汇票,承兑人为被保证人;未承兑的汇票,出票人为被保证人。关于保证日期,如果不记载这一内容,出票日期为保证日期。关于保证人的住所,如果不记载这一内容,可以推定为保证人的营业场所或住所。

如果是为出票人、承兑人保证,则应记载于汇票的正面;如果是为背书人保证,则应记载于汇票的背面或粘单上。

(3) 保证不得附有条件。保证不得附有条件;附有条件的,不影响对汇票的保证责任。这表明,保证是无条件的,即不得附加任何条件。如果保证附条件,所附条件无效,保证本身仍然具有效力,保证人应向持票人承担保证责任。

(4) 保证的效力。票据保证的效力主要表现为以下几个方面。

① 保证人的责任。保证人对合法取得汇票的持票人所享有的票据权利，承担保证责任。但被保证人的债务因汇票记载事项欠缺而无效的除外。保证人的保证责任是连带责任，保证人与被保证人在票据债务的履行上处于同一地位，保证人并不享有先诉抗辩权。

② 共同保证人的责任。共同保证是指保证人为两个人以上的保证。保证人为两个人以上的，保证人之间承担连带责任。

③ 保证人的追索权。保证人清偿汇票债务后即解除自己和被保证人及其后手票据债务人的票据责任。保证人可作为持票人，对承兑人、被保证人及其前手行使追索权。

【边学边练2-15·单选题】汇票的保证不得附有条件，如果附有条件，其后果是（　　）。
A. 该保证无效
B. 视为未保证
C. 不影响对汇票的保证责任
D. 保证人对所附条件承担责任
【答案】C。
【解析】保证附有条件的，所附条件无效，保证本身仍然具有效力，保证人应向持票人承担保证责任。

知识链接

商业汇票贴现

（1）贴现的概念。贴现是指票据持票人在票据未到期前为获得现金向银行贴付一定利息而发生的票据转让行为。通过票据贴现，贴现银行获得票据的所有权。

（2）贴现条件。商业汇票的持票人向银行办理贴现必须具备下列条件：① 商业票据贴现的申请人是在银行开立存款账户的企业法人以及其他组织；② 与出票人或者直接前手之间具有真实的商品交易关系；③ 提供与其直接前手之间进行商品交易的增值税发票和商品发运单据复印件。

（3）贴现利息的计算。贴现的期限从其贴现之日起至汇票到期日止。实付贴现金额按票面金额扣除贴现日至汇票到期前一日的利息计算。承兑人在异地的，贴现的期限以及贴现利息的计算应另加三天的划款日期。

（4）贴现的收款。贴现到期，贴现银行应向付款人收取票款。不获付款的，贴现银行应向其前手追索票款。贴现银行追索票款时可从贴现申请人的存款账户直接收取票款。

（二）银行汇票

1. 银行汇票的概念和适用范围

银行汇票是出票银行签发的，由其在见票时按照实际结算金额无条件支付给收款人或者持票人的票据。银行汇票可分为银行现金汇票和银行转账汇票。汇票上有签发银行按规定载明"现金"字样的是银行现金汇票，可用于支取现金；票面上载有"转账"字样或未记载

"现金"字样的,是银行转账汇票,银行转账汇票一般用于结算,不用于支取现金,需要支付现金的,付款银行按照现金管理规定审查后才予支付。单位和个人的各种款项结算,均可使用银行汇票。

2. 银行汇票的记载事项

签发银行汇票必须记载下列事项:表明"银行汇票"的字样,无条件支付的承诺,出票金额,付款人名称,收款人名称,出票日期,出票人签章。欠缺记载上列事项之一的,银行汇票无效。

3. 银行汇票的基本规定

(1) 银行汇票的出票银行为银行汇票的付款人,银行汇票的付款地为代理付款人或出票人所在地。

(2) 银行汇票的出票人在票据上的签章,应为经中国人民银行批准使用的该银行汇票专用章加其法定代表人或其授权经办人的签名或者盖章。

(3) 银行汇票可以背书转让,但填明"现金"字样的银行汇票不得背书转让。银行汇票的背书转让以不超过出票金额的实际结算金额为准。未填写实际结算金额或实际结算金额超过出票金额的银行汇票不得背书转让。

(4) 银行汇票丧失,失票人可以凭人民法院出具的其享有票据权利的证明,向出票银行请求付款或退款。

4. 银行汇票的办理程序

(1) 申请签发银行汇票。申请人使用银行汇票,应向出票银行填写"银行汇票申请书",填明收款人名称、汇票金额、申请人名称、申请日期等事项并签章,签章为其预留银行的签章。

【特别提示】申请人或收款人为单位的,银行不得为其签发银行现金汇票。

【边学边练2-16·单选题】申请人使用银行汇票,应向(   )填写"银行汇票申请书"。

A. 出票银行
B. 受理银行
C. 代理银行
D. 发展银行

【答案】A。

【解析】申请人使用银行汇票,应向出票银行填写"银行汇票申请书",填明收款人名称、汇票金额、申请人名称、申请日期等事项并鉴章,鉴章为其预留银行的签章。

(2) 出票。出票是指银行签发汇票并交付给申请人。出票银行受理"银行汇票申请书",收妥款项后签发银行汇票,并用压数机压印出票金额,将银行汇票和解讫通知一并交给申请人。

(3) 办理结算。申请人应将银行汇票和解讫通知一并交付给汇票上记明的收款人。收款人受理申请人交付的银行汇票时,应在出票金额以内,根据实际需要的款项办理结算,并将实际结算金额和多余金额准确、清晰地填入银行汇票和解讫通知的有关栏内。银行汇票的实际结算金额低于出票金额的,其多余金额由出票银行退交申请人。

【特别提示】未填明实际结算金额和多余金额或实际结算金额超过出票金额的,银行不予受理。

(4) 提示付款。银行汇票一般不记载付款日期,属于见票即付的汇票,它的提示付款期限为自出票日起一个月。持票人超过付款期限提示付款的,代理付款人不予受理。持票人向银行提示付款时,必须同时提交银行汇票和解讫通知,缺少任何一联,银行不予受理。在银行开立存款账户的持票人向开户银行提示付款时,应在汇票背面"持票人向银行提示付款签章"处签章,签章须与预留银行签章相同,并将银行汇票和解讫通知、进账单送交开户银行。银行审查无误后办理转账。持票人超过期限向代理付款银行提示付款不获付款的,必须在票据权利时效内向出票银行做出说明,并提供本人身份证件或单位证明,持银行汇票和解讫通知向出票银行请求付款。

(5) 代理付款人代理付款,将款项支付给持票人。

(6) 出票银行与代理银行之间进行资金清算。

【边学边练 2-17·案例题】甲企业向乙企业购买一批原材料,为其开具了一张 100 万元的银行汇票,该汇票的收款人为乙企业,付款人为丙银行。由于受市场供需和物价的影响,这项经济业务的实际结算金额为 150 万元。甲企业在汇票上签了章,并写明了出票日期等有关内容。乙企业接受此银行汇票后,到丙银行请求兑付时,遭到丙银行拒绝。请分析丙银行做法是否正确?

【答案及解析】该银行汇票是无效的,丙银行做法正确。实际结算金额超过出票金额的,银行不予受理。

四、银行本票

(一) 银行本票的概念和适用范围

1. 银行本票的概念及特征

银行本票是银行签发的,承诺自己在见票时无条件支付确定的金额给收款人或者持票人的票据。

银行本票具有以下两个重要特征。

(1) 银行本票的出票人资格有限制。按照有关规定,银行本票的出票人为经中国人民银行当地分支行批准办理银行本票业务的银行。银行以外的法人、非法人单位和个人不得签发银行本票。

(2) 银行本票仅限于见票即付,属于即期本票,是一种支付证券而不是信用证券。任何银行不得签发远期本票。

2. 银行本票的适用范围

单位和个人在同一票据交换区域需要支付各种款项,均可以使用银行本票。银行本票可以用于转账,注明"现金"字样的银行本票可以用于支取现金。

(二) 银行本票的办理程序

(1) 申请签发银行本票。申请人使用银行本票,应向出票银行填写"银行本票申请书",填明收款人名称、支付金额、申请人名称、申请日期等事项并签章,签章为其预留银行签章。申请人和收款人均为个人需要支取现金的,应在"支付金额"栏先填写"现金"字样,后填写支付金额。

【特别提示】申请人或收款人为单位的,银行不得为其签发现金银行本票。

(2) 出票。出票是指银行签发本票并交付给申请人。出票银行受理"银行本票申请书",收妥款项后签发银行本票。

【特别提示】银行本票的绝对记载事项不包括付款人名称。

(3) 交付收款人或背书转让。申请人应将银行本票交付给本票上记明的收款人。收款人可以将银行本票背书转让给被背书人。

(4) 提示付款。银行本票的提示付款期限为自出票日起两个月。持票人超过提示付款期限不获付款的,代理付款人不予受理。

(5) 银行本票见票即付。银行本票的出票人在持票人提示见票时,必须承担付款的责任。

(6) 出票银行与代理银行之间进行资金清算。

1. 空头支票。
2. 银行可以对顺裕公司进行5000元罚款(100 000×5‰=5000元)。
3. 材料供应商有权要求顺裕公司对其赔偿,赔偿金额是2000元(100 000×2‰=2000元)。

任务五　其他结算方式

2018年10月20日,石家庄市A企业的财务人员持现金50万元和一份加盖了该企业财务印章的电汇凭证到开户银行E银行办理汇兑业务。汇兑凭证的付款人均为A企业,汇入行为太原市F银行,收款人为太原市B企业,大写金额为"现金伍拾万元整"。E银行认真审查了电汇凭证后,要求A企业的财务人员重新填写电汇凭证,并提醒其注意电汇凭证上的"汇款金额"大写栏不要填写"现金"字样。

问题:E银行工作人员的做法是否正确?

一、汇兑

(一) 汇兑的概念与种类

汇兑是汇款人委托银行将其款项支付给收款人的结算方式。汇兑便于汇款人向异地的收款人主动付款,使用方式非常广泛,单位和个人的各种款项的结算,均可使用汇兑结算方式。汇兑分为信汇、电汇两种,由汇款人选择使用。

信汇是两地银行之间通过邮局,以挂号信件传递结算凭证的汇兑结算方式。电汇是汇出行通过电报方式通知汇入行解付汇款的汇兑结算方式。

汇兑结算的适用范围广泛,单位和个人各种款项的结算,均可以使用。一般用于异地间的结算,同城范围或同一票据交换区域内的结算,不适用汇兑结算。

(二) 办理汇兑的程序

1. 签发汇兑凭证

签发汇兑凭证必须记载下列事项：表明"信汇"或"电汇"的字样，无条件支付的委托，确定的金额，汇款人名称，收款人名称，汇入地点、汇入行名称、汇出地点、汇出行名称，委托日期，汇款人签章。汇款人、收款人在银行开立存款账户的，必须记载其账号。欠缺记载的，银行不予受理。上述委托日期是指汇款人向汇出银行提交汇兑凭证的当日。

【特别提示】汇款人和收款人均为个人，需要在汇入银行支取现金的，应在汇款金额大写栏，先填写"现金"字样，后填写汇款金额。

2. 银行受理

汇出银行受理汇款人签发的汇兑凭证，经审查无误后，应及时向汇入银行办理汇款，并向汇款人签发汇款回单。汇款回单只能作为汇出银行受理汇款的依据，不能作为该笔汇款已经转入收款人账户的证明。

3. 汇入处理

汇入银行对开立存款账户的收款人，应将汇给其的款项直接转入收款人账户，并向其发出收账通知。收账通知是银行将款项确已收入收款人账户的凭据。

未在银行开立存款账户的收款人，凭信汇、电汇的取款通知或"留行待取"的，向汇入银行支取款项，必须交验本人的身份证件，在信汇、电汇凭证上注明证件名称、号码及发证机关，并在"收款人签盖章"处签章；信汇凭签章支取的，收款人的签章必须与预留信汇凭证上的签章相符。银行审查无误后，以收款人的姓名开立应解汇款及临时存款账户，该账户只付不收，付完清户，不计付利息。需要支取现金的，信汇、电汇凭证上必须有按规定填明的"现金"字样，才能办理。未填明"现金"字样且需要支取现金的，由汇入银行按照现金管理的规定审查支付。

转账支付的，应由原收款人向银行填制支款凭证，并由本人交验其身份证件办理支付款项。该账户的款项只能转入单位或个体工商户的存款账户，严禁转入储蓄和信用卡账户。

收款人需要委托他人向汇入银行支取款项的，应在取款通知上签章，注明本人身份证件名称、号码、发证机关和"代理"字样以及代理人姓名。代理人代理取款时，也应在取款通知上签章，注明其身份证件名称、号码及发证机关，并同时交验代理人和被代理人的身份证件。

(三) 汇兑的撤销和退汇

汇款人对汇出银行尚未汇出的款项可以申请撤销。申请撤销时，应出具正式函件或本人身份证件及原信汇、电汇回单。汇出银行查明确未汇出款项的，收回原信汇、电汇回单，方可办理撤销。

汇款人对汇出银行已经汇出的款项可以申请退汇。对在汇入银行开立存款账户的收款人，由汇款人与收款人自行联系退汇；对未在汇入银行开立存款账户的收款人，汇款人应出具正式函件或本人身份证件以及原信汇、电汇回单，由汇出银行通知汇入银行，经汇入银行核实汇款确未支付，并将款项汇回汇出银行，方可办理退汇。

【边学边练 2-18·判断题】汇兑一般用于同城范围或同一票据区域内的结算，异地间的结算不使用汇兑结算。（　　）

【答案】错。

【解析】汇兑一般用于异地间的结算,同城范围或同一票据交换区域内的结算,不适用汇兑结算。

二、托收承付

(一)托收承付结算的概念和种类

托收承付是根据购销合同由收款人发货后委托银行向异地付款人收取款项,由付款人向银行承认付款的结算方式。

托收承付结算按照款项的划回方法,分邮寄和电报两种,由收款人选用。

(二)托收承付凭证的记载事项

签发托收承付凭证必须记载下列事项:表明"托收承付"的字样,确定的金额,付款人名称和账号,收款人名称和账号,付款人的开户银行名称,收款人的开户银行名称,托收附寄单证张数或册数,合同名称、号码,委托日期,收款人签章。

(三)托收承付结算方式的基本规定

(1)使用托收承付结算方式的收款单位和付款单位,必须是国有企业、供销合作社以及经营管理较好,并经开户银行审查同意的城乡集体所有制工业企业。

(2)办理托收承付结算的款项,必须是商品交易,以及因商品交易而产生的劳务供应的款项。代销、寄销、赊销商品的款项,不得办理托收承付结算。

(3)收付双方使用托收承付结算必须签有符合《中华人民共和国合同法》的购销合同,并在合同上订明使用托收承付结算方式。

(4)收付双方办理托收承付结算,必须重合同、守信用。收款人对同一付款人发货托收累计三次收不回货款的,收款人开户银行应暂停收款人向该付款人办理托收;付款人累计三次提出无理拒付的,付款人开户银行应暂停其向外办理托收。

(四)托收承付结算的方法

1. 托收

收款人按照签订的购销合同发货后,委托银行办理托收。

(1)收款人应将托收凭证并附发运证件或其他符合托收承付结算的有关证明和交易单证送交银行。

(2)收款人开户银行接到托收凭证及其附件后,应当按照托收的范围、条件和托收凭证记载的要求认真进行审查,必要时,还应查验收付款人签订的购销合同。

2. 承付

付款人开户银行收到托收凭证及其附件后,应当及时通知付款人。付款人应在承付期内审查核对,安排资金。承付货款分为验单付款和验货付款两种,由收付双方商量选用,并在合同中明确规定。

验单付款的承付期为三天,从付款人开户银行发出承付通知的次日算起(承付期内遇法定休假日顺延);验货付款的承付期为十天,从运输部门向付款人发出提货通知的次日算起。付款人在承付期内,未向银行表示拒绝付款,银行即视作承付,并在承付期满的次日(遇法定休假日顺延)上午银行开始营业时,将款项划给收款人。不论是验单付款还是验货付款,付款人都可以在承付期内提前向银行表示承付,并通知银行提前付款,银行应立即办理划款。

3. 逾期付款

付款人在承付期满日银行营业终了时,如无足够资金支付,其不足部分,即为逾期未付款项,按逾期付款处理。付款人开户银行对付款人逾期支付的款项,应当根据逾期付款金额和逾期天数,按每天万分之五计算逾期付款赔偿金。逾期付款天数从承付期满日算起。

4. 拒绝付款

对下列情况,付款人在承付期内,可向银行提出全部或部分拒绝付款:(1)没有签订购销合同或购销合同未订明托收承付结算方式的款项;(2)未经双方事先达成协议,收款人提前交货或因逾期交货付款人不再需要该项货物的款项;(3)未按合同规定的到货地址发货的款项;(4)代销、寄销、赊销商品的款项;(5)验单付款,发现所列货物的品种、规格、数量、价格与合同规定不符,或货物已到,经查验货物与合同规定或发货清单不符的款项;(6)验货付款,经查验货物与合同规定或与发货清单不符的款项;(7)货款已经支付或计算有错误的款项。

5. 重办托收

收款人对被无理拒绝付款的托收款项,在收到退回的结算凭证及其所附单证后,需要委托银行重办托收。经开户银行审查,确属无理拒绝付款,可以重办托收。

【边学边练 2-19·单选题】甲为国有企业,乙为供销合作社,乙向甲购买一批货物,约定采用托收承付验单付款结算方式。2018年3月1日,甲办理完发货手续,发出货物;3月2日,甲到开户行办理托收手续;3月10日,乙开户银行发出承付通知;3月11日,乙向开户行表示承付,通知银行付款。则承付期的起算时间是( )。

A. 3月2日
B. 3月3日
C. 3月11日
D. 3月12日

【答案】C。

【解析】本题考查办理托收承付的程序。在托收承付中,验单付款的承付期为三天,从付款人开户银行发出承付通知的次日起算起。

三、委托收款

(一)委托收款结算的概念和种类

委托收款是收款人委托银行向付款人收取款项的结算方式。单位或个人凭已承兑的商业汇票、债券、存单等付款人债务证明办理款项的结算,均可以使用委托收款结算方式。委托收款结算方式在同城、异地均可使用。委托收款结算按照款项的划回方式分为邮寄和电报,由收款人选用。

（二）委托收款结算的程序

1. 签发委托收款凭证

签发委托收款凭证必须记载下列事项：表明"委托收款"的字样，确定的金额，付款人名称，收款人名称，委托收款凭据名称及附寄单证张数，委托日期，收款人签章。

委托收款以银行以外的单位为付款人的，委托收款凭证必须记载付款人开户银行名称；以银行以外的单位或在银行开立存款账户的个人为收款人的，委托收款凭证必须记载收款人开户银行名称；未在银行开立存款账户的个人为收款人的，委托收款凭证必须记载被委托银行名称。欠缺记载的，银行不予受理。

2. 委托

收款人办理委托收款应向银行提交委托收款凭证和有关的债务证明。

3. 付款

银行接到寄来的委托收款凭证及债务证明，审查无误办理付款。

（1）以银行为付款人的，银行应当在当日将款项主动支付给收款人。

（2）以单位为付款人的，银行应及时通知付款人，按照有关办法规定，需要将有关债务证明交给付款人的应交给付款人，并签收。付款人应于接到通知的当日书面通知银行付款。付款人未在接到通知日的次日起三日内通知银行付款的，视同付款人同意付款，银行应于付款人接到通知日的次日起第四日上午开始营业时，将款项划给收款人。银行在办理划款时，付款人存款账户不足支付的，应通过被委托银行向收款人发出未付款项通知书。

4. 拒绝付款

付款人审查有关债务证明后，对收款人委托收取的款项需要拒绝付款的，可以办理拒绝付款。以银行为付款人的，应自收到委托收款及债务证明的次日起三日内出具拒绝证明连同有关债务证明、凭证寄给被委托银行，转交收款人。以单位为付款人的，应在付款人接到通知日的次日起三日内出具拒绝证明，持有债务证明的，应将其送交开户银行。银行将拒绝证明、债务证明和有关凭证一并寄给被委托银行，转交收款人。

四、信用卡

（一）信用卡的概念和种类

信用卡是指商业银行向个人和单位发行的，凭以向特约单位购物、消费和向银行存取现金，且具有消费信用的特制载体卡片。它是发卡银行给予持卡人一定的信用额度，持卡人可在信用额度内先消费、后还款，或者先按发卡银行的要求交存一定金额的备用金，当备用金账户余额不足支付时，可在发卡银行规定的信用额度内透支的银行卡。

信用卡按使用对象分为单位卡和个人卡；按信誉等级分为金卡和普通卡。

【特别提示】信用卡不包括借记卡。

商业银行、非银行金融机构开办信用卡业务须报经中国人民银行总行批准；其所属分支机构开办信用卡业务，须报经辖区内中国人民银行分支行备案。未经批准的金融机构，不允许开办信用卡业务。

(二)申领与使用信用卡的有关规定

(1) 凡在中国境内金融机构开立基本存款账户的单位可申领单位卡。单位卡可申领若干张,持卡人资格由申领单位法定代表人或其委托的代理人书面指定和注销。

凡具有完全民事行为能力的公民可申领个人卡。个人卡的主卡持卡人可为其配偶及年满18周岁的亲属申领附属卡,申领的附属卡最多不得超过两张,也有权要求注销其附属卡。

(2) 单位或个人申领信用卡,应按规定填制申请表,连同有关资料一并送交发卡银行。符合条件并按银行要求交存一定金额的备用金后,银行为申领人开立信用卡存款账户,并发给信用卡。

(3) 持卡人不需要继续使用信用卡的,应持信用卡主动到发卡银行办理销户。持卡人办理销户时,如果账户里还有余额,属单位卡的,则将该账户的余额转入其基本存款账户,不得提取现金;个人卡账户可以转账结清,也可以提取现金。

(4) 单位卡账户的资金应一律从其基本存款账户转账存入,不得交存现金,不得将销货收入的款项存入其账户。续存资金时亦同。个人卡账户的资金以其持有的现金存入或以其工资性款项及属于个人的劳务报酬收入存入。严禁将单位的款项存入个人卡账户。续存资金时亦同。

【特别提示】单位卡一律不得支取现金。

(5) 信用卡仅限于合法持卡人本人使用,持卡人不得出租或转借信用卡。

(6) 持卡人可以持信用卡在特约单位购物、消费。但是,单位卡不得用于十万元以上的商品交易、劳务供应款项的结算。

(7) 特约单位不得拒绝受理持卡人合法持有的、签约银行发行的有效信用卡,不得因持卡人使用信用卡而向其收取附加费用。

(8) 个人卡持卡人在银行支取现金时,应将信用卡和身份证件一并交发卡银行或代理银行。IC卡、照片卡以及凭密码在POS机上支取现金的可免验身份证件。

(9) 信用卡透支金额,金卡最高不超过一万元,普通卡最高不超过五千元。

(10) 信用卡透支期限最长为六十天。

(11) 持卡人使用信用卡不得发生恶意透支。恶意透支是指持卡人超过规定限额或规定期限,并且经发卡银行催收无效的透支行为。

(12) 持卡人如不慎丧失信用卡,可持本人身份证件或其他有效证明,及时向发卡银行或代办银行申请挂失。申请挂失时,持卡人应按规定向银行提供有关情况,由发卡银行或代办银行审核后办理挂失手续。

【边学边练2-20·多选题】信用卡透支金额,金卡最高不超过一万元,普通卡最高不超过五千元。信用卡的透支期限最长为(   )。

A. 十天
B. 三十天
C. 六十天
D. 九十天

【答案】C。

【解析】信用卡的透支期限最长为六十天。

五、国内信用证

（一）国内信用证的概念

国内信用证是指银行（包括政策性银行、商业银行、农村合作银行、村镇银行和农村信用社）依照申请人的申请开立的、对相符交单予以付款的承诺，是适用于国内贸易的一种支付结算方式，是开证银行依照申请人（购货方）的申请向受益人（销货方）开出的有一定金额、在一定期限内凭信用证规定的单据支付款项的书面承诺。我国信用证为以人民币计价、不可撤销的跟单信用证。

（二）国内信用证的结算方式

国内信用证结算方式只适用于国内企业之间商品交易产生的货款结算，并且只能用于转款结算，不得支取现金。

（三）国内信用证办理的基本程序

1. 开证

（1）开证申请。银行与申请人在开证前应签订明确双方权利义务的协议。开证行可要求申请人交存一定数额的保证金，并可根据申请人资信情况要求其提供抵押、质押、保证等合法有效的担保。开证申请人申请开立信用证，须提交其与受益人签订的贸易合同。

（2）受理开证。开证行应根据贸易合同及开证申请书等文件，合理、审慎设置信用证付款期限、有效期、交单期、有效地点。

信用证应使用中文开立，记载条款包括：表明"国内信用证"的字样；开证申请人名称及地址；开证行名称及地址；受益人名称及地址；通知行名称；开证日期，开证日期格式应按年、月、日依次书写；信用证编号；不可撤销信用证；信用证有效期及有效地点；是否可转让，可转让信用证须记载"可转让"字样并指定一家转让行；是否可保兑，保兑信用证须记载"可保兑"字样并指定一家保兑行；是否可议付，议付信用证须记载"议付"字样并指定一家或任意银行作为议付行；信用证金额，金额须以大、小写同时记载；付款期限；货物或服务描述；溢短装条款（如有）；货物贸易项下的运输交货或服务贸易项下的服务提供条款；单据条款，须注明据以付款或议付的单据，至少包括发票，表明货物运输或交付、服务提供的单据，如运输单据或货物收据、服务接受方的证明或服务提供方或第三方的服务履约证明；交单期；信用证项下相关费用承担方，未约定费用承担方时，由业务委托人或申请人承担相应费用；表明"本信用证依据《国内信用证结算办法》开立"的开证行保证文句；其他条款。

2. 通知

通知行收到信用证，应认真审核。审核无误的，应填制信用证通知书，连同信用证交付受益人。

3. 议付

议付，是指可议付信用证项下单证相符或在开证行或保兑行已确认到期付款的情况下，议付行在收到开证行或保兑行付款前购买单据、取得信用证项下索款权利，向受益人预付或同意预付资金的行为。议付行审核并转递单据而没有预付或没有同意预付资金不构成议付。信用证未明示可议付，任何银行不得办理议付；信用证明示可议付，如开证行仅指定一家议付行，未被指定为议付行的银行不得办理议付,被指定的议付行可自行决定是否办理议付。

4. 付款

开证行或保兑行在收到交单行寄交的单据及交单面函(寄单通知书)或受益人直接递交的单据的次日起五个营业日内,及时核对是否为相符交单。单证相符或单证不符但开证行或保兑行接受不符点的,对即期信用证,应于收到单据次日起五个营业日内支付相应款项给交单行或受益人;对远期信用证,应于收到单据次日起五个营业日内发出到期付款确认书,并于到期日支付款项给交单行或受益人。

若受益人提交了相符单据或开证行已发出付款承诺,即使申请人交存的保证金及其存款账户余额不足支付,开证行仍应在规定的时间内付款。对申请人提供抵押、质押、保函等担保的,按《中华人民共和国担保法》《中华人民共和国物权法》的有关规定索偿。

【边学边练 2-21·多选题】下列关于国内信用证的表述,符合我国有关规定的是(   )。

A. 国内信用证可以支取现金
B. 各有关当事人处理的只是单据,一切以单据为准
C. 国内信用证只能用于转账结算,不得支取现金
D. 议付仅限于延期付款信用证

【答案】BCD。

【解析】国内信用证不得支取现金。

E 银行工作人员的做法是正确的。根据《支付结算办法》第一百七十三条的规定,采用汇兑结算方式进行结算时,如汇款人和收款人均为个人,需要在汇入银行支取现金的,应在信汇、电汇凭证的"汇款金额"大写栏,先填写"现金"字样,后填写汇款金额。本例中,汇款人和收款人均为企业,它们之间的资金汇兑应通过转账结算,因此汇款人 A 企业的汇出款项应通过其银行结算账户支付,而不应该采取交付现金的方式。

本单元是关于支付结算法律制度的介绍,主要内容包括现金结算、支付结算概述、银行结算账户、票据结算、其他结算方式等。本单元涉及知识点比较多,但是内容之间具有相关性,所以建议学生在学习过程中采用比较式的学习方法,例如比较分析各种银行结算账户的异同,支票、汇票、本票的异同等,会填写票据,应用所学知识对开户单位违反支付结算法律制度的主要情形以及应承担的法律责任进行具体案例分析。

一、单项选择题

1. 下列关于银行结算账户的说法,正确的是(   )。

A. 存款人可以没有基本存款账户,但一定要有一般存款账户

B. 存款人可以没有基本存款账户,但一定要有临时存款账户
C. 基本存款账户是存款人的非主办账户
D. 基本存款账户是存款人的主办账户

2. 在下列各项中,不符合票据和结算凭证填写要求的是( )。
   A. 票据的出票日期使用阿拉伯数字填写
   B. 中文大写金额数字书写中使用繁体字
   C. 阿拉伯小写金额数字前面,均应填写人民币符号
   D. 将出票日期2月12日写成零贰月壹拾贰日

3. 以下支出项目中属于现金开支范围内的是( )。
   A. 大宗物资采购   B. 上缴税金
   C. 职工工资   D. 购置固定资产

4. 下列各项中,属于狭义票据的( )。
   A. 股票   B. 债券   C. 汇票   D. 提单

5. 银行接到存款人的变更申请后,应及时办理变更手续,并在( )个工作日内向中国人民银行报告。
   A. 二   B. 三   C. 五   D. 七

6. 临时存款账户的有效期最长不得超过( )。
   A. 六个月   B. 一年   C. 两年   D. 三年

7. 下列当事人中属于票据非基本当事人的是( )。
   A. 付款人   B. 出票人   C. 承兑人   D. 收款人

8. 深圳的A公司向上海的B公司销售商品一批,收到B公司出具的期限为六个月的银行承兑汇票一张,三个月后,A公司持该张银行承兑汇票至开户行进行贴现并收妥贴现款项,这一贴现行为主要体现了票据的( )。
   A. 汇兑功能 B. 信用功能 C. 结算功能 D. 融资功能

9. 依法定方式签发票据,并将票据交付给收款人的是( )。
   A. 付款人   B. 承兑人   C. 出票人   D. 背书人

10. 甲单位向乙单位购买商品并签发一张支票付款,则该支票的"付款人"是指( )。
    A. 甲单位   B. 乙单位
    C. 甲单位的开户银行   D. 乙单位的开户银行

11. 下列关于支票提示付款期限的表述中,正确的是( )。
    A. 支票的持票人应当自出票日起七日内提示付款
    B. 异地使用的支票,其提示付款期限由中国人民银行另行规定
    C. 超过提示付款期限提示付款的,付款人仍必须付款
    D. 超过提示付款期限提示付款的,出票人不再对持票人承担票据责任

12. 下列关于承兑的表述中,正确的是( )。
    A. 汇票、支票和本票都具有承兑行为
    B. 商业承兑汇票只能由付款人签发并承兑
    C. 商业承兑汇票只能收款人签发交由付款人承兑
    D. 承兑是指汇票付款人承诺在汇票到期日支付汇票金额并签章的票据行为

13. 银行承兑汇票的出票人是( )。

A. 承兑银行

B. 付款人的开户银行

C. 收款人的开户银行

D. 在承兑银行开立存款账户的法人以及其他组织

14. 下列各项中,属于商业汇票绝对记载事项的是( )。

A. 背书日期 B. 付款日期

C. 出票日期 D. 保证日

15. 下列选项中,可以办理托收承付结算的有( )。

A. 赊销商品的款项

B. 代销商品的款项

C. 因商品交易而产生的劳务供应的款项

D. 寄销商品的款项

二、多项选择题

1. 根据规定,支付结算应当遵循以下原则( )。

A. 恪守信用,履约付款

B. 谁的钱进谁的账,由谁支配

C. 银行不垫款

D. 为客户保密

2. 下列各项票据中,银行不予受理的有( )。

A. 更改收款单位名称的票据

B. 更改签发日期的票据

C. 中文大写金额和阿拉伯数码金额不一致的票据

D. 出票日期使用中文大写,但该中文大写未按照要求规范填写的票据

3. 下列各项中,属于现金结算特点的有( )。

A. 直接便利 B. 不安全性

C. 费用较高 D. 不易宏观控制和管理

4. 一般银行存款账户可以办理( )。

A. 日常转账结算 B. 现金收付结算

C. 借款转存 D. 借款归还

5. 下列可以通过专用账户结算的事项有( )。

A. 政策性房地产开发资金

B. 期货交易保证金

C. 党团工会设在单位的组织机构经费

D. 筹备领导小组活动资金

6. 下列存款人中,可以在异地开立有关银行结算账户的有( )。

A. 营业执照注册地与经营地不在同一行政区域需要开立专用存款账户的

B. 异地临时经营活动需要开立个人银行结算账户的

C. 自然人根据需要在异地开立个人银行存款账户的

D. 办理异地借款和其他结算需要开立一般存款账户的

7. 存款人应向开户银行提交撤销银行结算账户申请的情形有( )。
   A. 被撤并、解散、宣告破产或关闭的
   B. 注销、被吊销营业执照的
   C. 因迁址需要变更开户银行的
   D. 存款人尚未清偿其开户银行债务的

8. 票据行为包括( )。
   A. 出票   B. 付款   C. 承兑   D. 保证

9. 出票,主要是指出票人签发票据并将其交付给收款人的票据行为,它包括以下两个动作( )。
   A. 作成票据   B. 转让票据
   C. 承兑票据   D. 交付票据

10. 下列各项,属于票据权利的有( )。
    A. 追索权   B. 诉讼权
    C. 付款请求权   D. 代收款请求权

11. 关于票据背书,下列说法符合《票据法》规定的是( )。
    A. 用于支取现金的支票不可以背书转让
    B. 背书转让可以附加条件,所附条件也具有票据上的效力
    C. 背书未记载日期的,视为票据到期日前背书
    D. 银行汇票的背书转让以不超过出票金额的实际结算金额为准

12. 签发支票必须记载的事项有( )。
    A. 出票人签章   B. 表明支票的字样
    C. 无条件支付的委托   D. 收款人名称

13. 下列关于商业汇票的表述中,正确的有( )。
    A. 商业汇票上未记载日期,该票据无效
    B. 持票人超过提示付款期未提示付款的,持票人开户银行也应当付款
    C. 背书人背书时,必须在商业汇票上签章,否则背书无效
    D. 将商业汇票分别转让给两人以上的背书有效

14. 根据规定,签发汇兑凭证必须记载的事项有( )。
    A. 无条件支付的委托
    B. 确定的金额
    C. 收款人姓名
    D. 汇款人名称

15. 关于信用卡的描述正确的有( )。
    A. 信用卡的透支期限最长为三十天
    B. 单位卡不得支取现金
    C. 单位卡可以透支
    D. 单位卡账户资金,一律从其基本存款账户转账存入

三、判断题

1. 未使用中国人民银行统一规定格式的结算凭证,银行不予受理。( )

2. 基本当事人不存在或不完全,票据上的法律关系就不能成立,票据就无效。(   )

3. 开户银行的现金收入应于次日送存银行。(   )

4. 存款人可以在同一银行或其分支机构同时开立基本存款账户和一般存款账户。(   )

5. 银行账户变更是指银行账户名称的变更和开户银行的变更。(   )

6. 存款人撤销存款账户,必须与开户银行核对账户余额,经开户银行审核同意后,办理销户手续,不用交回各种空白凭证和开户许可证。(   )

7. 票据是一种不可转让证券。(   )

8. 存款人的法定代表人或主要负责人、存款人地址以及其他开户资料的变更事项未在规定的期限内通知银行的,给予警告并处一千元的罚款。(   )

9. 保证不得附有条件,附有条件的,不影响对汇票的保证责任。(   )

10. 相对记载事项,是指《票据法》规定应该记载而未记载,适用法律的有关规定而不使票据失效的事项。(   )

11. 支票是出票银行签发的,由其在见票时按照实际结算金额无条件支付给收款人或者持票人的票据。(   )

12. 付款人承兑商业汇票,应当在汇票背面记载"承兑"字样和承兑日期并签章。(   )

13. 银行本票的提示付款期为自出票日期起最长不得超过一个月。(   )

14. 汇兑分为电汇和信汇两种。单位和个人的各种款项结算,都可使用汇兑结算方式。(   )

15. 委托收款可在同城使用,不可在异地使用。(   )

四、案例分析题

2018年2月,乙公司开出一张面额为15万元的转账支票向鸿运广告公司支付广告费,次日,鸿运广告公司向银行提示付款,银行发现乙公司的存款账户余额不足10万元,遂予以退票。6月,乙公司收到丙公司签发的银行承兑汇票一张,票面金额为15万元,未背书转让就将该汇票交给了鸿运广告公司抵付广告费。之后鸿运广告又将该汇票背书转让给了丙公司,背书时未记载丙公司的名称,丙公司拿到票据后自己将自己的公司名称记载于被背书人处。汇票到期后,丙公司填写了委托收款凭证并附上该银行承兑汇票,经其开户银行A向承兑银行B发出委托收款申请。承兑银行B对该汇票进行审核后拒绝付款。

要求:根据上述资料,回答下列问题。

(1) 乙公司签发的这张支票属于(   )。

A. 空白支票

B. 空头支票

C. 票据

D. 有价证券

(2) 下列说法正确的是(   )。

A. 银行应对乙公司处以7500元的罚款

B. 鸿运公司有权要求乙公司赔偿3000元

C. 鸿运公司无权要求乙公司赔偿

D. 鸿运公司可以继续找乙公司追索

(3) 关于银行承兑汇票,正确的是(   )。

A. A银行是汇票的承兑人,应负担付款义务

B. 票据到期后,只要丙公司在约定期限内提示付款,承兑银行就应无条件向丙公司支付汇票金额

C. 承兑附有条件,视为拒绝承兑

D. B银行拒绝付款的做法正确

(4) 关于汇票的背书,正确的是(　　)。

A. 乙公司将汇票转让给供货方时应在被背书人处签章,以保证背书连续

B. 丙公司自己记载名称于被背书人处的做法不具法律效力

C. 银行是因为背书不连续而拒绝付款

D. 银行是因为丙公司自己记载名称于被背书人处而拒绝付款

第二单元
参考答案

第三单元　税收法律制度

> **知识目标**
> - 理解税收的概念及分类。
> - 理解税法的概念,掌握税法的分类及构成要素。
> - 理解主要税种的概念、税目、税率,掌握主要税种应纳税额的计算公式。
> - 了解开业登记、变更登记、停业复业登记、注销登记和外出报验登记等程序。
> - 掌握发票的种类及开具要求。
> - 掌握纳税申报方式、税款征收方式,了解税务代理法定业务范围。
> - 理解税收保全措施和税收强制执行,熟悉违反税法规定的法律责任。
>
> **技能目标**
> - 会开具增值税专用发票和普通发票,能分析发票填制的正确与否。
> - 会增值税、消费税、个人所得税和企业所得税应纳税额的确定。

任务一　税收概述

个人所得税的问题关乎每一个人的钱包,个人所得税起征点是个税改革的关键。根据 2018 年 8 月 31 日第十三届全国人民代表大会常务委员会第五次会议《关于修改〈中华人民共和国个人所得税法〉的决定》,第七次修正后的个人所得税法正式亮相! 第七次修正后,工资、薪金所得费用扣除标准从每月三千五百元提高到五千元。舆论对个人所得税工资、薪金所得费用扣除标准之称谓有两种:一种称作"起征点",一种称作"免征额"。

问题:根据上述案例分析,"五千元"到底是免征额还是起征点呢?

一、税收及其分类

(一) 税收

1. 税收的概念

税收,是指国家为了满足一般社会共同需要,凭借政治权力,按照国家法律规定的标准,强制、无偿地取得财政收入的一种特定的分配形式。

2. 税收的作用

随着我国法制建设的加强和社会经济的发展,税收在社会经济中的作用日益增强。税收具有组织收入、调节经济、维护国家政权和国家利益等方面的重要作用。

（1）税收是国家组织财政收入的主要形式和工具,在保证和实现财政收入方面具有重要的作用。

（2）税收是国家调控经济运行的重要手段。国家可以通过设置税种、调整税目和税率、加成征收或减免税等方式,有效调节社会生产、交换、分配和消费,促进社会经济健康发展。

（3）税收具有维护国家政权的作用。国家政权是税收产生和存在的必要条件,而国家政权的存在又依赖于税收的存在。没有税收,国家机器就不可能有效运转。

（4）税收是国际经济交往中维护国家利益的可靠保证。在国际经济交往中,任何国家对在本国境内从事生产、经营的外国企业或个人都拥有税收管辖权,这是国家权益的具体体现。

3. 税收的特征

税收的特征是指税收分配形式区别于其他财政分配形式的质的规定性。税收的本质是为满足社会公共需要而对剩余产品进行的集中分配。税收的特征是由税收的本质决定的,是税收本质的外在表现,是区别税与非税的外在尺度和标志。税收的特征主要包括强制性、无偿性和固定性。

（1）强制性。

税收的强制性,是指国家凭借其公共权力以法律、法令形式对税收征纳双方的权利与义务进行制约,既不是由纳税主体按照个人意志自愿缴纳,也不是按照征税主体随意征税,而是依据法律进行征税。税收的强制性主要体现在征税过程中。

（2）无偿性。

税收的无偿性,是指国家征税后,税款一律纳入国家财政预算,由财政统一分配,而不直接向具体纳税人返还或支付报酬。税收的无偿性是对纳税人个体而言,其享有的公共利益与其缴纳的税款并非一对一的对等。但就纳税人整体而言则是对等的,政府使用税款的目的是向社会全体成员包括每一位纳税人提供社会需要的公共产品和公共服务。因此,税收的无偿性表现为个体的无偿性、整体的有偿性。

（3）固定性。

税收的固定性,是指国家在征税前预先规定了统一的征税标准,包括纳税人、征税对象、税率、纳税期限、纳税地点等。这些标准一经确定,在一定时期内是相对稳定的,征税和纳税双方都必须共同遵守,非经国家法令修订或调整,征纳双方都不得违背或改变。

税收的三个基本特征是统一的整体,相互联系,缺一不可。无偿性是税收特殊分配手段本质的体现,强制性是实现税收无偿征收的保证,固定性是无偿性和强制性的必然要求。三者相互配合,保证了政府财政收入的稳定。

（二）税收的分类

我国的税收分类方式主要有以下几种。

1. 根据征税对象的性质分类

根据征税对象的性质,税收可分为流转税、所得税、财产税、资源税和行为税五种类型。

（1）流转税以商品或劳务的流转额为征税对象,包括增值税、消费税和关税等。

流转税类的特点是：以应税货物、劳务或服务的流转额为计税依据,在生产经营及销售环节征收,其征税数额(税收负担)不受成本费用变化的影响,而对价格变化较为敏感。

(2) 所得税以各种所得为征税对象,主要调节生产经营者的利润和个人纯收入,包括企业所得税、个人所得税。

所得税类的特点是:征税对象不是一般收入,而是总收入减除准予扣除项目后的余额,即应纳税所得额,其征税数额(税负)受成本、费用、利润高低的影响较大。

(3) 财产税以各种动产和不动产为征税对象,主要对财产占有发挥调节作用,包括房产税、车船税等。

财产税类的特点是:财产税的征税数额(税负)与财产价值、数量关系密切,体现调节财富、合理分配等原则。

(4) 资源税以自然资源和某些社会资源作为征税对象,包括资源税、土地增值税、城镇土地使用税等。

资源税类的特点是:税负高低与资源级差收益水平关系密切,征税范围的选择比较灵活。

(5) 行为税是指国家为了实现特定目的,以纳税人的某些特定行为为征税对象的税类。行为税包括城市维护建设税、车辆购置税、印花税等。

行为税类的特点是:征税的选择性较为明显,税种较多,具有较强的时效性。

2. 根据计税依据分类

根据计税依据的不同,可分为从量税、从价税和复合税。

(1) 从量税是指以征税对象的一定实物计量单位(如数量、重量、容量、面积等)为标准,按照固定税额从量计征的税类。如耕地占用税、资源税、车船税等属于从量税。

(2) 从价税是指以征税对象的价值量为依据按照一定比例从价计征的税类。如增值税、企业所得税等。

(3) 复合税是对某一进出口货物或物品既征收从价税,又征收从量税,即采用从量税和从价税相结合的复合计税方法征收的一类税。如对卷烟、白酒征收的消费税采取复合计税方法。

3. 根据税收与价格的关系分类

根据税收与价格的关系,可分为价内税和价外税。

(1) 价内税是指税款包含在征税对象的价格之中,如消费税。

(2) 价外税是指税款独立于征税对象的价格之外,如增值税。其价格为不含税价格,即买方在支付约定的价款外,还须支付相应税款,即价款和税款是分开的。

4. 根据征收管理的分工体系分类

根据征收管理的分工体系,可分为工商税类、关税类。

(1) 工商税类由税务机关负责征收管理,是我国现行税制的主体部分。

(2) 关税类是由国家授权海关对出入关境的货物和物品征收的一类税。

【边学边练3-1·多选题】在我国现行的下列税种中,属于流转税的有(　　)。

A. 消费税

B. 增值税

C. 印花税

D. 车辆购置税

【答案】AB。

【解析】消费税、增值税属于流转税，印花税和车辆购置税属于行为税。

二、税法的概念、分类及构成要素

（一）税法的概念

税法，即税收法律制度，是国家权力机关和行政机关制定的用以调整国家与纳税人之间在税收征纳方面的权利与义务关系的法律规范的总称，是国家法律的重要组成部分。

【特别提示】"总称"表明税法并不是一部单一的、具体的法，而是由许多单行的税收法律制度（如《中华人民共和国企业所得税法》《中华人民共和国个人所得税法》《中华人民共和国增值税暂行条例》等）所组成的法。

（二）税法的分类

1. 按照税法的功能作用的不同，税法可分为税收实体法和税收程序法

（1）税收实体法是规定税收法律关系主体的实体权利、义务的法律规范总称。税收实体法具体规定了各税种的征收对象、征收范围、税目、税率、纳税地点等。如《中华人民共和国企业所得税法》(2007年3月16日第十届全国人民代表大会第五次会议通过，2018年第二次修正，以下简称《企业所得税法》)、《中华人民共和国个人所得税法》(1980年9月10日第五届全国人民代表大会第三次会议通过，2018年第七次修正，以下简称《个人所得税法》)就属于税收实体法。

（2）税收程序法是税务管理方面的法律规范，主要包括税收管理法、纳税程序法、发票管理法、税务机关组织法、税务争议处理法等。

【点拨指导】税收实体法和税收程序法的功能不同。税收实体法针对具体税种，是税法的核心部分；税收程序法针对税务管理，是税法体系的基本组成部分。

2. 按照主权国家行使税收管辖权的不同，税法可分为国内税法、国际税法和外国税法

（1）国内税法是指一国在其税收管辖权范围内，调整国家与纳税人之间权利义务关系的法律规范的总称，是由国家立法机关和经授权或法律规定的国家行政机关制定的法律、法规和规范性文件。

（2）国际税法是指两个或两个以上的课税权主体对跨国纳税人的跨国所得或财产征税形成的分配关系，并由此形成国与国之间的税收分配形式，主要包括双边或多边国家间的税收协定、条约和国际惯例。

【特别提示】一般而言，国际税法的效力高于国内税法。

（3）外国税法是指外国各个国家制定的税收法律制度。

3. 按照税法法律级次不同，税法可分为税收法律、税收行政法规、税收行政规章和税收规范性文件

（1）税收法律，由全国人民代表大会及其常务委员会制定。如《中华人民共和国税收征收管理法》《企业所得税法》《个人所得税法》等。

（2）税收行政法规，是指由国务院制定的有关税收方面的行政法规和规范性文件。税收行政法规包括《中华人民共和国增值税暂行条例》《中华人民共和国企业所得税法实施条例》《中华人民共和国个人所得税法实施条例》等。

(3) 税收行政规章和税收规范性文件,是指由国务院财税主管部门(财政部、国家税务总局、海关总署和国务院关税税则委员会)根据法律和国务院行政法规或者规范性文件的要求,在本部门权限范围内发布的有关税收事项的规章和规范性文件,包括命令、通知、公告、通告、批复、意见、函等文件形式。税收行政规章和税收规范性文件包括《中华人民共和国增值税暂行条例实施细则》《增值税专用发票使用规定》等。

【点拨指导】法律级次(法律效力)的高低不取决于此项法律名称,虽然有时候从名称上也能看出来,而主要取决于制定该项法律的部门。法律的级次高低与法律的制定部门级别一般相对应。

【边学边练3-2·多选题】按照主权国家行使税收管辖权的不同,税法可以分为( )。

A. 国内税法
B. 国际税法
C. 外国税法
D. 税收实体法

【答案】ABC。

【解析】按照主权国家行使税收管辖权的不同,税法可以分为国内税法、国际税法和外国税法。

(三) 税法的构成要素

税法的构成要素是指税法应当具有的要素和内容的总称,一般包括征税人、纳税义务人、征税对象、税目、税率、计税依据、纳税环节、纳税期限、纳税地点、减免税和法律责任等项目。

(1) 征税人,是指代表国家行使征税职权的各级税务机关和其他征税机关,包括各级税务机关、财政机关和海关。如增值税的征税人是税务机关,关税的征税人是海关。

(2) 纳税义务人也称纳税人,是税法规定的直接负有纳税义务的单位和个人。纳税人有两种基本形式:自然人和法人。纳税义务人是指直接负有纳税义务的主体,不包括间接负有纳税义务的主体。

【点拨指导】纳税人不等于负税人,负税人是最终负担税款的单位和个人。在实际经济生活中,如果税款由纳税人自己负担,纳税人本身就是负税人,如个人所得税、企业所得税等;如果税款虽然由纳税人缴纳,但实际上是由别人负担的,如增值税、消费税等。

(3) 征税对象,也称课税对象,是指对什么征税。征税对象包括物或行为。征税对象是各个税种之间相互区别的根本标志,不同的征税对象构成不同的税种。

(4) 税目,是征税对象的具体化,即各个税种所规定的具体征税项目。规定税目的主要目的是明确征税的具体范围和对不同的征税项目加以区分,从而制定高低不同的税率。

【特别提示】征税对象和税目的区别:征税对象是编制税目的依据,税目是征税对象的具体化。

(5) 税率,是指应纳税额与征税对象的比例或者征收额度,它是计算税额的尺度,也是衡量税负轻重的重要标志。我国现行的税率主要有比例税率、定额税率、累进税率等。

① 比例税率,是指对同一征税对象,不论数额大小都按同一比例纳税,如增值税、城市维护建设税、企业所得税等。

② 定额税率,又称固定税率,是指按征税对象的一定计量单位规定固定的税额,而不是

规定纳税比例,所以也称为固定税额,一般适用于从量征收的某些税种、税目,如资源税、车船税等。

③ 累进税率,是指按照征税对象数额的大小,实行等级递增的税率,一般适用于对所得和财产的征税,如针对工资、薪金所得缴纳的个人所得税。累进税率又分为全额累进税率、超额累进税率和超率累进税率三种。

【特别提示】 我国已不采用全额累进税率,我国现行税法体系采用的累进税率形式只有超额累进税率、超率累进税率。个人所得税适用超额累进税率,土地增值税适用超率累进税率。

(6) 计税依据,又叫课税依据、课税基数,是计算征税对象应纳税额的直接根据。计税依据与征税对象虽然同样反映征税客体,但两者解决的问题不同。征税对象规定对什么征税,计税依据则在确定征税对象之后解决如何计量的问题。计税依据分为从量计征、从价计征、复合计征三种类型。

① 从量计征,即以征税对象的自然实物作为计税依据,该项实物量以税法规定的计量标准(重量、体积、面积等)计算,如车船税、城镇土地使用税,消费税税目中的黄酒、啤酒、成品油等。其计税公式为:

应纳税额＝计税实物量×单位适用税额

② 从价计征,即以征税对象的价值量作为计税依据,其价值量为自然实物量与单位价格的乘积。除一些特殊税种外,绝大多数的税种都采用从价计征,如增值税、企业所得税等。其计税公式为:

应纳税额＝计税价值量×适用税率

③ 复合计征,既根据征税对象的实物量又根据其价值量征税,如我国现行的对卷烟、白酒计征的消费税。其计税公式为:

应纳税额＝计税实物量×单位适用税额＋计税价值量×适用税率

【点拨指导】征税对象与计税依据的不同在于,征税对象规定对什么征税,而计税依据则在确定征税对象之后解决如何计量应纳税额的问题。

【边学边练3-3·判断题】计税依据是计算应纳税额的依据或标准,是区别不同税种的重要标志。(　　)

【答案】错。

【解析】征税对象是各个税种之间相互区别的根本标志,不同的征税对象构成不同的税种。

(7) 纳税环节,是指税法规定的征税对象从生产到消费的流转过程中应当缴纳税款的环节。例如,流转税在生产和流通环节纳税,所得税一般在分配环节纳税。

知识链接

纳税环节一般分为两类,即一次课征制和多次课征制。一次课征制是指同一税种在商品流转的全过程只在某一环节课征的制度,我国消费税(卷烟消费税除外)实行一次课征制;多次课征制是指同一税种在商品流转的多个环节上都课征的制度,我国增值税实行多次课征制。

(8)纳税期限,是指纳税人在发生纳税义务后,应向税务机关申报纳税的起止时间。我国税法对不同税种依据不同情况规定了各自的纳税期限。超过纳税期限未缴纳税款的,属于欠税,应依法加收滞纳金。

【点拨指导】纳税期限基本上分为按期纳税和按次纳税两种。

(9)纳税地点,主要是指根据各个税种征税对象的纳税环节和有利于对税款的源泉控制而规定的纳税人的具体纳税地点。通常,税法上规定的纳税地点主要是机构所在地、经济活动发生地、财产所在地、报关地等。

(10)减免税,是指国家对某些纳税人和征税对象给予鼓励和照顾的一种特殊规定。制定这种特殊规定,一方面是为了鼓励和支持某些行业或项目的发展,另一方面是为了照顾某些纳税人的特殊困难。减免税可以看成是税率的补充和延伸。

① 减税和免税。减税是从应纳税额中减征部分税款,免税是对应纳税额全部免除。减免税有两种情况:一是税法直接规定的长期减免税项目;二是依法给予一定期限内的减免税措施,期满之后仍应按规定纳税。

减免税形式包括税基式减免、税率式减免、税额式减免三种。

② 起征点。起征点又称征税起点,是指税法规定的对计税依据应当征税的起点数额。计税依据数额达不到起征点的不征税,达到起征点的按照计税依据全额征税。

③ 免征额。免征额是税法规定的征税对象中免于征税的数额。免征额部分不征税,只对超过免征额部分征税。规定免征额是为了照顾纳税人的最低要求。如目前的《个人所得税法》规定了免征额,对工资、薪金所得,以每月收入额减除费用五千元后的余额为应纳税所得额。

(11)法律责任,是指税收法律关系的主体因违反税法所应当承担的法律后果。

所谓起征点,是指税法规定的对计税依据应当征税的起点数额。计税依据数额达不到起征点的不征税,达到起征点的按照计税依据全额征税。免征额是税法规定的征税对象中免于征税的数额。免征额部分不征税,只对超过免征额部分征税。两者的联系与区别如下。

(1)税法规定的起征点与免征额的数额一致时,如果纳税人的收入低于起征点和免征额,两者都不需缴税,两者的效果是一样的。

(2)当纳税人的收入达到和超过起征点和免征额时,如果税法采用的是起征点,那么纳税人的全部收入都要纳税;而当税法采用的是免征额时,那么纳税人的收入只需就超过免征额的部分纳税。

目前的《个人所得税法》中规定的工资、薪金所得减除费用标准调高到五千元,这里的五千元属于免征额,不是起征点。当个人工资、薪金低于五千元时,不需要缴纳个人所得税;超过五千元时,只对超过部分按规定的超额累进税率计算个人所得税。假设某人当月工资是五千零一元,如果是免征额,五千元就免了,只就超出的一元钱征税;如果是起征点,超出五千元的全额缴税,也就是要就其五千零一元征税。

任务二 主要税种

某时装商场 2019 年 5 月 1 日推出买一赠一促销措施：买一件 2000 元（不含税价）的西装，赠送一件价值 400 元（不含税价）的衬衣。西装和衬衣的单位成本分别是 1200 元和 200 元。5 月份共售出 100 件西装，该商场计算应缴纳增值税 26 000 元。税务机关认定该商场税款计算有误。

问题：请在学完任务二后回答，该商场增值税计算错在哪里？应该怎样计算？该补缴多少税款？

依据我国现行税收法律制度的规定，我国现行的税种主要有：增值税、消费税、关税、企业所得税、个人所得税、资源税、城镇土地使用税、房产税、耕地占用税、土地增值税、车辆购置税、车船税、印花税、契税等。下面主要就流转税类（增值税和消费税）和所得税类（企业所得税和个人所得税）进行介绍。

一、增值税

（一）增值税的概念与分类

增值税是以销售货物或者加工、修理修配劳务（以下简称劳务）以及销售服务、无形资产、不动产过程中产生的增值额和进口货物的组成价格作为计税依据而征收的一种流转税。

增值税按对外购固定资产处理方式不同，可划分为生产型增值税、收入型增值税、消费型增值税三种类型。

生产型增值税，是指计算增值税时，不允许扣除任何外购固定资产的价款，作为课税基数的法定增值额除包括纳税人新创造价值外，还包括当期计入成本的外购固定资产价款部分，即法定增值额相当于当期工资、利息、租金、利润等理论增值额和折旧额之和。

收入型增值税，是指计算增值税时，对外购固定资产价款只允许扣除当期计入产品价值的折旧费部分，作为课税基数的法定增值额相当于当期工资、利息、租金和利润等各增值项目之和。

消费型增值税，是指计算增值税时，允许将当期购入的固定资产价款一次全部扣除，作为课税基数的法定增值额相当于纳税人当期全部销售额扣除外购的全部生产资料价款后的余额。

（二）增值税的征收范围

1. 我国现行增值税征税范围的一般规定

（1）销售货物或进口货物。

这里所称货物，是指有形动产，包括电力、热力、气体。

（2）销售劳务。

劳务包括加工和修理修配劳务。加工是指受托加工货物，即委托方提供原料及主要材料,受托方按照委托方的要求,制造货物并收取加工费的业务。修理修配是指受托对损伤及丧失功能的货物进行修复,使其恢复原状和功能的业务。

提供加工、修理修配劳务是指有偿提供加工、修理修配劳务。但单位或个体经营者聘用的员工为本单位或雇主提供加工、修理修配劳务,不包括在内。

(3) 销售服务、销售无形资产和销售不动产。

在这里,服务包括交通运输服务、邮政服务、电信服务、建筑服务、金融服务、现代服务、生活服务。

① 交通运输服务。交通运输服务是指利用运输工具将货物或者旅客送达目的地,使其空间位置得到转移的业务活动,包括陆路运输服务、水路运输服务、航空运输服务和管道运输服务。

② 邮政服务。邮政服务是指中国邮政集团公司及其所属邮政企业提供邮件寄递、邮政汇兑和机要通信等邮政基本服务的业务活动,包括邮政普遍服务、邮政特殊服务和其他邮政服务。

③ 电信服务。电信服务是指利用有线、无线的电磁系统或者光电系统等各种通信网络资源,提供语音通话服务,传送、发射、接收或者应用图像、短信等电子数据和信息的业务活动,包括基础电信服务和增值电信服务。

④ 建筑服务。建筑服务是指各类建筑物、构筑物及其附属设施的建造、修缮、装饰,线路、管道、设备、设施等的安装以及其他工程作业的业务活动,包括工程服务、安装服务、修缮服务、装饰服务和其他建筑服务。

⑤ 金融服务。金融服务是指经营金融保险的业务活动,包括贷款服务、直接收费金融服务、保险服务和金融商品转让。

⑥ 现代服务。现代服务是指围绕制造业、文化产业、现代物流产业等提供技术性、知识性服务的业务活动,包括研发和技术服务、信息技术服务、文化创意服务、物流辅助服务、租赁服务、鉴证咨询服务、广播影视服务、商务辅助服务和其他现代服务。

⑦ 生活服务。生活服务是指为满足城乡居民日常生活需求提供的各类服务活动,包括文化体育服务、教育医疗服务、旅游娱乐服务、餐饮住宿服务、居民日常服务和其他生活服务。提供餐饮服务的纳税人销售的外卖食品,按照"餐饮服务"缴纳增值税。

销售无形资产。销售无形资产是指转让无形资产所有权或者使用权的业务活动。无形资产,是指不具实物形态,但能带来经济利益的资产,包括技术、商标、著作权、商誉、自然资源使用权和其他权益性无形资产。

销售不动产。销售不动产是指转让不动产所有权的业务活动。不动产,是指不能移动或者移动后会引起性质、形状改变的财产,包括建筑物、构筑物等。

2. 征税范围的特殊规定

(1) 视同销售货物。

单位或者个体工商户的下列行为,视同销售货物:

① 将货物交付其他单位或者个人代销;

② 销售代销货物;

③ 设有两个以上机构并实行统一核算的纳税人,将货物从一个机构移送至其他机构用于销售,但相关机构设在同一县(市)的除外;

④ 将自产或者委托加工的货物用于非增值税应税项目;

⑤ 将自产、委托加工的货物用于集体福利或者个人消费;

⑥ 将自产、委托加工或者购进的货物作为投资,提供给其他单位或者个体工商户;

⑦ 将自产、委托加工或者购进的货物分配给股东或者投资者;

⑧ 将自产、委托加工或者购进的货物无偿赠送其他单位或者个人;

⑨ 财政部和国家税务总局规定的其他情形。

【特别提示】"集体福利或个人消费"是指企业内部设置的,供职工使用的食堂、浴室、理发室、宿舍、幼儿园等福利设施及设备、物品等,或者以福利、奖励、津贴等形式发给职工个人的物品。

(2) 混合销售行为。

一项销售行为如果既涉及货物,又涉及服务,即为混合销售行为。从事货物的生产、批发或者零售的单位和个体工商户的混合销售行为,按照销售货物缴纳增值税;其他单位和个体工商户的混合销售行为,按照销售服务缴纳增值税。

(3) 兼营。

纳税人兼营不同税率的项目,应当分别核算不同税率项目的销售额;未分别核算销售额的,从高适用税率。

(三) 增值税的纳税人

凡在我国境内销售货物、劳务以及销售服务、无形资产或者不动产,进口货物的单位和个人,为增值税的纳税人,简称纳税人。单位是指企业、行政单位、事业单位、军事单位、社会团体及其他单位;个人是指个体工商户和其他个人。

增值税纳税人分为小规模纳税人和一般纳税人。

小规模纳税人是指年销售额在规定标准以下,并且会计核算不健全,不能按规定报送有关税务资料的增值税纳税人。会计核算不健全是指不能正确核算增值税的进项税额、销项税额和应纳税额。增值税小规模纳税人标准为年应征增值税销售额(以下称应税销售额)五百万元及以下。

一般纳税人是指应税行为的年应税销售额超过财政部和国家税务总局规定标准的纳税人。

【点拨指导】根据财税〔2018〕33号文件,一般纳税人可以转登记为小规模纳税人,即转登记日前连续十二个月(以一个月为一个纳税期)或者连续四个季度(以一个季度为一个纳税期)累计应税销售额未超过五百万元的可转登记为小规模纳税人。

【边学边练3-4·多选题】增值税纳税人年应税销售额超过小规模纳税人标准的,除另有规定外,应申请一般纳税人资格登记。下列各项中,应计入年应税销售额的有( )。

A. 预售销售额

B. 免税销售额

C. 稽查查补销售额

D. 纳税评估调整销售额

【答案】BCD。

【解析】增值税纳税人年应税销售额超过小规模纳税人标准的,除另有规定外,应申请一般纳税人资格认定。其中,年应税销售额,是指纳税人在连续不超过十二个月或四个季度的经营期内累计应税销售额,包括纳税申报销售额、稽查查补销售额、纳税评估调整销售额。

(四)增值税的税率

1. 基本税率

纳税人销售或者进口货物,除列举的以外,税率均为13%;销售劳务和有形动产租赁服务(包括经营性租赁和融资性租赁),税率也为13%。这一税率就是通常所说的基本税率。

2. 低税率

(1)纳税人销售或者进口下列货物,按9%税率计征增值税。

① 粮食等农产品、食用植物油、食用盐;

② 自来水、暖气、冷气、热水、煤气、石油液化气、天然气、二甲醚、沼气、居民用煤炭制品;

③ 图书、报纸、杂志、音像制品、电子出版物;

④ 饲料、化肥、农药、农机、农膜;

⑤ 国务院规定的其他货物。

纳税人购进用于生产或者委托加工13%税率货物的农产品,按照10%的扣除率计算进项税额。

(2)销售交通运输、邮政、基础电信、建筑、不动产租赁服务,销售不动产,转让土地使用权,税率为9%。

(3)销售现代服务(租赁服务除外)、增值电信服务、金融服务、生活服务、无形资产(不含土地使用权),税率为6%。

3. 零税率

纳税人出口货物,税率为零;但是,国务院另有规定的除外。境内单位和个人跨境销售国务院规定范围内的服务、无形资产,税率为零。需要注意:税率为零不简单等同于免税。

(五)征收率

增值税征收率一共有两档,即3%和5%,一般是3%。简易计税方法采用征收率,即按照销售额和征收率计算应纳税额,其计算公式是:

增值税应纳税额=销售额×征收率

(六)增值税一般纳税人应纳税额

增值税一般纳税人销售货物、劳务、服务、无形资产、不动产,采用一般计税方法计算缴纳增值税。一般计税方法的应纳税额,是指当期销项税额抵扣进项税额后的余额。计算公式为:

当期增值税应纳税额=当期销项税额-当期进项税额

【特别提示】当期销项税额小于进项税额不足抵扣时,其不足部分可以结转下期继续抵扣。

1. 销项税额

销项税额是指纳税人销售货物、劳务、服务、无形资产、不动产,按照销售额和税法规定的税率计算并向购买方收取的增值税额,其计算公式是:

销项税额=销售额×税率

2. 销售额

销售额是指纳税人发生应税销售行为收取的全部价款和价外费用,但不包括收取的销项税额。价外费用包括价外向购买方收取的手续费、补贴、基金、集资费、返还利润、奖励费、违约金、滞纳金、延期付款利息、赔偿金、代收款项、包装费、包装物租金、储备费、运输装卸费以及其他各种性质的价外收费。

因为增值税是价外税,纳税人销售货物、劳务取得的销售额,在计算销项税额时,必须将其换算为不含税的销售额。对于纳税人销售货物、劳务,采用销售额和销项税合并定价的,按下列公式计算销售额。

$$不含税销售额 = 含税销售额 \div (1 + 税率)$$

3. 进项税额

进项税额是指纳税人购进货物、劳务、服务、无形资产、不动产支付或者负担的增值税额。进项税额是与销项税额相对应的另一个概念。在购销业务中,销售方收取的销项税额,就是购买方支付的进项税额。对于任何一般纳税人,由于其在经营活动中,既会发生销售货物或劳务的行为,又会发生购进货物或劳务的行为,因此,每一个一般纳税人都会有收取销项税额、支付进项税额的业务。增值税的核心是将纳税人支付的进项税额从其收取的销项税额中抵扣,即从销项税额中减去进项税额,其余额为纳税人实际缴纳的增值税税额。然而,并不是纳税人支付的所有进项税额都可以从销项税额中抵扣。

(1) 准予从销项税额中抵扣的进项税额。

① 从销售方或提供方取得的增值税专用发票上注明的增值税额;

② 从海关取得的海关进口增值税专用缴款书上注明的增值税额;

③ 购进农产品,除取得增值税专用发票或者海关进口增值税专用缴款书外,按照农产品收购发票或者销售发票上注明的农产品买价和规定的扣除率计算的进项税额,国务院另有规定的除外。进项税额计算公式:

$$进项税额 = 买价 \times 扣除率$$

④ 自境外单位或者个人购进劳务、服务、无形资产或者境内的不动产,从税务机关或者扣缴义务人取得的代扣代缴税款的完税凭证上注明的增值税额。

准予抵扣的项目和扣除率的调整,由国务院决定。

【特别提示】纳税人凭完税凭证抵扣进项税额的,应当具备书面合同、付款证明和境外单位的对账单或者发票。资料不全的,其进项税额不得从销项税额中抵扣。

(2) 不得从销项税额中抵扣的进项税额。

① 用于简易计税方法计税项目、免征增值税项目以及集体福利或者个人消费的购进货物、劳务、服务、无形资产和不动产;

② 非正常损失的购进货物,以及相关的劳务和交通运输服务;

③ 非正常损失的在产品、产成品所耗用的购进货物(不包括固定资产)、劳务和交通运输服务;

④ 非正常损失的不动产,以及该不动产所耗用的购进货物、设计服务和建筑服务;

⑤ 非正常损失的不动产在建工程所耗用的购进货物、设计服务和建筑服务;

⑥ 购进的旅客运输服务、贷款服务、餐饮服务、居民日常服务和娱乐服务;

⑦ 财政部和国家税务总局规定的其他情况。

【边学边练3-5·计算题】甲公司是增值税一般纳税人,2019年5月有关增值税计税资料如下：向B公司出售车床一套。取得不含税价款1000万元,同时提供技术服务并收取565万元服务费用,生产车床所用原材料、零部件的购入价(不含税)为700万元,计算甲公司当月应缴纳的增值税税额。

【解析】甲公司当月应缴纳的增值税税额＝[1000＋565÷(1＋13%)]×13%－700×13%＝104(万元)

(七)小规模纳税人应纳税额计算

小规模纳税人按简易计税方法计算应纳税额,即按销售额和规定征收率计算应纳税额,不得抵扣进项税额,同时,也不得自行开具增值税专用发票。小规模纳税人应纳税额计算公式如下：

增值税应纳税额＝销售额×征收率

由于小规模纳税人销售货物、劳务自行开具的发票是普通发票,发票上列示的是含税销售额,因此在计税时,需要将其换算为不含税销售额,换算公式如下：

不含税销售额＝含税销售额÷(1＋征收率)

【边学边练3-6·计算题】2019年5月,某电器修理部(小规模纳税人)取得含税修理收入10 300元,则增值税应纳税额是多少？

【解析】增值税应纳税额＝10 300÷(1＋3%)×3%＝300(元)

(八)增值税的征收管理

1. 增值税纳税义务的发生时间

(1)采取直接收款方式销售货物,不论货物是否发出,纳税义务发生时间均为收到销售款或者取得索取销售款凭据的当天；纳税人提供应税服务的,纳税义务发生时间为收讫销售款项或者取得索取销售款项凭据的当天；先开具发票的,纳税义务发生时间为开具发票的当天。

(2)采取托收承付和委托银行收款方式销售货物,纳税义务发生时间为发出货物并办妥托收手续的当天。

(3)采取赊销和分期收款方式销售货物,纳税义务发生时间为书面合同约定的收款日期的当天,无书面合同或者书面合同没有约定收款日期的,纳税义务发生时间为货物发出的当天。

(4)采取预收货款方式销售货物,纳税义务发生时间为货物发出的当天,但生产销售生产工期超过十二个月的大型机械设备、船舶、飞机等货物,纳税义务发生时间为收到预收款或者书面合同约定的收款日期的当天。

(5)委托其他纳税人代销货物,纳税义务发生时间为收到代销单位的代销清单或者收到全部或者部分货款的当天。未收到代销清单及货款的,纳税义务发生时间为发出代销货物满一百八十天的当天。

(6)销售劳务,纳税义务发生时间为提供劳务同时收讫销售款或者取得索取销售款的凭据的当天。

(7)纳税人发生"视同销售货物"中③～⑧所列情况,纳税义务发生时间为货物移送的当天。

（8）进口货物的纳税义务发生时间为报关进口的当天。

2. 增值税的纳税期限

增值税的纳税期限分别为1日、3日、5日、10日、15日、一个月或者一个季度。纳税期限为一个季度的，仅适用于小规模纳税人以及财政部和国家税务总局规定的其他纳税人。纳税人的具体纳税期限，由主管税务机关根据纳税人应纳税额的大小分别核定；不能按照固定期限纳税的，可以按次纳税。纳税人以一个月或者一个季度为一个纳税期的，自期满之日起十五日内申报纳税；以1日、3日、5日、10日、15日为一个纳税期的，自期满之日起五日内预缴税款，于次月1日起十五日内申报纳税并结清上月应纳税款。纳税人进口货物，应当自海关填发海关进口增值税专用缴款书之日起十五日内缴纳税款。

3. 增值税的纳税地点

（1）固定业户应当向其机构所在地的主管税务机关申报纳税。总机构和分支机构不在同一县（市）的，应当分别向各自所在地的主管税务机关申报纳税；经国务院财政、税务主管部门或其授权的财政、税务机关批准，可以由总机构汇总向总机构所在地的主管税务机关申报纳税。

（2）固定业户到外县（市）销售货物或劳务，应当向其机构所在地的主管税务机关报告外出经营事项，并向其机构所在地的主管税务机关申报纳税；未报告的，应当向销售地或者劳务发生地的主管税务机关申报纳税；未向销售地或者劳务发生地的主管税务机关申报纳税的，由其机构所在地的主管税务机关补征税款。

（3）非固定业户销售货物或者劳务，应当向销售地或者劳务发生地的主管税务机关申报纳税；未向销售地或者劳务发生地的主管税务机关申报纳税的，由其机构所在地或者居住地的主管税务机关补征税款。

（4）进口货物，应当向报关地海关申报纳税。

（5）扣缴义务人应当向其机构所在地或者居住地的主管税务机关申报缴纳其扣缴的税款。

二、消费税

（一）消费税的概念与计税方法

消费税是对特定消费品和消费行为征收的一种税。消费税一般可分为一般消费税和特别消费税。前者是对所有消费品普遍征税；后者主要是对特定消费品征税。

根据《中华人民共和国消费税暂行条例》（1993年12月13日中华人民共和国国务院令〔第135号〕发布，2008年11月5日国务院第34次常务会议修订通过，于2009年1月1日起施行，以下简称《消费税暂行条例》）的规定，我国现行消费税是对在我国境内从事生产、委托加工和进口应税消费品的单位和个人，就其销售额或销售数量，在特定环节征收的一种税。

消费税计税方法主要有从价定率、从量定额。

（二）消费税纳税人

消费税的纳税人是指在中华人民共和国境内生产、委托加工和进口《消费税暂行条例》

规定的消费品的单位和个人,以及国务院确定的销售《消费税暂行条例》规定的消费品的其他单位和个人。

(三) 消费税税目与税率

1. 消费税税目

根据《消费税暂行条例》规定,我国消费税税目,具体包括:烟、酒、高档化妆品、贵重首饰及珠宝玉石、鞭炮和焰火、摩托车、小汽车、电池、涂料(为促进节能环保,经国务院批准,自2015年2月1日起对电池、涂料征收消费税)、高尔夫球及球具、高档手表、游艇、实木地板、木制一次性筷子、成品油等。

2. 消费税税率

(1) 税率形式,主要包括比例税率和定额税率和复合计征三种形式。
① 比例税率:针对供求矛盾突出、价格差异较大、计量单位不规范的消费品。
② 定额税率:黄酒、啤酒、成品油。
③ 复合计征:卷烟、白酒。

(2) 最高税率的应用。

纳税人兼营不同税率的应纳消费税的消费品,未分别核算销售额、销售数量,或者将不同税率的应税消费品组成成套消费品销售的,按最高税率征收。

(四) 消费税应纳税额

消费税实行从价定率、从量定额,或者从价定率和从量定额复合计征的方法计算应纳税额。

1. 从价定率征税

实行从价定率征税的应税消费品,其应纳税额的计算取决于应税消费品的销售额和适用税率。其计算公式如下:

消费税应纳税额＝销售额×税率

销售额是纳税人销售应税消费品向购买方收取的全部价款和价外费用,但不包括向购货方收取的增值税税款。

如果纳税人应税消费品的销售额中未扣除增值税税款,或因不能开具增值税专用发票而发生价款和增值税合并收取的,在计算消费税时,应将销售额换算为不含增值税税款的销售额,其换算公式为:

应税消费品的销售额＝含增值税的销售额÷(1＋增值税税率或征收率)

2. 从量定额征税

实行从量定额征税的应税消费品,通常以每单位应税消费品的重量、容积或数量为计税依据,并按每单位应税消费品规定的固定税额计算。其计算公式为:

消费税应纳税额＝应税消费品的销售数量×定额税率

3. 从价定率和从量定额复合计征

从价定率和从量定额复合计征是指从量定额与从价定率相结合的复合计税方式。现行消费税的征税范围内,只有卷烟、白酒采用复合计税。其计算公式为:

消费税应纳税额＝销售额×比例税率＋销售数量×定额税率

4. 应税消费品已纳税款扣除

(1) 以外购的已纳税消费品为原料连续生产销售的应税消费品,在计税时应按当期生产领用数量计算准予扣除外购的应税消费品已缴纳的消费税税款。

(2) 委托加工的应税消费品收回后直接出售的,不再缴纳消费税。

【边学边练 3-7·单选题】下列环节既征消费税又征增值税的是(　　)。

A. 卷烟的批发环节
B. 金银首饰的生产环节
C. 高档化妆品的生产和零售环节
D. 某商场销售粮食白酒

【答案】A。

【解析】选项 B,金银首饰(含铂金首饰)的生产环节不征消费税,只是在零售环节征收消费税;选项 C,高档化妆品的生产环节征收消费税,零售环节不征收消费税;选项 D,商场销售粮食白酒不征收消费税。

(五) 消费税征收管理

1. 纳税义务发生时间

(1) 纳税人销售应税消费品,按不同的销售结算方式,其纳税义务的发生时间规定如下。

① 采用赊销和分期收款结算方式的,其纳税义务的发生时间为书面合同规定的收款日期的当天,书面合同没有约定收款日期或无书面合同的,其纳税义务的发生时间为发出应税消费品的当天。

② 采用预收货款结算方式的,其纳税义务的发生时间为发出应税消费品的当天。

③ 采用托收承付和委托银行收款方式销售应税消费品,其纳税义务的发生时间为发出应税消费品并办妥托收手续的当天。

④ 采用其他结算方式的,其纳税义务的发生时间为收讫销售款或者取得索取销售款凭据的当天。

(2) 纳税人自产自用的应税消费品,其纳税义务的发生时间为移送使用的当天。

(3) 纳税人委托加工的应税消费品,其纳税义务的发生时间为纳税人提货的当天。

(4) 纳税人进口的应税消费品,其纳税义务的发生时间为报关进口的当天。

2. 纳税期限

消费税的纳税期分别为 1 日、3 日、5 日、10 日、15 日、一个月或者一个季度。纳税人的具体纳税期限,由主管税务机关根据纳税人应纳税额的大小分别核定,不能按照固定期限纳税的,可以按次纳税。

(1) 以一个月或一个季度为一个纳税期限的,自期满之日起十五日内申报纳税。

(2) 以 1 日、3 日、5 日、10 日、15 日为一个纳税期限的,自期满之日起五日内预缴税款,于次月 1 日起十五日内申报纳税并结清上月应纳税款。

(3) 进口应税消费品,应当自海关填发海关进口消费税专用缴款书之日起十五日内缴纳税款。

【边学边练3-8·单选题】下列各项中,不属于消费税纳税期限的是( )。

A. 1日

B. 3日

C. 一年

D. 一个季度

【答案】C。

【解析】消费税的纳税期分别为1日、3日、5日、10日、15日、一个月或者一个季度,没有一年。

3. 纳税地点

(1) 纳税人销售的应税消费品,以及自产自用的应税消费品,除国务院财政、税务主管部门另有规定外,应当向纳税人机构所在地或者居住地的主管税务机关申报纳税。

(2) 委托加工的应税消费品,除受托方为个人外,由受托方向机构所在地或居住地的主管税务机关解缴消费税税款。委托个人加工的应税消费品,由委托方向其机构所在地或者居住地的主管税务机关缴纳消费税税款。

(3) 进口的应税消费品,由进口人或其代理人向报关地海关申报纳税。

(4) 纳税人到外县(市)销售或委托外县(市)代销自产应税消费品的,于应税消费品销售后,向机构所在地或者居住地的主管税务机关申报纳税。

(5) 纳税销售的应税消费品,如因质量等原因被购买者退回时,经机构所在地或者居住地主管税务机关审核批准后,可退还已缴纳的消费税税款,但不能自行直接抵减应纳消费税税款。

三、企业所得税

(一)企业所得税的概念

企业所得税是对在我国境内的企业和其他取得收入的组织(以下统称企业)的生产经营所得和其他所得征收的所得税。

【特别提示】个人独资企业和合伙企业不适用《企业所得税法》,不作为企业所得税的纳税人。对个人独资企业和合伙企业的投资者只征收个人所得税。

(二)企业所得税征税对象

企业所得税征税对象就是企业取得的生产经营所得、其他所得和清算所得。具体情况如表3-1所示。

表3-1 企业所得税的征税对象

纳税人	判定标准	举例	征税对象
居民企业	依法在中国境内成立的企业	外商投资企业	来源于中国境内、境外的所得
	依照外国(地区)法律成立但实际管理机构在中国境内的企业	在英国、百慕大群岛等国家和地区注册的公司,但实际管理机构在中国境内	

续表

纳税人	判定标准	举例	征税对象
非居民企业	依照外国（地区）法律成立且实际管理机构不在中国境内，但在中国境内设立机构、场所的企业	在我国设立有代表处及其他分支机构的外国企业	来源于中国境内的所得以及发生在中国境外但与其机构场所有实际联系的所得
	在中国境内未设立机构、场所，但有来源于中国境内所得的企业	—	来源于中国境内的所得

（三）企业所得税税率

1. 基本税率为25％

适用于居民企业和在中国境内设有机构、场所且所得与机构、场所有关联的非居民企业。

2. 优惠税率

对符合条件的小型微利企业，减按20％的税率征收。对于在中国境内未设立机构、场所的，或者虽设立机构、场所但取得的所得与其所设机构、场所没有实际联系的非居民企业，减按20％的税率征收。对国家需要重点扶持的高新技术企业，减按15％的税率征收。

（四）企业所得税应纳税所得额

应纳税所得额是企业所得税的计税依据。其计算公式为：

应纳税所得额＝收入总额－不征税收入－免税收入－各项扣除－以前年度亏损

【特别提示】会计利润与应纳税所得额是两个不同计算口径的所得，一个反映会计收益，一个反映税收收益，计算企业所得税应纳税额的依据是应纳税所得额。

1. 收入总额

确定企业应纳税所得额，首先要确定企业的收入总额。收入总额是指以货币形式和非货币形式从各种来源取得的收入，具体包括：销售货物收入，提供劳务收入，转让财产收入，股息、红利等权益性投资收益，利息收入，租金收入，特许权使用费收入，接受捐赠收入，其他收入。企业取得收入的货币形式，包括现金、存款、应收账款、应收票据、准备持有至到期的债券投资以及债务的豁免等。企业取得收入的非货币形式，包括固定资产、生物资产、无形资产、股权投资、存货、不准备持有至到期的债券投资、劳务以及有关权益等。企业以非货币形式取得的收入，应当按照公允价值确定收入额。

2. 不征税收入

不征税收入是指国家为了扶持和鼓励某些特定项目，对企业取得的某些收入予以不征税的特殊政策，以促进经济的协调发展。不征税收入包括：财政拨款，依法收取并纳入财政管理的行政事业性收费、政府性基金，国务院规定的其他不征税收入。

3. 免税收入

免税收入包括：国债利息收入，符合条件的居民企业之间的股息、红利等权益性投资收益，在中国境内设立机构、场所的非居民企业从居民企业取得与该机构、场所有实际联系的股息、红利等权益性投资收益,符合条件的非营利组织的收入。对企业取得的2012年及以后年度发行的地方政府债券利息所得,免征企业所得税。

【点拨指导】不征税收入和免税收入都是企业的"收入",但不征税收入属于"非营利性活动"带来的经济收益,理论上不应列为应税所得范畴,其本身就不负有纳税义务;而免税收入属于应税收入的组成部分,是国家为了实现某些经济和社会目标,在特定时期对特定项目取得的经济利益给予的税收优惠。也就是说,不征税收入是本身就不负有纳税义务的收入;而免税收入是本来应当纳税,但国家免除其纳税义务的收入。

4. 准予扣除的项目

企业实际发生的与取得收入有关的、合理的支出,包括成本、费用、税金、损失和其他支出等,准予在计算应纳税所得额时扣除。

【特别提示】可以扣除的"税金"是指各项税金及附加,包括消费税、资源税等,但缴纳的企业所得税和增值税不得扣除。

5. 不得扣除的项目

(1) 向投资者支付的股息、红利等权益性投资收益款项。

(2) 企业所得税税款。

(3) 税收滞纳金。

(4) 罚金、罚款和被没收财物的损失。即纳税人因违反国家有关法律、法规规定,被有关部门处以的罚款,以及被司法机关处以的罚金和被没收财物。

(5) 规定标准(年度利润总额的12%)以外的捐赠支出。

(6) 赞助支出。

(7) 企业之间支付的管理费、企业内营业机构之间支付的租金和特许权使用费,以及非银行企业内营业机构之间支付的利息,不得扣除。

(8) 未经核定的准备金支出,即不符合国务院财政、税务主管部门规定的各项资产减值准备、风险准备等准备金支出。

(9) 与取得收入无关的其他支出。

6. 亏损弥补

根据规定,企业某一纳税年度发生的亏损,可以用下一年度的所得弥补;下一年度的所得不足弥补的,可以逐年延续弥补,但延续弥补期最长不得超过五年。五年内不论是盈利或亏损,都作为实际弥补期限计算。亏损,不是企业财务报表中的亏损数,而是企业依照《企业所得税法》和《中华人民共和国企业所得税法实施条例》的规定将每一纳税年度的收入总额减除不征税收入、免税收入和各项扣除后小于零的数额。

【边学边练3-9·单选题】某企业2018年度取得利润总额为700万元,适用的所得税税率为25%,营业外支出为108万元,其中,通过红十字会向贫困山区捐款100万元,支付的税收滞纳金为8万元。假设无其他调整事项,该企业2018年度应纳税所得额为(   )。

A. 724万元

B. 181万元

C. 512万元

D. 847万元

【答案】A。

【解析】 企业发生的公益性捐赠支出,在年度利润总额12%以内的部分准予扣除。应纳税所得额为 700+(100−700×12%)+8=724(万元)。

(五)企业所得税征收管理

1. 纳税地点

(1)居民企业以企业登记注册地为纳税地点,但登记注册地在境外的,以实际管理机构所在地为纳税地点。

(2)居民企业在中国境内设立不具有法人资格的营业机构的,应当汇总计算并缴纳企业所得税。

(3)非居民企业的纳税地点按其是否在中国境内设立机构、场所分别确定:在中国境内设立机构、场所的,其所设机构、场所取得的来源于中国境内的所得,以及发生在中国境外但取得的所得与其所设机构、场所有实际联系的,以机构、场所所在地为纳税地点;非居民企业在中国境内未设立机构、场所的,或者虽设立机构、场所但取得的所得与其所设机构、场所没有实际联系的,取得来源于中国境内的所得应以扣缴义务人所在地为纳税地点。

(4)除国务院另有规定外,企业之间不得合并缴纳企业所得税。

2. 纳税期限

(1)企业所得税按年度计算,分月或者分季预缴,年终汇算清缴,多退少补。

(2)企业所得税的纳税年度,自公历1月1日起至12月31日止。

(3)企业在一个纳税年度的中间开业,或者由于合并、关闭等原因终止经营活动,使该纳税年度的实际经营期不足十二个月的,应当以其实际经营期为一个纳税年度。

3. 纳税申报

企业按月或按季预缴的,应当自月份或者季度终了之日起十五日内,向税务机关报送预缴企业所得税纳税申报表,预缴税款。

四、个人所得税

(一)个人所得税概念

个人所得税是指以个人(即自然人)取得的各项应税所得为征税对象所征收的一种税。

(二)个人所得税纳税义务人

1. 居民纳税人

在中国境内有住所,或者无住所而一个纳税年度内在中国境内居住满一百八十三天的个人,为居民个人,其从中国境内和境外取得的所得,依照《个人所得税法》规定缴纳个人所得税。

2. 非居民纳税人

在中国境内无住所又不居住,或者无住所而一个纳税年度内在中国境内居住不满一百八十三天的个人,为非居民个人,其从中国境内取得的所得,依照《个人所得税法》规定缴纳个人所得税。

(三) 个人所得税的应税项目和税率

1. 个人所得税应税项目

现行个人所得税共有九个应税项目。

(1) 工资、薪金所得。
(2) 劳务报酬所得。
(3) 稿酬所得。
(4) 特许权使用费所得。
(5) 经营所得。
(6) 利息、股息、红利所得。
(7) 财产租赁所得。
(8) 财产转让所得。
(9) 偶然所得。

居民个人取得上述(1)~(4)所得(以下称综合所得),按纳税年度合并计算个人所得税;非居民个人取得上述(1)~(4)所得,按月或者按次分项计算个人所得税。

【特别提示】2019年1月1日后,子女教育支出、继续教育支出、大病医疗支出、住房贷款利息或住房租金、赡养老人等专项附加可以在税前扣除。

2. 个人所得税税率

个人所得税实行超额累进税率与比例税率相结合的税率体系。

(1) 综合所得,适用3%~45%的超额累进税率,如表3-2所示。

表3-2 个人所得税税率(综合所得适用)

级数	全年应纳税所得额	税率(%)
1	不超过36 000元的	3
2	超过36 000元至144 000元的部分	10
3	超过144 000元至300 000元的部分	20
4	超过300 000元至420 000元的部分	25
5	超过420 000元至660 000元的部分	30
6	超过660 000元至960 000元的部分	35
7	超过960 000元的部分	45

(2) 经营所得,适用5%~35%的超额累进税,如表3-3所示。

表3-3 个人所得税税率(经营所得适用)

级数	全年应纳税所得额	税率(%)
1	不超过30 000元的	5
2	超过30 000元至90 000元的部分	10
3	超过90 000元至300 000元的部分	20
4	超过300 000元至500 000元的部分	30
5	超过500 000元的部分	35

(3) 利息、股息、红利所得,财产租赁所得,财产转让所得和偶然所得,适用比例税率,税率为20%。

(四)个人所得税应纳税所得额

(1) 居民个人的综合所得,以每一纳税年度的收入额减除费用六万元以及专项扣除、专项附加扣除和依法确定的其他扣除后的余额,为应纳税所得额。

(2) 非居民个人的工资、薪金所得,以每月收入额减除费用五千元后的余额为应纳税所得额;劳动报酬所得、稿酬所得、特许权使用费所得,以每次收入额为应纳税所得额。

(3) 经营所得,以每一纳税年度的收入总额减除成本、费用以及损失后的余额,为应纳税所得额。

(4) 财产租赁所得,每次收入不超过四千元的,减除费用八百元;四千元以上的,减除20%的费用,其余额为应纳税所得额。

(5) 财产转让所得,以转让财产的收入额减除财产原值和合理费用后的余额,为应纳税所得额。

(6) 利息、股息、红利所得和偶然所得,以每次收入额为应纳税所得额。

【特别提示】劳动报酬所得、稿酬所得、特许权使用费所得以收入减除20%的费用后的余额为收入额。稿酬所得的收入额减按70%计算。

【边学边练3-10·判断题】计算个人所得税应纳税额时,不得扣减费用而以每次收入额为应纳税所得额的有(   )。

A. 财产转让所得
B. 利息、股息、红利所得
C. 劳务报酬所得
D. 偶然所得

【答案】BD。

【解析】利息、股息、红利所得,偶然所得的应纳税额=每次收入×20%,因此B和D是以每次收入为应纳税所得额。

(五)个人所得税征收管理

个人所得税以所得人为纳税人,以支付所得的单位或者个人为扣缴义务人。

纳税人有中国公民身份号码的,以中国公民身份号码为纳税人识别号;纳税人没有中国公民身份号码的,由税务机关赋予其纳税人识别号。扣缴义务人扣缴税款时,纳税人应当向扣缴义务人提供纳税人识别号。

有下列情形之一的,纳税人应当依法办理纳税申报。

(1) 取得综合所得需要办理汇算清缴。
(2) 取得应税所得,没有扣缴义务人。
(3) 取得应税所得,扣缴义务人未扣缴税款。
(4) 取得境外所得。
(5) 因移居境外注销中国户籍。
(6) 非居民个人在中国境内从两处以上取得工资、薪金所得。
(7) 国务院规定的其他情形。

扣缴义务人应当按照国家规定办理全员全额扣缴申报,并向纳税人提供其个人所得和已扣缴税款等信息。

居民个人取得综合所得,按年计算个人所得税;有扣缴义务人的,由扣缴义务人按月或者按次预扣预缴税款;需要办理汇算清缴的,应当在取得所得的次年3月1日至6月30日内办理汇算清缴。预扣预缴办法由国务院税务主管部门制定。居民个人向扣缴义务人提供专项附加扣除信息的,扣缴义务人按月预扣预缴税款时应当按照规定予以扣除,不得拒绝。非居民个人取得工资、薪金所得,劳务报酬所得,稿酬所得和特许使用费所得,有扣缴义务人的,由扣缴义务人按月或者按次代扣代缴税款,不办理汇算清缴。

纳税人取得经营所得,按年计算个人所得税,由纳税人在月度或者季度终了后十五日内向税务机关报送纳税申报表,并预缴税款;在取得所得的次年3月31日前办理汇算清缴。

纳税人取得利息、股息、红利所得,财产租赁所得,财产转让所得和偶然所得,按月或者按次计算个人所得税,有扣缴义务人的,由扣缴义务人按月或者按次代扣代缴税款。

纳税人取得应税所得没有扣缴义务人的,应当在取得所得的次月十五日内向税务机关报送纳税申报表并缴纳税款。纳税人取得应税所得,扣缴义务人未扣缴税款的,纳税人应当在取得所得的次年6月30日前缴纳税款;税务机关通知限期缴纳的,纳税人应当按照期限缴纳税款。居民个人从中国境外取得所得的,应当在取得所得的次年3月1日至6月30日内申报纳税。非居民个人在中国境内从两处以上取得工资、薪金所得的,应当在取得所得的次月十五日内申报纳税。纳税人因移居境外注销中国户籍的,应当在注销中国户籍前办理税款清算。

扣缴义务人每月或者每次预扣、代扣的税款,应当在次月十五日内缴入国库,并向税务机关报送扣缴个人所得税申报表。

【边学边练3-11·判断题】纳税人在纳税期内没有应纳税款的,不需办理纳税申报。

【答案】错。

【解析】纳税人在纳税期内没有应纳税款的,也应当按照规定办理纳税申报。

(1) 该商场计算增值税税额是错误的。该商场赠送的衬衣按照税法规定属于视同销售,应当计算并缴纳增值税。

(2) 正确计算如下:

销售西装应纳增值税税额=100×2000×13%=26 000(元)

销售衬衣应纳增值税税额=100×400×13%=5200(元)

当月应纳增值税税额=26 000+5200=31 200(元)。

(3) 该商场应当补缴的税款为5200元。

任务三 税收征收管理

2018年7月,张某大学毕业,经过一个多月的调研考察之后,于8月20日开办了一家特

色水吧,按照大学生创业政策规定可以享受一定期限内的免税优惠,她认为免税就是不需要办理税务登记。9月11日,辖区税务所对张某的水吧进行检查,发现该水吧8月18日领取营业执照后,并未办理税务登记。据此,税务所责令该水吧必须在9月18日前办理税务登记,逾期不办理,将按《中华人民共和国税收征收管理法》之相关规定处以罚款。

问题:税务所的处理决定是否正确?张某的观点是否正确?请说明理由。

税收征收管理是税务机关代表国家行使征税权,对日常税收活动进行有计划的组织、指挥、控制和监督的活动,是对纳税人履行纳税义务采用的一种管理、征税和监督的行为,是实现税收职能的必要手段。为了加强税收征收管理,规范税收征收和缴纳行为,保障国家税收收入,保护纳税人的合法权益,促进经济和社会发展,1992年9月4日第七届全国人民代表大会常务委员会第二十七次会议通过《中华人民共和国税收征收管理法》(以下简称《税收征收管理法》),2015年4月24日第十二届全国人民代表大会常务委员会第十四次会议对《税收征收管理法》进行第三次修正。

一、税务登记

税务登记是税务机关依据税法规定,对纳税人的生产经营活动进行登记管理的一项法定制度,也是纳税人依法履行纳税义务的法定手续。税务登记是整个税收征税管理的首要环节和基础工作。

(一) 开业登记

1. 开业登记的概念与对象

开业税务登记是指从事生产经营的纳税人,经国家工商行政管理部门批准设立后办理的纳税登记。

根据有关规定,需要办理开业税务登记的纳税人分以下两类。

(1)领取营业执照从事生产、经营的纳税人。

从事生产、经营的纳税人,包括:① 企业;② 企业在外地设立分支机构和从事生产经营的场所;③ 个体工商户;④ 从事生产、经营的事业单位。

(2)其他纳税人。

其他纳税人,除国家机关、个人和无固定生产、经营场所的流动性农村小商贩外,均应当自纳税义务发生之日起三十日内,向纳税义务发生地税务机关申报办理税务登记。

扣缴义务人应当自扣缴义务发生之日起三十日内,向所在地的主管税务机关申报办理扣缴税款登记,领取扣缴税款登记证件;税务机关对已办理税务登记的扣缴义务人,可以只在其税务登记证件上登记扣缴税款事项,不再发给扣缴税款登记证件。

2. 办理开业税务登记的时限要求

企业,企业在外地设立的分支机构和从事生产、经营的场所,个体工商户和从事生产、经营的事业单位,自领取营业执照之日起三十日内,持有关证件,向税务机关申报办理税务登记。税务机关应当于收到申报的当日办理登记并发给税务登记证件。

"三证合一"与"五证合一、一照一码"登记制度改革

2015年6月23日,国务院办公厅发布了《国务院办公厅关于加快推进"三证合一"登记制度改革的意见》(国办发〔2015〕50号),并从10月1日起正式实施。"三证合一"登记制度是指将企业登记时依次申请,分别由工商行政管理部门核发工商营业执照、质量技术监督部门核发组织机构代码证、税务部门核发税务登记证,改为一次申请、由工商行政管理部门核发一个营业执照的登记制度。

新设立企业、农民专业合作社领取由工商行政管理部门核发加载法人和其他组织统一社会信用代码的营业执照后,无须再次进行税务登记,不再领取税务登记证。企业办理涉税事宜时,在完成补充信息采集后,凭加载统一代码的营业执照,可代替税务登记证使用。

2016年6月30日,国务院办公厅发布了《国务院办公厅关于加快推进"五证合一、一照一码"登记制度改革的通知》(国办发〔2016〕53号)。2016年10月1日,"五证合一、一照一码"登记制度改革正式实施,在"三证合一"基础上加入社会保险登记证和统计登记证,由工商管理部门核发加载统一代码的"一照一码"营业执照,社会保险登记证和统计登记证不再另行发放。改革前核发的原税务登记证件在过渡期继续有效。

除上述情形外,其他税务登记按照原有法律制度执行。

【边学边练3-12·单选题】凡从事生产、经营的纳税人向主管税务机关申报办理税务登记的时间是( )。

A. 自领取营业执照之日起十五日内
B. 自领取营业执照之日起三十日内
C. 自领取营业执照之日起四十五日内
D. 自领取营业执照之日起六十日内

【答案】B。
【解析】本题考核办理税务登记的时间。从事生产、经营的纳税人自领取营业执照之日起三十日内向税务机关申报办理税务登记。

(二)变更登记

1. 变更登记的概念

变更税务登记是指纳税人在办理税务登记后,因登记内容发生变化需要对原有登记内容进行更改,应当向原税务机关申报办理变更税务登记。变更税务登记的主要目的在于使纳税机关及时掌握纳税人的市场经营情况,减少税款的流失。

2. 变更登记的范围和时限要求

纳税人应自工商行政管理机关或其他机关办理变更登记之日起三十日内,持有关证件向税务登记机关申报办理变更税务登记。

纳税人提交的有关变更登记的证件、资料齐全的,应如实填写税务登记变更表,符合规定的,税务机关应当日办理;不符合规定的,税务机关应通知其补正。税务机关应当于受理当日办理变更税务登记。纳税人税务登记表和税务登记证中的内容都发生变更的,税务机关按变更后的内容重新发放税务登记证件;纳税人税务登记表的内容发生变更而税务登记证中的内容未发生变更的,税务机关不重新发放税务登记证件。

(三)停业、复业登记

停业、复业登记是指纳税人暂停和恢复生产经营活动而办理的纳税登记。

实行定期定额征收方式的个体工商户需要停业的,应当在停业前向税务机关申报办理停业登记。

纳税人在申报办理停业登记时,应如实填写停业复业报告书,说明停业理由、停业期限、停业前的纳税情况和发票的领、用、存情况,并结清应纳税款、滞纳金、罚款。税务机关应收存其税务登记证件及副本、发票领购簿、未使用完的发票和其他税务证件。

纳税人应当于恢复生产经营之前,向税务机关申报办理复业登记,如实填写"停业复业报告书",领回并启用税务登记证件、发票领购簿及其停业前领购的发票。

纳税人的停业期限不得超过一年。纳税人停业期满不能及时恢复生产经营的,应当在停业期满前到税务机关办理延长停业登记,并如实填写"停业复业报告书"。

(四)注销登记

1. 注销登记的概念

注销登记是指纳税人由于法定的原因终止纳税义务时,向原税务机关申请办理取消税务登记的手续。办理注销税务登记后,意味着纳税人作为纳税主体在法律意义上的消失,不再接受原税务机关管理。

2. 注销登记的范围和时间要求

(1)纳税人发生解散、破产、撤销以及其他情形,依法终止纳税义务的,应当在向工商行政管理机关或者其他机关办理注销登记前,持有关证件向原税务登记机关申报办理注销税务登记。

(2)按照规定不需要在工商行政管理机关或者其他机关办理注销登记的,应当自有关机关批准或者宣告终止之日起十五日内,持有关证件向原税务登记机关申报办理注销税务登记。

(3)纳税人因住所、经营地点变动,涉及改变税务登记机关的,应当在向工商行政管理机关或者其他机关申请办理变更、注销登记前,或者住所、经营地点变动前,持有关证件和资料,向原税务登记机关申报办理注销税务登记,并自注销税务登记之日起三十日内向变更地税务登记机关申报办理税务登记。

(4)纳税人被工商行政管理机关吊销营业执照或者被其他机关予以撤销登记的,应当自营业执照被吊销或者被撤销登记之日起十五日内,向原税务登记机关申报办理注销税务登记。

(5)境外企业在中国境内承包建筑、安装、装配、勘探工程和提供劳务的,应当在项目完工、离开中国前十五日内,持有关证件和资料,向原税务登记机关申报办理注销税务登记。

【边学边练3-13·单选题】下列(　　)情形下,企业应办理注销税务登记。

A. 改变纳税人名称

B. 改变法定代表人

C. 改变注册资金的

D. 因经营地点变更而涉及改变主管税务机关的

【答案】D。

【解析】选项A、B、C属于办理变更税务登记的情况,选项D属于办理注销税务登记的情况。

(五)跨区域涉税事项报验管理

根据国家税务总局发布的《国家税务总局关于创新跨区域涉税事项报验管理制度的通知》(税总发〔2017〕101号),纳税人跨省(自治区、直辖市和计划单列市)临时从事生产经营活动的,应向机构所在地的国税机关填报"跨区域涉税事项报告表"。纳税人在省(自治区、直辖市和计划单列市)内跨县(市)临时从事生产经营活动的,是否实施跨区域涉税事项报验管理由各省(自治区、直辖市和计划单列市)税务机关自行确定。

1. "跨区域涉税事项报告表"填报

纳税人在跨区域经营活动前向机构所在地的国税机关填报"跨区域涉税事项报告表",此表一式二份,纳税人、机构所在地或经营地的国税机关各留存一份。在办理跨区域涉税事项报验管理有效期延期时也应填写此表。

具备网上办税条件的,纳税人可通过网上办税系统,自主填报"跨区域涉税事项报告表"。不具备网上办税条件的,纳税人向主管税务机关(办税服务厅)填报"跨区域涉税事项报告表",并出示加载统一社会信用代码的营业执照副本(未换照的出示税务登记证副本),或加盖纳税人公章的副本复印件(以下统称"税务登记证件");已实行实名办税的纳税人只需填报"跨区域涉税事项报告表"。

2. 跨区域涉税事项报验

跨区域涉税事项由纳税人首次在经营地办理涉税事宜时,向经营地的国税机关报验。纳税人报验跨区域涉税事项时,应当出示税务登记证件。

3. 跨区域涉税事项信息反馈

纳税人跨区域经营活动结束后,应当结清经营地的国税机关、地税机关的应纳税款以及其他涉税事项,向经营地的国税机关填报"经营地涉税事项反馈表"。此表一式一份,经营地的国税机关留存。国税机关受理后,纳税人可索取"税务事项通知书"(受理通知)。

经营地的国税机关核对"经营地涉税事项反馈表"后,将相关信息推送经营地的地税机关核对(二个工作日内完成核对并回复,实行联合办税的即时回复),地税机关同意办结的,经营地的国税机关应当及时将相关信息反馈给机构所在地的国税机关。纳税人不需要另行向机构所在地的税务机关反馈。

4. 跨区域涉税事项反馈信息的处理

机构所在地的国税机关要设置专岗,负责接收经营地的国税机关反馈信息,及时以适当方式告知纳税人,并适时对纳税人已抵减税款、在经营地已预缴税款和应预缴税款进行分析、比对,发现疑点的,及时推送至风险管理部门或者稽查部门组织应对。

【边学边练3-14·单选题】纳税人在跨区域经营活动前向机构所在地的国税机关填报( )。

A. 跨区域涉税事项报告表

B. 经营地涉税事项反馈表
C. 税务事项通知书
D. 纳税申报表

【答案】A。

【解析】纳税人在跨区域经营活动前应向机构所在地的国税机关填报"跨区域涉税事项报告表"。

(六)扣缴税款登记

扣缴税款登记是指根据税收法律、行政法规的规定负有扣缴义务的扣缴义务人(国家机关除外),应当如实向税务机关提供与代扣代缴、代收代缴税款有关的信息,办理扣缴税款登记。

已办理税务登记的扣缴义务人应当自扣缴义务发生之日起三十日内,向税务登记地税务机关申报办理扣缴税款登记。税务机关在税务登记证件上登记扣缴税款事项,不再发放扣缴税款登记证件。

根据税收法律、法规的规定可不办理税务登记的扣缴义务人,应当在扣缴义务发生之日起三十日内,向机构所在地税务机关申报办理扣缴税款登记。税务机关发放扣缴税款登记证件。

(七)违反税务登记规定的法律责任

纳税人未按照规定办理税务登记、变更或者注销税务登记的,由税务机关责令其限期改正,可处以两千元以下的罚款;情节严重的,处两千元以上一万元以下的罚款。

二、发票的开具与管理

(一)发票的种类

1. 发票的概念

发票是指在购销商品、提供或者接受服务以及从事其他经营活动中,开具或收取的收付款凭证。发票是确定经营收支行为发生的法定凭证,是会计核算中的原始依据,也是审计机关、税务机关执法检查的重要依据。

2. 发票的种类

发票按照不同的标准有不同的分类。较为常见的是将其分为增值税专用发票、普通发票和专业发票。

(1)增值税专用发票。

增值税专用发票只限于增值税一般纳税人领购使用,增值税小规模纳税人不得领购使用。一般纳税人有下列情形之一的,不得领购使用专用发票:① 会计核算不健全,不能向税务机关准确提供增值税销项税额、进项税额、应纳税额数据及其他有关增值税税务资料的;② 有《税收征收管理法》规定的税收违法行为,拒不接受税务机关处理的;③ 有下列行为之一、经税务机关责令限期改正而仍未改正的:虚开增值税专用发票,私自印制专用发票,借用他人专用发票,向税务机关以外的单位和个人买取专用发票,未按规定开具专用发票,未按规定保管专用发票和专用设备,未按规定申请办理防伪税控系统变更发行,未按规定接受税务机关检查。有上述情形的,如已领购专用发票,主管税务机关应暂扣其结存的专用发票和IC卡。

增值税专用发票由基本联次或者基本联次附加其他联次构成,基本联次为三联:发票联、抵扣联和记账联。发票联,作为购买方核算采购成本和增值税进项税额的记账凭证;抵扣联,作为购买方报送主管税务机关认证和留存备查的凭证;记账联,作为销售方核算销售收入和增值税销项税额的记账凭证。其他联次用途,由一般纳税人自行确定。

【点拨指导】增值税专用发票由国务院税务主管部门确定的企业印制。在全国范围内统一式样的发票,由国家税务总局确定。在省、自治区、直辖市范围内统一式样的发票,由省、自治区、直辖市税务局确定。

增值税专用发票认证期限延长至三百六十日。

(2)普通发票。

普通发票由增值税小规模纳税人使用,增值税一般纳税人在不能开具专用发票的情况下也可使用普通发票。普通发票由行业发票和专用发票组成。行业发票适用于某个行业的经营业务,如商业零售统一发票、商业批发统一发票;专用发票仅适用于某一经营项目,如广告费用结算发票、商品房销售发票等。

普通发票的基本联次为三联,第一联为存根联,开票方留存备查;第二联为发票联,收执方作为付款或收款原始凭证;第三联为记账联,开票方作为记账原始凭证。

(3)专业发票。

专业发票是指国有金融企业的存贷、汇兑、转账凭证和保险企业的保险凭证;国有邮政企业的邮票、邮单收据和电信企业的话务、电报收据;国有铁路、航空企业和交通部门及国有公路、水上运输企业的客票、货票等。经国家税务总局或省、自治区税务机关批准,专业发票可由政府和主管部门自行管理,不套印税务机关统一发票监制章,也可根据税务征管的需要纳入统一发票管理。

专业发票从版面上可划分为手写发票、电脑发票和定额发票三种。手写发票是指用手工书写形式填开的发票。电脑发票是指用计算机填写并用其附设的打印机打出票面内容的发票。这类发票包括普通计算机用及防伪专用计算机(如防伪税控机)的发票。定额发票是指发票票面印有固定金额的发票。这类发票主要是防止开具发票时大头小尾以及方便一些特殊行业或有特殊需要的企业使用。

【特别提示】专业发票的使用单位基本都是国有企业。

(二)发票的开具要求

在开具发票时要遵守以下规定。

(1)填开发票的单位和个人必须在发生经营业务确认营业收入时开具发票。未发生经营业务一律不得开具发票。

(2)开具发票时必须按号码顺序填开,填写项目齐全,内容真实,字迹清楚,全部联次一次打印,内容完全一致,并在发票联和抵扣联加盖发票专用章。

(3)开具发票应当使用中文。民族自治地区可以同时使用当地通用的一种民族文字。

(4)安装税控装置的单位和个人,应当按照规定使用税控装置开具发票,并按期向主管税务机关报送开具发票的数据。使用非税控电子器具开具发票的,应当将非税控电子器具使用的软件程序说明资料报主管税务机关备案,并按照规定保存、报送开具发票的数据。

（5）任何单位和个人不得转借、转让、代开发票，不得拆本使用发票，不得扩大发票使用范围。

【特别提示】 增值税普通发票需要填写购买方纳税人识别号

国家税务总局公告2017年第16号公告规定，自2017年7月1日起，购买方为企业的，索取增值税普通发票时，应向销售方提供纳税人识别号或统一社会信用代码；销售方为其开具增值税普通发票时，应在"购买方纳税人识别号"栏填写购买方的纳税人识别号或统一社会信用代码。不符合规定的发票，不得作为税收凭证。

【边学边练3-15·单选题】不符合发票开具要求的是（ ）。

A. 开具发票时应按号码顺序填开，填写项目齐全、内容真实、字迹清楚

B. 填写发票应当使用中文

C. 可以拆本使用发票

D. 开具发票时限、地点应符合规定

【答案】C。

【解析】任何单位和个人不得拆本使用发票。

三、纳税申报

（一）纳税申报的概念

纳税申报是指纳税人、扣缴义务人按照税法规定的期限和内容向税务机关提交有关纳税事项书面报告的法律行为，是纳税人履行纳税义务、承担法律责任的主要依据，是税务机关税收管理信息的主要来源和税务管理的一项重要制度。

（二）纳税申报的方式

1. 直接申报

直接申报也称上门申报，是指纳税人或扣缴义务人自行到税务机关办理纳税申报或者报送代扣代缴、代收代缴税款报告表，这是传统的申报方式。直接申报可以分为直接到办税服务厅申报、到巡回征收点申报和到代征点申报三种。

2. 邮寄申报

邮寄申报是指经税务机关批准，纳税人、扣缴义务人使用统一规定的纳税申报特快专递专用信封，通过邮政部门办理邮寄手续，并以邮政部门收据作为申报凭据的方式。

邮寄申报以寄出的邮戳为实际申报日期。凡是实行查账征收方式的纳税人，经主管税务机关批准，可以采用邮寄纳税申报的办法。邮寄申报的邮件内容包括纳税申报表、财务会计报表以及税务机关要求纳税人报送的其他纳税资料。

3. 数据电文申报

数据电文申报是指经税务机关批准的纳税人、扣缴义务人通过税务机关确定的电话语音、电子数据交换和网络传输等电子方式进行纳税申报。如目前纳税人采用的网上申报，就是数据电文申报方式的一种形式。采用数据电文形式进行纳税申报的具体时间，是以纳税人将申报数据发送到税务机关特定系统，该数据电文进入特定系统的时间为准。

采用数据电文方式进行纳税申报或者报送代扣代缴、代收代缴报告表的，还应在申报结

束后,在规定的时间内,将电子数据的书面材料报送(邮寄)税务机关;或者按照税务机关的要求保存,必要时按税务机关要求出具。税务机关收到的纳税人数据电文与报送的书面材料不一致时,应以书面材料为准。

4. 简易申报

简易申报是指实行定期定额缴纳税款的纳税人,在法律、行政法规规定的期限或者在税务机关依照法律、行政法规的规定确定的期限内缴纳税款的,税务机关可以视同已经完成申报。

5. 其他方式

其他方式是指纳税人、扣缴义务人采用直接办理、邮寄办理、数据电文办理以外的方法向税务机关办理纳税申报或者报送代扣代缴、代收代缴报告表。如纳税人、扣缴义务人委托他人代理向税务机关办理纳税申报或者报送代扣代缴、代收代缴报告表等。

四、税款征收

(一)税款征收的方式

税款征收是税务机关依照税收法律、行政法规的规定,将纳税人应当缴纳的税款组织入库的一系列活动的总称。税款征收是税收征收管理工作的中心环节,是全部税收征收工作的目的和归宿。目前的税款征收方式主要包括以下几种。

1. 查账征收

查账征收是指税务机关对财务健全的纳税人,依据其报送的纳税申报表、财务会计报表和其他有关纳税资料,计算应纳税款,填写缴款书或完税凭证,由纳税人到银行划解税款的征收方式。这种征收方式较为规范,符合课税法定性的基本原则,适合于经营规模较大、财务会计制度健全、能够认真履行纳税义务的纳税人。

2. 查定征收

查定征收是指税务机关根据纳税人的从业人数、生产设备、耗用原材料等因素,在正常生产条件下,对纳税人生产的应税产品查实核定产量、销售额,并据以计算应纳税款的一种方式。这种征收方式适用于生产经营规模较小、产品零星、会计核算不健全的小型厂矿和作坊。

3. 查验征收

查验征收是指税务机关对纳税人的应税商品,通过查验数量,按市场一般销售单价计算其销售收入,并据以计算应纳税款的一种征收方式。这种方式一般适用于经营品种比较单一、经营地点、时间和商品来源不固定纳税单位,如城乡集贸市场的临时经营者以及在火车站、机场、码头、公路交通要道等地方的经营者。

4. 核定征收

核定征收是指税务机关对不能完整、准确提供纳税资料的纳税人采用特定方式确定其应纳税收入或应纳税款,纳税人据以缴纳税款的一种方式。核定征收适用于以下情况。

(1)依照法律、行政法规的规定可以不设置账簿的。

(2)依照法律、行政法规的规定应当设置账簿但未设置的。

(3) 擅自销毁账簿或者拒不提供纳税资料的。

(4) 虽设置账簿,但账目混乱,或者成本资料、收入凭证、费用凭证残缺不全,难以查账的。

(5) 发生纳税义务,未按规定的期限办理纳税申报,经税务机关责令限期申报,逾期仍不申报的。

(6) 纳税人申报的计税依据明显偏低,又无正当理由的。

5. 定期定额征收

定期定额征收是指对小型个体工商户在一定经营地点、一定经营时期、一定经营范围内的应纳税经营额(包括经营数量)或所得额进行核定,并以此为计税依据,确定其应纳税款的一种征收方式。这种征收方式适用于生产、经验规模小,确实没有建账能力,经过主管税务机关审核,报经县级以上税务机关批准,可以不设置账簿或者暂缓建账的个体工商户(包括个人独资企业)。

6. 代扣代缴

代扣代缴是指按照税法规定,负有扣缴税款义务的单位和个人,负责对纳税人应纳的税款进行代扣代缴的一种方式。即由支付人在向纳税人支付款项时,从所支付的款项中依法直接扣收税款并代为缴纳。其目的是对零星分散、不易控制的税源实行源泉控制。负有扣缴税款义务的单位和个人包括:向纳税人支付收入的单位和个人,为纳税人办理汇总存贷业务的单位。这种方式有利于加强对税源的控制,减少税款流失,降低税收成本,手续比较简单。

7. 代收代缴

代收代缴是指按照税法规定,负有收缴税款义务的单位和个人,负责对纳税人应纳的税款进行代收代缴的一种方式。即由与纳税人有经济业务往来的单位和个人在向纳税人收取款项时依法收取税款,并向税务机关解缴。这种征收方式一般适用于税收网络覆盖不到或者很难控管的领域,如受托加工应缴消费税的消费品的税款,由受托方代收代缴消费税。

【特别提示】代扣代缴与代收代缴的区别是:代扣代缴是向纳税人支付款项的同时扣收税款并代为缴纳,如"工资、薪金所得"的个人所得税实行的就是代扣代缴;而代收代缴是向纳税人收取款项时同时收取税款并代为缴纳。

8. 委托征收税款

委托征收是指税务机关委托代征人以税务机关的名义征收税款,并将税款缴入国库的方式。这种方式适用于小额、零散税源的征收。这种征收方式的适当使用有利于控制税源,方便征纳双方,降低征收成本。

9. 其他方式

除了以上方式,随着科技的发展和征收改革的不断推进,网络申报、IC卡纳税、邮寄纳税等税款征收方式也有所发展和不断完善。

【边学边练3-16·单选题】实行定期定额缴纳税款的纳税人在法律、行政法规规定的期限内或税务机关依据法规的规定确定的期限内缴纳税款的,税务机关可以视同申报,这种方式称为( )。

A. 直接申报

B. 间接申报

C. 简并申报
D. 简易申报

【答案】D。

【解析】简易申报是指实行定期定额缴纳税款的纳税人,在法律、行政法规规定的期限或者在税务机关依照法律、行政法规的规定确定的期限内缴纳税款的,税务机关可以视同已经完成申报。

(二)税收保全措施

1. 税收保全措施适用情形

税务机关有根据认为从事生产、经营的纳税人有逃避纳税义务行为的,可以在规定的纳税期之前,责令限期缴纳应纳税款;在限期内发现纳税人有明显的转移、隐匿其应纳税的商品、货物以及其他财产或者应纳税的收入的迹象的,税务机关可以责成纳税人提供纳税担保。如果纳税人不能提供纳税担保,经县以上税务局(分局)局长批准,税务机关可以采取税收保全措施。

2. 税收保全的措施

(1)书面通知纳税人开户银行或者其他金融机构冻结纳税人的金额相当于应纳税款的存款。

(2)扣押、查封纳税人的价值相当于应纳税款的商品、货物或者其他财产。其他财产包括纳税人的房地产、现金、有价证券等不动产和动产。

3. 税收保全的解除

纳税人在税务机关采取税收保全措施后,按照税务机关规定的期限缴纳税款的,税务机关应当自收到税款或者银行转回的完税凭证之日起一日内解除税收保全;限期期满仍未缴纳税款的,经县以上税务局(分局)局长批准,税务机关可以书面通知纳税人开户银行或者其他金融机构从其冻结的存款中扣缴税款,或者依法拍卖或变卖所扣押、查封的商品、货物或者其他财产,以拍卖或者变卖所得抵缴税款。

4. 不适用税收保全的财产

个人及其所扶养家属维持生活必需的住房和用品,不在税收保全措施的范围之内。

(三)税收强制执行措施

1. 税收强制执行措施的适用情形

从事生产、经营的纳税人、扣缴义务人未按照规定的期限缴纳或者解缴税款,纳税担保人未按照规定的期限缴纳所担保的税款,由税务机关责令限期缴纳,逾期未缴纳的,经县以上税务局(分局)局长批准,税务机关可以采取强制执行措施。

2. 强制执行措施的形式

(1)书面通知其开户银行或者其他金融机构从其存款中扣缴税款。

(2)扣押、查封、依法拍卖或者变卖其价值相当于应纳税款的商品、货物或者其他财产,以拍卖或者变卖所得抵缴税款。

税务机关采取强制执行措施时,对上述纳税人、扣缴义务人、纳税担保人未缴纳的滞纳金同时强制执行。个人及其所扶养家属维持生活所必需的住房和用品,不在强制执行措施的范围内。

【边学边练 3-17·多选题】下列关于税务机关实施税收保全措施的表述中,正确的有( )。

A. 税收保全措施仅限于从事生产经营的纳税人
B. 只有在事实全部查清,取得充分证据的前提下才能进行
C. 冻结纳税人的存款时,其数额要以相当于纳税人应纳税款的数额为限
D. 个人及其扶养家属维持生活必需的住房和用品,不在税收保全措施的范围之内

【答案】 ACD。

【解析】 选项B不正确。税收保全措施是税务机关有根据认为从事生产、经营的纳税人有逃避纳税义务行为的,可以在规定的纳税期之前,责令限期缴纳税款。但是根据不同于证据。税收保全措施是针对纳税人即将转移、隐匿应税的商品、货物或其他财产的紧急情况下采取的一种紧急处理措施。

【点拨指导】 税收保全措施与税收强制执行措施的区别如下。
(1) 税收保全措施只涉及从事生产经营的纳税人,而税收强制执行措施适用于从事生产经营的纳税人、扣缴义务人,也适用于纳税担保人。
(2) 税收保全措施采取的是冻结银行存款,查封、扣押商品、货物或其他财产;税收强制执行措施采取的是从银行存款中扣缴税款,依法拍卖、变卖商品、货物或其他财产。

(四)税款的退还与追征

1. 税款的退还

纳税人超过应纳税额缴纳的税款,税务机关发现后应当立即退还;纳税人自结算缴纳税款之日起三年内发现的,可以向税务机关要求退还多缴的税款并加算银行同期存款利息,税务机关及时查实后应当立即退还。纳税人在结清缴纳税款之日起三年后向税务机关提出退还多缴税款要求的,税务机关不予受理。

2. 税款的追征

税款的追征具体有以下三种情形。
(1) 因税务机关的责任,致使纳税人、扣缴义务人未缴或者少缴税款的,税务机关在三年内可以要求纳税人、扣缴义务人补缴税款,但是不得加收滞纳金。
(2) 因纳税人、扣缴义务人计算错误等失误,未缴或者少缴税款的,税务机关在三年内可以追征税款、滞纳金;有特殊情况的(即数额在十万元以上的),追征期可以延长到五年。
(3) 对因纳税人、扣缴义务人和其他当事人偷税、抗税、骗税等原因而造成未缴或者少缴的税款,或骗取的退税款,税务机关可以无限期追征。

五、税务代理

(一)税务代理的概念

税务代理是指税务代理人接受纳税主体的委托,在法定的代理范围内,依法代其办理相关税务事宜的行为。税务代理人在其权限内,以纳税人(含扣缴义务人)的名义,代为办理纳税申报,申办、变更、注销税务登记证,申请减免税,设置、保管账簿凭证,进行税务行政复议等纳税事项的服务活动。

(二) 税务代理的特征

1. 公正性

税务代理机构不是税务行政机关,而是征纳双方的中介机构,因而只能站在公正的立场上,客观地评价被代理人的经济行为;同时代理人必须在法律范围内为被代理人办理税务事宜,独立、公正地执行业务。既维护国家利益,又保护委托人的合法权益。

2. 自愿性

税务代理的选择一般有单项选择和多项选择,无论哪种选择,都是建立在双方自愿基础上的。也就是说,税务代理人实施税务代理行为,应当以纳税人、扣缴义务人自愿委托和自愿选择为前提。

3. 有偿性

税务代理机构是社会中介机构,它不是国家行政机关的附属机构,因此同其他企业一样要自负盈亏。税务代理机构提供的服务是有偿服务,通过代理取得收入并抵补费用,获得利润。

4. 独立性

税务代理机构与国家行政机关、纳税人或扣缴义务人等没有行政隶属关系,既不受税务行政部门的干预,又不受纳税人或扣缴义务人所左右,独立代办税务事宜。

5. 确定性

税务代理人的税务代理范围,是以法律、行政法规和行政规章的形式确定的,因此税务代理人不得超越规定的内容从事代理活动。除税务机关按照法律、行政法规规定委托其代理外,税务代理人不得代理应由税务机关行使的行政权力。

【边学边练3-18·单选题】关于税务代理的说法,不正确的是(   )。
A. 代理关系是建立在代理双方自愿的前提下的
B. 在代理过程中,代理人应实现被代理人的全部意愿
C. 客观公正地开展代理活动是税务代理的一项重要原则
D. 税务代理业是一个独立的社会中介服务行业
【答案】B。
【解析】在代理过程中,代理人应充分体现被代理人的合法意愿,而不是全部意愿,因此选项B不正确。

(三) 税务代理的法定业务范围

税务代理的法定业务范围是指按照国家有关法律的规定,允许税务代理人从事的业务内容。税务代理的业务范围主要是纳税人、扣缴义务人所委托的各项涉税事宜。税务代理人可以接受纳税人、扣缴义务人的委托,从事以下税务代理。

(1) 办理税务登记、变更税务登记和注销税务登记手续。
(2) 办理除增值税专用发票外的发票领购手续。
(3) 办理纳税申报和扣缴税款报告。
(4) 办理缴纳税款和申请退税手续。
(5) 制作涉税文书。

(6) 审查纳税情况。
(7) 建账建制,办理账务。
(8) 税务咨询、受聘税务顾问。
(9) 申请税务行政复议手续。
(10) 国家税务总局规定的其他业务。

> 　　税务代理人是指具有丰富的税收实务工作经验和较高的税收、会计专业理论知识以及法律基础知识,经国家税务总局及其省、自治区、直辖市国家税务局批准,从事税务代理的专门人员及其工作机构。从事税务代理的专门人员称为税务师,税务师必须加入税务代理机构才能从事税务代理业务。

六、税务检查

(一) 税务检查的概念

　　税务检查是指税务机关按照法律、行政法规的规定,对纳税人、扣缴义务人履行纳税义务、扣缴义务情况以及其他有关税务事项进行审查、核实、监督活动的总称。

(二) 税务检查的内容

　　(1) 检查纳税人的账簿、记账凭证、报表和有关资料,检查扣缴义务人代扣代缴、代收代缴税款账簿、记账凭证和有关资料。税务机关在检查上述资料时,可以在纳税人、扣缴义务人的业务场所进行；必要时,经县以上税务局(分局)局长批准,可以将纳税人、扣缴义务人以前会计年度的账簿、记账凭证、报表和其他有关资料调回税务机关检查,但是税务机关必须向纳税人、扣缴义务人开付清单,并在三个月内完整退还；有特殊情况的,经设区的市、自治州以上税务局局长批准,税务机关可以将纳税人、扣缴义务人当年的账簿、记账凭证、报表和其他有关资料调回检查,但是税务机关必须在三十日内退还。

　　(2) 到纳税人的生产、经营场所和货物存放地检查纳税人应纳税的商品、货物或者其他财产,检查扣缴义务人与代扣代缴、代收代缴税款有关的经营情况。

　　(3) 责成纳税人、扣缴义务人提供与纳税或者代扣代缴、代收代缴税款有关的文件、证明材料和有关资料。

　　(4) 询问纳税人、扣缴义务人与纳税或者代扣代缴、代收代缴税款有关的问题和情况。

　　(5) 到车站、码头、机场、邮政企业及其分支机构检查纳税人托运、邮寄应纳税商品、货物或者其他财产的有关单据、凭证和有关资料。

　　(6) 经县以上税务局(分局)局长批准,凭全国统一格式的检查存款账户许可证明,查询从事生产、经营的纳税人、扣缴义务人在银行或者其他金融机构的存款账户。税务机关在调查税收违法案件时,经设区的市、自治州以上税务局(分局)局长批准,可以查询案件涉嫌人员的储蓄存款。税务机关查询的内容,包括纳税人存款账户余额和资金往来情况。税务机关应指定专人负责,凭全国统一格式的检查存款账户许可证明进行,并有责任为被检查人保守秘密。检查存款账户许可证明,由国家税务总局制定。

【边学边练3-19·单选题】税务机关调查税收违法案件时,查询案件涉嫌人员储蓄存款的,应经( )。

A. 税务所局长批准
B. 稽查局(分局)局长批准
C. 县以上税务局(分局)局长批准
D. 设区的市、自治州以上税务局(分局)局长批准

【答案】D。

【解析】税务机关调查税收违法案件时,查询案件涉嫌人员储蓄存款的,应经设区的市、自治州以上税务局(分局)局长批准。

(三)税务检查的职责与权限

(1)税务机关对从事生产、经营的纳税人以前纳税期的纳税情况进行税务检查时,发现纳税人有逃避纳税义务行为,并有明显的转移、隐匿其应纳税的商品、货物以及其他财产或者应纳税的收入的迹象的,可以依法采取税收保全措施或者强制执行措施。

【特别提示】采取税收保全措施的期限一般不得超过六个月;重大案件需要延长的,应当报国家税务总局批准。

(2)纳税人、扣缴义务人必须接受税务机关依法进行的税务检查,如实反映情况,提供有关资料,不得拒绝、隐瞒。

(3)税务机关依法进行税务检查时,有权向有关单位和个人调查纳税人、扣缴义务人和其他当事人与纳税或者代扣代缴、代收代缴税款有关的情况,有关单位和个人有义务向税务机关如实提供有关资料及证明材料。

(4)税务机关调查税务违法案件时,对与案件有关的情况和资料,可以记录、录音、录像、照相和复制。

(5)税务机关派出的人员进行税务检查时,应当出示税务检查证和税务检查通知书,并有责任为被检查人保守秘密;未出示税务检查证和税务检查通知书的,被检查人有权拒绝检查。

七、税收法律责任

税收法律责任是指税收法律主体因违反税收法律规范所应承担的法律后果。税收法律责任依其性质和形式的不同,可以分为行政责任和刑事责任;根据承担法律责任主体的不同,可以分为纳税人的责任、扣缴义务人的责任、税务机关及其工作人员的责任。

(一)税收违法行政处罚

税务违法行政处罚是指依法享有税务行政处罚权的税务机关依法对公民、法人或其他经济组织违反税收法律、法规或规章,尚未构成犯罪的税务违法行为给予的一种税务行政制裁。税收违法行政处罚主要有以下几种。

1. 责令限期改正

责令限期改正是指税务机关对违反法律、行政法规所规定义务的当事人的谴责和申诫。

责令限期改正主要用于情节轻微或尚未构成实际危害后果的违法行为,是一种较轻的处罚形式。

2. 罚款

罚款是指对于违反法律、法规,不履行法定义务的当事人的一种经济上的处罚。由于罚款既不会影响被处罚人的人身自由和其合法活动,又能起到对违法行为的惩戒作用,因而是税务行政处罚中应用最广的一种。

3. 没收财产

没收财产是指对一方当事人的财产权予以剥夺的处罚。具体有两种情况:一是对相对一方当事人非法所得的财物予以没收;二是财物虽是相对一方当事人所有,但因其用于非法活动而被没收。

4. 收缴未用发票和暂停供应发票

对于从事生产、经营的纳税人、扣缴义务人有违反《税收征收管理法》规定的税收违法行为,拒不接受税务机关处理的,税务机关可以收缴其发票或者停止向其发售发票。

5. 停止出口退税权

对骗取国家出口退税税款的,税务机关可以在规定期间内停止为其办理出口退税。

(二) 税收违法刑事处罚

税收违法刑事处罚是指享有刑事处罚权的国家机关对违反税收法律规范,依法应当给予刑事处罚的公民、法人或者其他组织给予法律制裁的行为,主要有以下几种形式。

1. 拘役

拘役是剥夺犯罪分子的短期自由,就近改造的刑罚。适用于罪行较轻而又需要关押的犯罪分子。拘役期限为一个月以上六个月以下。

2. 判处徒刑

徒刑分为有期徒刑和无期徒刑。有期徒刑是剥夺犯罪分子一定期限的人身自由,实行劳动改造的刑罚。无期徒刑是剥夺犯罪分子终身自由,强制劳动改造的刑罚。

3. 罚金

罚金是判处犯罪分子向国家缴纳一定数额金钱的刑罚。罚金是一种轻刑,单处罚金一般只适用于轻微犯罪。在主刑后附加并处罚金适用于较重的犯罪。

4. 没收财产

没收财产是没收犯罪分子个人所有财产的一部分或全部。没收财产是重于罚金的财产刑,主要适用于严重的经济犯罪。

八、税务行政复议

(一) 税务行政复议的概念

税收行政复议是指公民、法人(即申请人)和其他组织认为税务机关的具体行政行为侵犯其合法权益,向税务行政复议机关申请行政复议,税务行政复议机关办理行政复议事项。

【点拨指导】在税务行政复议中,认为税务机关的具体行政行为侵犯其合法权益公民、法人和其他组织为申请人。合伙企业申请行政复议的,应当以核准登记的企业为申请人;其他合伙组织申请行政复议的,由合伙人共同申请行政复议。

申请人对具体行政行为不服申请行政复议的,做出该具体行政行为的税务机关为被申请人。申请人对扣缴义务人的扣缴税款行为不服的,主管该扣缴义务人的税务机关为被申请人;对税务机关委托的单位和个人的代征行为不服的,委托税务机关为被申请人。税务机关与法律、法规授权的组织以共同的名义做出具体行政行为的,税务机关和法律、法规授权的组织为共同被申请人。税务机关与其他组织以共同名义做出具体行政行为的,税务机关为被申请人。税务机关依照法律、法规和规章规定,经上级税务机关批准做出具体行政行为的,批准机关为被申请人。申请人对经重大税务案件审理程序做出的决定不服的,审理委员会所在税务机关为被申请人。税务机关设立的派出机构、内设机构或者其他组织,未经法律、法规授权,以自己名义对外做出具体行政行为的,税务机关为被申请人。

(二)税务行政复议的受案范围

行政复议机关受理申请人对税务机关下列具体行政行为不服提出的行政复议申请。

(1) 征税行为,包括确认纳税主体、征税对象、征税范围、减税、免税、退税、抵扣税款、适用税率、计税依据、纳税环节、纳税期限、纳税地点和税款征收方式等具体行政行为,征收税款、加收滞纳金,扣缴义务人、受税务机关委托的单位和个人做出的代扣代缴、代收代缴、代征行为等。

(2) 行政许可、行政审批行为。

(3) 发票管理行为,包括发售、收缴、代开发票等。

(4) 税收保全措施、强制执行措施。

(5) 行政处罚行为:

① 罚款;

② 没收财物和违法所得;

③ 停止出口退税权。

(6) 不依法履行下列职责的行为:

① 颁发税务登记;

② 开具、出具完税凭证、外出经营活动税收管理证明;

③ 行政赔偿;

④ 行政奖励;

⑤ 其他不依法履行职责的行为。

(7) 资格认定行为。

(8) 不依法确认纳税担保行为。

(9) 政府信息公开工作中的具体行政行为。

(10) 纳税信用等级评定行为。

(11) 通知出入境管理机关阻止出境行为。

(12) 其他具体行政行为。

(三)税务行政复议管辖

(1) 对各级税务局的具体行政行为不服的,向其上一级税务局申请行政复议。

(2) 对税务所(分局)、各级税务局的稽查局的具体行政行为不服的,向其所属税务局申请行政复议。

(3) 对国家税务总局的具体行政行为不服的,向国家税务总局申请行政复议。对行政复议决定不服,申请人可以向人民法院提起行政诉讼,也可以向国务院申请裁决。国务院的裁决为最终裁决。

(四)税务行政复议决定

1. 行政复议决定的做出

行政复议机关应当自受理申请之日起六十日内做出行政复议决定。

2. 行政复议决定的种类

(1) 具体行政行为认定事实清楚,证据确凿,适用依据正确,程序合法,内容适当的,决定维持。

(2) 被申请人不履行法定职责的,决定其在一定期限内履行。

(3) 具体行政行为有下列情形之一的,决定撤销、变更或者确认该具体行政行为违法;决定撤销或者确认该具体行政行为违法的,可以责令被申请人在一定期限内重新做出具体行政行为:① 主要事实不清、证据不足的;② 适用依据错误的;③ 违反法定程序的;④ 超越职权或者滥用职权的;⑤ 具体行政行为明显不当的。

(4) 申请人在申请行政复议时可以一并提出行政赔偿请求,行政复议机关对符合国家赔偿法的规定应当赔偿的,在决定撤销、变更具体行政行为或者确认具体行政行为违法时,应当同时决定被申请人依法赔偿。

3. 行政复议决定的效力

行政复议决定书一经送达,即发生法律效力。

【边学边练3-20·多选题】关于税收检查、税收法律责任以及行政复议,下列说法正确的有(   )。

A. 个人及其所扶养家属维持生活必需的住房和用品,不在税收强制措施的范围之内
B. 税务机关按照拍卖优先的原则确定抵税财物拍卖、变卖的顺序
C. 对于纳税主体而言,其行政法律责任形式主要是行政处分
D. 税务行政复议程序包括申请、受理、审理、决定等环节

【答案】ABD。

【解析】对于纳税主体(纳税人、扣缴义务人)而言,其行政法律责任形式主要是行政处罚。

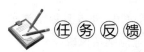

(1) 本处理决定不准确。根据我国税法的相关规定,从事生产经营的纳税人,自领取营业执照之日起三十内,持有关证件,向税务机关申报办理税务登记。税务机关应当于收到申报的当日办理登记并发给税务登记证件。张某的水吧8月18日领取营业执照到9月11日还不到三十日,尚未违反规定。因此,税务所做出的责令限期改正的处理决定是不正确的。

(2) 张某的观点不正确。

(3) 根据《税收征收管理法》第十五条的规定,企业,企业在外地设立的分支机构和从事

生产、经营的场所,个体工商户和从事生产、经营的事业单位自领取营业执照之日起三十日内,持有关证件,向税务机关申报办理税务登记。张某作为大学生,其创业虽然可以享受税收优惠,但应该自领取营业执照之日起三十日内申报办理税务登记,自领取税务登记证件之日起十五日内,将其财务、会计制度或者财务、会计处理办法报送主管税务机关备案。

本单元是关于税收法律制度的介绍,主要内容包括税收概述、主要税种、税收征收管理等。本单元内容是本书的重点内容,涉及计算题,难度相对较高。学生应当理解增值税、消费税、企业所得税和个人所得税四大税种的相关原理,掌握其应纳税额的计算,另外还要熟悉税务登记、纳税申报的程序和方法。

一、单项选择题

1. 企业所得税的税率形式是(　　)。
   A. 累进税率　　　　　　　　B. 定额税率
   C. 比例税率　　　　　　　　D. 其他税率

2. 在我国现行的下列税种中,不属于财产税类的是(　　)。
   A. 房产税　　　　　　　　　B. 车船税
   C. 船舶吨税　　　　　　　　D. 车辆购置税

3. 下列各项中属于行为税的是(　　)。
   A. 印花税　　　　　　　　　B. 消费税
   C. 增值税　　　　　　　　　D. 耕地占用税

4. 纳税人进口应纳税消费品,应自海关填发海关进口消费税专用缴款书之日起(　　)内缴纳税款。
   A. 十日　　　　　　　　　　B. 十五日
   C. 二十日　　　　　　　　　D. 三十日

5. 下列各项中,按照超额累进税率计算应纳税额的是(　　)。
   A. 个人所得税　　　　　　　B. 土地增值税
   C. 企业所得税　　　　　　　D. 增值税

6. 某企业为增值税小规模纳税人,主要从事汽车修理和装潢业务。2019年5月提供汽车修理业务取得收入21万元,销售汽车装饰用品取得收入15万元,该企业应纳增值税(　　)。
   A. 1.05万元　　　　　　　　B. 1.08万元
   C. 4.14万元　　　　　　　　D. 4.68万元

7. 根据企业所得税法律制度的规定,下列取得收入的主体中,不应当缴纳企业所得税的是(　　)。
   A. 国有独资公司　　　　　　B. 股份有限公司
   C. 合伙企业　　　　　　　　D. 高等院校

8. 根据消费税法律制度的规定,下列各项中,不征收消费税的是( )。
   A. 烟丝
   B. 鞭炮
   C. 电池
   D. 大客车

9. 某书法家2019年3月将其精选的书法作品交由某出版社出版,从出版社取得报酬20万元。该笔报酬在缴纳个人所得税时适用的税目是( )。
   A. 工资薪金所得
   B. 稿酬所得
   C. 劳务报酬所得
   D. 特许权使用所得

10. 甲公司为增值税一般纳税人,2019年5月份发生销项税额合计为88万元,增值税进项税额转出合计17万元,增值税进项税额合计51万元,甲公司当月应交增值税的金额为( )万元。
    A. 37
    B. 20
    C. 89
    D. 54

11. 根据企业所得税法律制度的规定,下列各项中,属于不征税收入的是( )。
    A. 接受捐赠收入
    B. 国债利息收入
    C. 销售货物收入
    D. 财政拨款

12. 一般情况下,上市公司适用的税款征收方式是( )。
    A. 查账征收
    B. 查验征收
    C. 查定征收
    D. 定期定额征收

13. 受托单位按照税务机关核发的代征证书的要求,以税务机关的名义向纳税人征收零散税款的税款征收方式是( )。
    A. 定期定额征收
    B. 代扣代缴
    C. 委托征收
    D. 代收代缴

14. 下列各项中,属于税收强制执行措施的是( )。
    A. 加收滞纳金
    B. 书面通知其开户银行从其存款中扣缴税款
    C. 追征税款
    D. 冻结纳税人相当于应纳税款数额的存款

15. 税务登记不包括( )。
    A. 开业登记
    B. 变更登记
    C. 核定应纳税额
    D. 注销登记

二、多项选择题

1. 下列各项中属于按照课税对象的性质进行分类的有( )。
   A. 流转税
   B. 财产税
   C. 所得税
   D. 资源税

2. 下列税种中属于从价税的为( )。
   A. 增值税
   B. 消费税
   C. 企业所得税
   D. 个人所得税

3. 下列属于税收实体法的有( )。
   A.《税收征收管理法》
   B.《中华人民共和国增值税暂行条例》

C. 《中华人民共和国进出口关税条例》 D. 《企业所得税法》

4. 根据税法的功能作用的不同,可以将税法分为( )。

A. 税收行政法规 B. 税收实体法

C. 税收程序法 D. 国际税法

5. 下列关于增值税的说法中,错误的有( )。

A. 增值税是以商品(含应税劳务)在生产过程中产生的增值额作为计税依据而征收的一种流转税

B. 增值税分为生产型增值税、收入型增值税、消费型增值税

C. 销售代销货物不缴纳增值税

D. 纳税人提供加工、修理修配劳务,增值税税率为13%

6. 在计算企业应纳税所得额时,下列支出不得扣除的是( )。

A. 向投资者支付的股息、红利等权益性投资收益款项

B. 企业所得税税款

C. 税收滞纳金

D. 罚金、罚款和被没收财物的损失

7. 下列属于个人所得税专项附加扣除项目的是( )。

A. 子女教育支出 B. 继续教育支出

C. 大病医疗支出 D. 赡养老人支出

8. 下列各项中,属于注销税务登记适用范围的有( )。

A. 企业资不抵债而破产 B. 企业因合并而被撤销

C. 企业被工商部门暂扣营业执照 D. 企业依法终止纳税义务

9. 下列各项中,税务机关可以对其核定应纳税额的有( )。

A. 下岗工人李某开了一间小饭馆

B. 甲公司开业两个月仍未设账

C. 乙公司经税务机关多次催促,仍未进行纳税申报

D. 农民老王农闲时将自己加工的农具拿到市场上销售

10. 下列各项中,属于税务代理业务范围的有( )。

A. 税务登记、变更税务登记和注销税务登记

B. 纳税申报和扣缴税款报告

C. 申请税务行政复议或税务行政诉讼

D. 税务咨询,受聘税务顾问

11. 根据《中华人民共和国发票管理办法》及其实施细则的有关规定,发票分为( )。

A. 专用发票 B. 普通发票 C. 定额发票 D. 税务发票

12. 目前,我国税款征收的方式主要有( )。

A. 查账征收 B. 查定征收 C. 查验征收 D. 定期定额征收

13. 下列选项中,属于消费税纳税人的是( )。

A. 进口应税消费品的单位和个人

B. 生产应税消费品的单位和个人

C. 委托加工应税消费品的单位和个人

D. 由受托方提供原材料加工应税消费品的单位和个人

14. 纳税申报的方式主要有(　　)。
A. 直接申报　　B. 邮寄申报　　C. 口头申报　　D. 数据电文申报

15. 下列各项中,属于税务代理特征的有(　　)。
A. 公正性　　B. 自愿性　　C. 有偿性　　D. 独立性

三、判断题

1. 税法是国家制定的用以调整国家与纳税人之间在征纳税方面的权利和义务关系的法律规范的总称。(　　)

2. 消费税属于价内税,在应税消费品的生产、委托加工和进口环节纳税,在以后的批发、零售环节中,不必再缴纳消费税。(　　)

3. 我国现行的消费税中的卷烟、白酒采用从价计征。(　　)

4. 起征点是指税法规定的对计税依据应当征税的数额起点。计税依据数额达不到起征点的不征税,达到起征点的,则对超过起征点的部分征税。(　　)

5. 对符合条件的小型微企业按15%的优惠税率征收企业所得税。(　　)

6. 国债利息收入免征企业所得税。(　　)

7. 税务机关应根据扣缴义务人所扣缴的税款,付给3%的手续费。(　　)

8. 纳税申报采用简易申报方式的纳税人必须按照税务机关核定的税款和纳税期3个月内申报纳税。(　　)

9. 税务机关对尚未办理税务登记的扣缴义务人可以只在其税务登记证件上登记扣缴税款事项,不再发给扣缴税款登记证件。(　　)

10. 纳税人停业期满未按期复业的,虽然纳税人向税务部门提出延长停业登记,但税务机关应当视为已营业,实施正常的税收征收管理。(　　)

11. 增值税专用发票只限于增值税一般纳税人领购使用,小规模纳税人不得领购使用增值税专用发票。(　　)

12. 纳税人被工商行政管理部门吊销营业执照的,应当在向工商行政管理机关办理注销登记前持有关证件向原税务登记管理机关申报办理注销税务登记。(　　)

13. 纳税人享受减税、免税待遇的,在减税、免税期间可以不办理纳税申报。(　　)

14. 税务行政复议仅指纳税人和扣缴义务人不服税务机关及其工作人员做出的税务具体行政行为,依法向上一级税务机关(复议机关)提出申请,复议机关经审理对原税务机关具体行政行为依法做出维持、变更、撤销等决定的活动。(　　)

15. 可以采取税收保全措施的纳税人包括从事生产经营的纳税人,也包括非从事生产经营的纳税人。(　　)

四、案例分析题

石家庄市某企业已注册经营三年,由于该经营地点近期要拆迁,该经营企业于2017年6月8日将经营地点从原来长安区的青园街迁到了新华区的水源路。新华区税务局于2017年8月10日对辖区内的企业进行检查,发现该企业未办理税务登记,于是责令该企业10日内到税务机关办理税务登记,并对其处以2000元的罚款。

要求:根据上述资料回答下列问题。

(1) 税务登记包括( )。

A. 开立登记

B. 停业、复业登记

C. 注销登记

D. 变更登记

(2) 下列属于纳税人应当办理变更税务登记情形的有( )。

A. 发生改变名称

B. 经营地迁移涉及改变原主管税务机关的

C. 企业资不抵债破产的

D. 经营地迁移不涉及改变原主管税务机关的

(3) 该企业应向原税务登记机关办理( )。

A. 变更登记

B. 注销登记

C. 停业、复业登记

D. 开立登记

(4) 税务违法行政处罚的方式有( )。

A. 责令限期改正

B. 罚款

C. 没收财产

D. 收缴未用发票和暂停供应发票

第三单元
参考答案

第四单元 财政法律制度

> **知识目标**
> - 了解预算法律制度的构成,掌握国家预算的级次划分和构成、预算管理的职权、预算组织的程序以及预决算的监督。
> - 了解政府采购法律制度的构成和原则,掌握政府采购的执行模式和方式。
> - 了解国库集中收付的概念,掌握国库单一账户体系的构成及财政收支的方式。

> **技能目标**
> - 能够读懂预算数据,会解释报告重点内容。
> - 会结合案例分析国家机关、事业单位政府采购的具体方式和过程。
> - 会分析财政部门零余额账户和预算单位零余额账户的使用情况以及财政收入收缴、财政支出支付的方式和程序。

任务一 预算法律制度

2017年3月5日,《关于2016年中央和地方预算执行情况与2017年中央和地方预算草案的报告》(以下简称预算报告)提交第十二届全国人民代表大会第五次会议审查。预算报告是国家的"账本",是人大代表、政协委员和人民群众了解国家的钱从哪来、到哪去的"窗口"。

问题:请同学们上网查阅预算报告及相关内容,分析并回答以下问题。

1. 全国人民代表大会及其常务委员会行使的职权是什么?
2. 预算报告包括哪几本账?
3. 说明国家"账本"的性质。

一、预算法律制度的构成

预算法律制度是指国家经过法定程序制定的,用以调整政府预算关系的法律、行政法规和相关的规章制度。我国的预算法律制度由《中华人民共和国预算法》《中华人民共和国预算法实施条例》以及有关政府预算管理的其他法规制度构成。

《中华人民共和国预算法》(以下简称《预算法》)于1994年3月22日经第八届全国人民代表大会第二次会议通过,于2014年8月31日第一次修正,根据2018年12月29日第十三届全国人民代表大会常务委员会第七次会议《关于修改〈中华人民共和国产品质量法〉等五部法律的决定》第二次修正。《预算法》是我国预算管理工作的根本性法律，是制定其他预算法规的基本依据。

【边学边练4-1·多选题】下列各项中，属于我国预算法律制度构成的有（　　）。

A.《现金管理暂行条例》
B.《预算法》
C.《会计法》
D.《中华人民共和国预算法实施条例》

【答案】BD。

【解析】我国预算法律制度由《预算法》《中华人民共和国预算法实施条例》以及有关政府预算管理的其他法规制度构成。

二、国家预算概述

（一）国家预算的概念

国家预算是政府的基本财政收支计划，即经法定程序批准的政府年度财政收支计划。国家预算是实现财政职能的基本手段，反映政府的施政方针和社会经济政策，规定政府活动的范围和方向。

（二）国家预算的作用

国家预算的作用主要有以下三个方面。

1. 财力保证作用

国家预算不仅是保障国家机器运转的物质条件，而且是政府实施各项社会经济政策的有效保证。

2. 调节制约作用

国家预算的收支规模可调节社会总供给和总需求的平衡，预算支出的结构可调节国民经济结构，因此国家预算的编制和执行对国民经济和社会发展都有着直接的制约作用。

3. 反映监督作用

国家预算的编制和执行，便于政府掌握国民经济的运行状况、发展趋势以及出现的问题，从而采取相应的对策措施，促进国民经济稳定协调地发展。

（三）国家预算的级次划分

我国国家预算实行一级政府设立一级预算，共分为以下五级预算。

（1）中央预算。
（2）省级（省、自治区、直辖市）预算。
（3）地市级（设区的市、自治州）预算。
（4）县市级（县、自治县、不设区的市、市辖区）预算。
（5）乡镇级（乡、民族乡、镇）预算。

(四) 国家预算的分类

1. 按照政府管理级次不同可以分为中央预算、地方预算

(1) 中央预算。

中央预算是指中央政府预算,由中央各部门(含直属单位)的预算组成。

【特别提示】所谓"中央各部门",是指与财政部直接发生预算缴款、拨款关系的国家机关、军队、政党组织和社会团体;所谓"直属单位",是指与财政部直接发生预算缴款、拨款关系的企业和事业单位。

(2) 地方预算。

地方预算是经法定程序批准的地方各级政府的财政收支计划的通称,由各省、自治区、直辖市总预算组成,即地方预算由各省、自治区、直辖市总预算组成。

2. 按照收支管理范围不同可以分为总预算和部门预算、单位预算

(1) 总预算。

地方各级总预算由本级预算和汇总的下一级总预算组成;下一级只有本级预算的,下一级总预算即指下一级的本级预算。没有下一级预算的,总预算即指本级预算。

【点拨指导】总预算＝本级预算(本级政府所属职能部门的单位预算总和)＋本级政府行政隶属下一级政府的总预算

(2) 部门预算、单位预算。

各部门单位预算由本部门及其所属各单位预算组成。它是机关本身及其所属单位履行其职责或事业计划的财力保证。

【边学边练 4-2 · 判断题】部门预算服从单位预算。( )。

【答案】错误。

【解析】各部门预算由本部门及其所属各单位预算组成。

3. 按照预算编制的形式可以分为单式预算和复式预算

(1) 单式预算。

单式预算是指将政府财政收支汇集编入一个总预算之内,形成一个收支项目安排对照表。

(2) 复式预算。

复式预算是指按收入来源和支出性质编制两个或两个以上收支对照表。复式预算一般由经常预算和资本预算组成。经常预算主要以税收为收入来源,以行政事业项目为支出对象,如维持政府机关运转的日常活动经费支出等;资本预算主要以国债为收入来源,以经济建设项目为支出对象,如政府贷款及偿还国债等支出。

4. 按预算项目是否直接反映经济效益可以分为投入预算、绩效预算、规划项目预算

(1) 投入预算。

投入预算是指用来控制各项支出用途和金额的预算。

(2) 绩效预算。

绩效预算是指先确定政府履行的职能再制定绩效目标,用量化指标衡量取得成绩的预算。

(3) 规划项目预算。

规划项目预算是指利用系统分析以及成本－效益分析等工具评估协助政府拟定最优决

策,利于国家资源合理配置的一种预算。

5. 按预算收支平衡状况可以分为平衡预算和差额预算

(1)平衡预算。

平衡预算是指预算收入基本等于预算支出的预算。

(2)差额预算。

差额预算是指预算收入大于或小于预算支出的预算。差额预算又分两种情况,一是收入大于支出的盈余预算,二是支出大于收入的赤字预算。

【边学边练 4-3·单选题】国家预算分为单式预算和复式预算是按(　　)标准。

A. 政府管理级次

B. 预算的编制形式

C. 预算的编制方法

D. 预算项目能否反映其经济效益

【答案】B。

【解析】按预算的编制形式分类,国家预算可以分为单式预算和复式预算。

三、预算管理职权

《预算法》明确地规定了各级人民代表大会及其常务委员会,各级政府,各级财政部门和各部门、各单位的预算管理职权。

(一)各级人民代表大会及其常务委员会的预算管理职权

1. 全国人民代表大会及其常务委员会的预算管理职权

全国人民代表大会审查中央和地方预算草案及中央和地方预算执行情况的报告;批准中央预算和中央预算执行情况的报告;改变或者撤销全国人民代表大会常务委员会关于预算、决算的不适当的决议。

全国人民代表大会常务委员会监督中央和地方预算的执行;审查和批准中央预算的调整方案;审查和批准中央决算;撤销国务院制定的同宪法、法律相抵触的关于预算、决算的行政法规、决定和命令;撤销省、自治区、直辖市人民代表大会及其常务委员会制定的同宪法、法律和行政法规相抵触的关于预算、决算的地方性法规和决议。

2. 县级以上地方各级人民代表大会及其常务委员会的预算管理职权

县级以上地方各级人民代表大会审查本级总预算草案及本级总预算执行情况的报告;批准本级预算和本级预算执行情况的报告;改变或者撤销本级人民代表大会常务委员会关于预算、决算的不适当的决议;撤销本级政府关于预算、决算的不适当的决定和命令。

县级以上地方各级人民代表大会常务委员会监督本级总预算的执行;审查和批准本级预算的调整方案;审查和批准本级决算;撤销本级政府和下一级人民代表大会及其常务委员会关于预算、决算的不适当的决定、命令和决议。

3. 乡、民族乡、镇的人民代表大会的预算管理职权

乡、民族乡、镇的人民代表大会审查和批准本级预算和本级预算执行情况的报告;监督本级预算的执行;审查和批准本级预算的调整方案;审查和批准本级决算;撤销本级政府关于预算、决算的不适当的决定和命令。

【特别提示】 各级人民代表大会有审查、批准、改变或撤销的职权,各级人民代表大会常务委员会有监督、审查、批准、撤销的职权。

乡、民族乡、镇的监督职权由乡、民族乡、镇的人民代表大会行使,原因是乡、民族乡、镇不设人民代表大会常务委员会。

(二)各级人民政府的预算管理职权

1. 国务院的预算管理职权

国务院编制中央预算、决算草案;向全国人民代表大会作关于中央和地方预算草案的报告;将省、自治区、直辖市政府报送备案的预算汇总后报全国人民代表大会常务委员会备案;组织中央和地方预算的执行;决定中央预算预备费的动用;编制中央预算调整方案;监督中央各部门和地方政府的预算执行;改变或者撤销中央各部门和地方政府关于预算、决算的不适当的决定、命令;向全国人民代表大会、全国人民代表大会常务委员会报告中央和地方预算的执行情况。

2. 县级以上地方各级政府的预算管理职权

县级以上地方各级政府编制本级预算、决算草案;向本级人民代表大会作关于本级总预算草案的报告;将下一级政府报送备案的预算汇总后报本级人民代表大会常务委员会备案;组织本级总预算的执行;决定本级预算预备费的动用;编制本级预算调整方案;监督本级各部门和下级政府的预算执行;改变或者撤销本级各部门和下级政府关于预算、决算的不适当的决定、命令;向本级人民代表大会、本级人民代表大会常务委员会报告本级总预算的执行情况。

3. 乡、民族乡、镇政府的预算管理职权

乡、民族乡、镇政府编制本级预算、决算草案;向本级人民代表大会作关于本级预算草案的报告;组织本级预算的执行;决定本级预算预备费的动用;编制本级预算调整方案;向本级人民代表大会报告本级预算的执行情况。

(三)各级财政部门的预算管理职权

1. 国务院财政部门的预算管理职权

国务院财政部门具体编制中央预算、决算草案;具体组织中央和地方预算的执行;提出中央预算预备费动用方案;具体编制中央预算的调整方案;定期向国务院报告中央和地方预算的执行情况。

2. 地方各级政府财政部门的预算管理职权

地方各级政府财政部门具体编制本级预算、决算草案;具体组织本级总预算的执行;提出本级预算预备费动用方案;具体编制本级预算的调整方案;定期向本级政府和上一级政府财政部门报告本级总预算的执行情况。

(四)各部门、各单位的预算管理职权

1. 各部门的预算管理职权

各部门负责编制本部门预算、决算草案;组织和监督本部门预算的执行;定期向本级政府财政部门报告预算的执行情况。

2. 各单位的预算管理职权

各单位负责编制本单位预算、决算草案;按照国家规定上缴预算收入,安排预算支出,并接受国家有关部门的监督。

【边学边练4-4·单选题】根据《预算法》的规定,不属于国务院财政部门预算管理职权的是( )。

A. 具体编制中央预算、决算草案
B. 具体组织中央和地方预算的执行
C. 审查和批准中央预算的调整方案
D. 具体编制中央预算的调整方案

【答案】C。

【解析】本题考核国务院财政部门的预算管理职权。选项C是全国人民代表大会常务委员会的预算管理职权之一。

四、预算收支范围

(一)国家预算体系

预算由预算收入和预算支出组成。政府的全部收入和支出都应当纳入预算。我国国家预算由一般公共预算、政府性基金预算、国有资本经营预算、社会保险基金预算构成。一般公共预算、政府性基金预算、国有资本经营预算、社会保险基金预算应当保持完整、独立。政府性基金预算、国有资本经营预算、社会保险基金预算应当与一般公共预算相衔接。

1. 一般公共预算

一般公共预算是对以税收为主体的财政收入,安排用于保障和改善民生、推动经济社会发展、维护国家安全、维持国家机构正常运转等方面的收支预算。

2. 政府性基金预算

政府性基金预算是对依照法律、行政法规的规定,在一定期限内向特定对象征收、收取或者以其他方式筹集的资金,专项用于特定公共事业发展的收支预算。

3. 国有资本经营预算

国有资本经营预算是对国有资本收益做出支出安排的收支预算,是政府预算的重要组成部分。国有资本经营预算应当按照收支平衡的原则编制,不列赤字,并安排资金调入一般公共预算。

4. 社会保险基金预算

社会保险基金预算是对社会保险缴款、一般公共预算安排和其他方式筹集的资金,专项用于社会保险的收支预算。

(二)预算收支范围

1. 一般公共预算收入

一般公共预算收入是有计划、有组织并由政府支配的纳入预算管理的资金,是财政收入的来源之一。一般公共预算收入包括各项税收收入、行政事业性收费收入、国有资源(资产)有偿使用收入、转移性收入和其他收入。

(1) 各项税收收入。

税收收入是现代国家财政收入最重要的收入形式和最主要的收入来源。

(2) 行政事业性收费收入。

行政事业性收费收入指国家机关、事业单位、代行政府职能的社会团体及其他组织根据法律、行政法规、地方性法规等有关规定，依照国务院规定程序批准，在向公民、法人提供特定服务的过程中，按照成本补偿和非营利原则向特定服务对象收取的费用。

(3) 国有资源（资产）有偿使用收入。

国有资源（资产）有偿使用收入是指有偿转让国有资源（资产）使用权而取得的收入。

(4) 转移性收入。

转移性收入是指在各级政府财政之间进行资金调拨以及在本级政府财政不同类型资金之间调剂所形成的收入，包括返还性收入、一般性转移支付收入、专项转移支付收入、上解收入、上年结余收入、调入资金等。

(5) 其他收入。

其他收入是指不属于上述的各项收入，包括各种罚没收入、公产收入及杂项收入等。

2. 一般公共预算支出

一般公共预算支出是政府对集中的预算收入有计划地分配和使用而安排的支出。

(1) 按功能分类。

按功能分类，一般公共预算支出包括一般公共服务支出，外交、公共安全、国防支出，农业、环境保护支出，教育、科技、文化、卫生、体育支出，社会保障及就业支出和其他支出。

(2) 按经济性质分类。

按经济性质分类，一般公共预算支出包括工资福利支出、商品和服务支出、资本性支出和其他支出。

中央预算和地方预算有关收入和支出项目的划分、地方向中央上缴收入、中央对地方税收返还或者转移支付的具体办法，由国务院规定，报全国人民代表大会常务委员会备案。上级政府不得在预算之外调用下级政府预算的资金，下级政府不得挤占或者截留属于上级政府预算的资金。

【边学边练4-5·多选题】下列属于《预算法》规定的一般公共预算支出形式有（　　）。

A. 一般公共服务支出

B. 教育、科学、文化、卫生、体育等事业发展支出

C. 外交、公共安全支出

D. 国防支出

【答案】ABCD。

【解析】本题考核的知识点是一般公共预算支出。按功能分类，一般公共预算支出包括选项ABCD。

五、预算组织程序

预算组织程序包括预算的编制、审批、执行和调整。

(一) 预算编制

我国预算年度采取的是公历年制，自1月1日起，至12月31日止。

历年制和跨年制

预算年度一般为一年,可分为历年制和跨年制。历年制是按公历年度计,自公历1月1日起,至12月31日止。目前世界上多数国家采用历年制,如中国、法国、德国、奥地利、挪威等国。跨年制是指一个预算年度跨越两个公历年度,但总长仍等于一个公历年度。世界上也有不少国家采用跨年制,如英国、加拿大、日本、印度等,从当年4月1日起至次年3月31日止;瑞典、埃及、澳大利亚、巴基斯坦等,从当年7月1日起至次年6月30日止;以美国、泰国为代表,从当年10月1日起至次年9月30日止。

各级预算应当根据年度经济社会发展目标、国家宏观调控总体要求和跨年度预算平衡的需要,参考上一年预算执行情况、有关支出绩效评价结果和本年度收支预测,按照规定程序征求各方面意见后,进行编制。

【点拨指导】 什么是跨年度预算平衡机制?

跨年度预算平衡机制,是财政在预算编制、执行、监管环节进行跨年度合理动态平衡的制度,内容包括预算编制跨年度平衡、规范超收的使用和短收的弥补、弱化收入预算考核、加强支出政策和支出预算的审查、硬化支出预算约束。

各级预算收入的编制,应当与经济社会发展水平相适应,与财政政策相衔接。各级政府、各部门、各单位应当依照《预算法》规定,将所有政府收入全部列入预算,不得隐瞒、少列。

各级预算支出应当依照《预算法》规定,按其功能和经济性质分类编制。各级预算支出的编制,应当贯彻勤俭节约的原则,严格控制各部门、各单位的机关运行经费和楼堂馆所等基本建设支出。

中央预算和有关地方预算中应当安排必要的资金,用于扶助革命老区、民族地区、边疆地区、贫困地区发展经济社会建设事业。

各级一般公共预算支出的编制,应当统筹兼顾,在保证基本公共服务合理需要的前提下,优先安排国家确定的重点支出。各级一般公共预算应当按照本级一般公共预算支出额的1%至3%设置预备费,用于当年预算执行中的自然灾害等突发事件处理增加的支出及其他难以预见的开支。

(二) 预算审批

中央预算由全国人民代表大会审查和批准。地方各级预算由本级人民代表大会审查和批准。

全国人民代表大会和地方各级人民代表大会对预算草案及其报告、预算执行情况的报告重点审查下列内容。

(1) 上一年预算执行情况是否符合本级人民代表大会预算决议的要求。

(2) 预算安排是否符合《预算法》的规定。

(3) 预算安排是否贯彻国民经济和社会发展的方针政策,收支政策是否切实可行。

(4) 重点支出和重大投资项目的预算安排是否适当。

(5) 预算的编制是否完整,是否细化。
(6) 对下级政府的转移性支出预算是否规范、适当。
(7) 预算安排举借的债务是否合法、合理,是否有偿还计划和稳定的偿还资金来源。
(8) 与预算有关重要事项的说明是否清晰。

各级预算经本级人民代表大会批准后,本级政府财政部门应当在二十日内向本级各部门批复预算。各部门应当在接到本级政府财政部门批复的本部门预算后十五日内向所属各单位批复预算。

(三) 预算执行

各级预算由本级政府组织执行,具体工作由本级政府财政部门负责。各部门、各单位是本部门、本单位的预算执行主体,负责本部门、本单位的预算执行,并对执行结果负责。

预算收入征收部门和单位,必须依照法律、行政法规的规定,及时、足额征收应征的预算收入。不得违反法律、行政法规规定,多征、提前征收或者减征、免征、缓征应征的预算收入,不得截留、占用或者挪用预算收入。各级政府不得向预算收入征收部门和单位下达收入指标。

政府的全部收入应当上缴国家金库,任何部门、单位和个人不得截留、占用、挪用或者拖欠。对于法律有明确规定或者经国务院批准的特定专用资金,可以依照国务院的规定设立财政专户。

各级政府财政部门必须依照法律、行政法规和国务院财政部门的规定,及时、足额地拨付预算支出资金,加强对预算支出的管理和监督。各级政府、各部门、各单位的支出必须按照预算执行,不得虚假列支。各级政府、各部门、各单位应当对预算支出情况开展绩效评价。

县级以上各级预算必须设立国家金库;具备条件的乡、民族乡、镇也应当设立国家金库。

(四) 预算调整

经全国人民代表大会批准的中央预算和经地方各级人民代表大会批准的地方各级预算,在执行中出现下列情况之一的,应当进行预算调整:
(1) 需要增加或者减少预算总支出的;
(2) 需要调入预算稳定调节基金的;
(3) 需要调减预算安排的重点支出数额的;
(4) 需要增加举借债务数额的。

在预算执行中,各级政府对于必须进行的预算调整,应当编制预算调整方案。预算调整方案应当说明预算调整的理由、项目和数额。

在预算执行中,由于发生自然灾害等突发事件,必须及时增加预算支出的,应当先动支预备费;预备费不足支出的,各级政府可以先安排支出,属于预算调整的,列入预算调整方案。

国务院财政部门应当在全国人民代表大会常务委员会举行会议审查和批准预算调整方案的三十日前,将预算调整初步方案送交全国人民代表大会财政经济委员会进行初步审查。

省、自治区、直辖市政府财政部门应当在本级人民代表大会常务委员会举行会议审查和批准预算调整方案的三十日前,将预算调整初步方案送交本级人民代表大会有关专门委员会进行初步审查。

设区的市、自治州政府财政部门应当在本级人民代表大会常务委员会举行会议审查和批准预算调整方案的三十日前,将预算调整初步方案送交本级人民代表大会有关专门委员会进行初步审查,或者送交本级人民代表大会常务委员会有关工作机构征求意见。

县、自治县、不设区的市、市辖区政府财政部门应当在本级人民代表大会常务委员会举行会议审查和批准预算调整方案的三十日前,将预算调整初步方案送交本级人民代表大会常务委员会有关工作机构征求意见。

中央预算的调整方案应当提请全国人民代表大会常务委员会审查和批准。县级以上地方各级预算的调整方案应当提请本级人民代表大会常务委员会审查和批准;乡、民族乡、镇预算的调整方案应当提请本级人民代表大会审查和批准。未经批准,不得调整预算。

【边学边练 4-6·多选题】下列有关预算的审批、执行、调整等的表述中正确的有(　　)。
A. 中央预算由全国人民代表大会审查和批准
B. 地方各级政府预算由上级人民代表大会审查和批准
C. 各级预算由本级政府组织执行,具体工作由本级政府财政部门负责
D. 乡、民族乡、镇政府预算的调整方案必须提请本级人民代表大会常务委员会审查和批准

【答案】AC。

【解析】选项 B,地方各级政府预算由本级人民代表大会审查和批准,不是由上级人民代表大会批准;选项 D,乡、民族乡、镇政府预算的调整方案必须提请本级人民代表大会审查和批准,不是提请本级人民代表大会常务委员会审查和批准。

六、决算

决算是预算收支的年度执行结果,是国家经济活动在财政上的集中反映。

(一)决算草案编制

编制决算草案,必须符合法律、行政法规,做到收支真实、数额准确、内容完整、报送及时。

决算草案应当与预算相对应,按预算数、调整预算数、决算数分别列出。一般公共预算支出应当按其功能分类编列到项,按其经济性质分类编列到款。

(二)决算草案审批

国务院财政部门编制中央决算草案,经国务院审计部门审计后,报国务院审定,由国务院提请全国人民代表大会常务委员会审查和批准。

县级以上地方各级政府财政部门编制本级决算草案,经本级政府审计部门审计后,报本级政府审定,由本级政府提请本级人民代表大会常务委员会审查和批准。

乡、民族乡、镇政府编制本级决算草案,提请本级人民代表大会审查和批准。

(三)决算草案批复

各级决算经批准后,财政部门应当在二十日内向本级各部门批复决算。各部门应当在接到本级政府财政部门批复的本部门决算后十五日内向所属单位批复决算。

【边学边练 4-7·判断题】国务院财政部门编制中央决算草案后直接提请全国人民代表大会常务委员会审查和批准。(　　)

【答案】错。

【解析】国务院财政部门编制中央决算草案,经国务院审计部门审计后,报国务院审定,由国务院提请全国人民代表大会常务委员会审查和批准。

七、预决算监督

预决算的监督主要包括:国家权力机关的监督、各级政府的监督、各级政府财政部门的监督和县级以上政府审计部门的监督以及社会监督等。

(一)国家权力机关的监督

全国人民代表大会及其常务委员会对中央和地方预算、决算进行监督。

县级以上地方各级人民代表大会及其常务委员会对本级和下级预算、决算进行监督。

乡、民族乡、镇人民代表大会对本级预算、决算进行监督。

(二)各级政府的监督

各级政府监督下级政府的预算执行;下级政府应当定期向上一级政府报告预算执行情况。

【特别提示】国务院和县级以上地方各级政府应当在每年6月至9月期间向本级人民代表大会常务委员会报告预算执行情况。

(三)各级政府财政部门的监督

各级政府财政部门负责监督检查本级各部门及其所属各单位预算管理有关工作,并向本级政府和上一级政府财政部门报告预算执行情况。

(四)县级以上政府审计部门的监督

县级以上政府审计部门依法对预算执行、决算实行审计监督。对预算执行和其他财政收支的审计工作报告应当向社会公开。

(五)社会监督

公民、法人或者其他组织发现有违反《预算法》的行为,可以依法向有关国家机关进行检举、控告。

【边学边练4-8·单选题】下列有关预决算管理监督的表述正确的有( )。

A. 全国人民代表大会及其常务委员会对中央和地方预算、决算进行监督

B. 县级以上地方各级人民代表大会及其常务委员会对本级和下级政府预算、决算进行监督

C. 乡、民族乡、镇人民代表大会对本级预算、决算进行监督

D. 各级政府财政部门负责监督本级各部门及其所属各单位预算的执行,并向上一级政府报告预算执行情况

【答案】ABC。

【解析】根据规定,各级政府财政部门负责监督检查本级各部门及其所属各单位预算管理有关工作,并向本级政府和上一级政府财政部门报告预算执行情况,因此选项D说法错误。

1. 全国人民代表大会是最高国家权力机关,实施预算管理是全国人民代表大会的一项基本职权。全国人民代表大会行使的预算管理职权主要有:(1)审查权,审查中央和地方预算草案;(2)批准权,批准中央预算和中央预算执行情况的报告。全国人民代表大会常务委员会行使的预算管理职权主要有:(1)监督权,监督中央和地方预算的执行;(2)审批权,审查和批准中央预算的调整方案、决算方案。

2. 根据《预算法》,我国全口径的财政收入支出由"四本账"构成——一般公共预算、政府性基金预算、国有资本经营预算和社会保险基金预算。

3. 预算资金用在哪儿,直接关系着百姓的福祉。以最大账本——一般公共预算为例,支出主要用于保障和改善民生、推动经济社会发展、维护国家安全、维持国家机构正常运转等方面。2017年对扶贫、农业、教育、社会保障、医疗卫生等领域加大保障力度,这些方面的支出只增不减;压减一般性支出方面,继续按照只减不增的原则,严格控制"三公"经费预算。百姓关心什么,政府就重视什么,资金就投向哪里。以2017年预算支出占比居前的领域为例,尽显民生情怀,彰显了财政资金取之于民、用之于民的性质。

任务二　政府采购法律制度

20××年7月,Y招标公司接受采购人委托,就该单位"某系统建设项目"组织公开招标工作。7月10日,Y招标公司在中国政府采购网上发布了招标公告。7月15日,A公司认为招标文件中存在歧视性条款,向Y招标公司提出质疑。7月16日,Y招标公司答复质疑。A公司对质疑答复不满,向财政部门提出投诉。8月7日,Y招标公司在中国政府采购网发布了中标公告。

调查情况如下:

财政部门调取了本项目的招标文件、投标文件和评标报告等资料。在调查过程中发现,本项目是行政机关使用财政性资金采购货物,预算金额为1200万元,属于政府采购,应当适用《中华人民共和国政府采购法》及相关规定,但Y招标公司未按照《中华人民共和国政府采购法》规定的程序开展采购活动,适用法律错误。对此,财政部门依法启动监督检查程序。

Y招标公司称,在其与采购人沟通过程中,因公司代表理解错误,导致其按照招标投标法的规定和程序进行本项目招标工作,公司并非故意规避政府采购法及其实施条例的规定。

财政部门在进一步调查中查明:20××年10月,本项目可行性研究报告的批复文件中记载:"资金来源:全部由中央投资安排解决。"随后,采购人与Y招标公司沟通项目具体情况,并将本项目批文提供给Y招标公司。

问题:请认真阅读案例,结合调查情况,对案例进行分析。

一、政府采购法律制度的构成

政府采购,是指各级国家机关、事业单位和团体组织,使用财政性资金采购(采购是指购买、租赁、委托、雇用等)依法制定的集中采购目录以内的或者采购限额标准以上的货物、工程和服务的行为。

政府采购法律制度由政府采购法律、政府采购行政法规、政府采购地方性法规和政府采购行政规章组成。

(一)政府采购法律

2002年6月29日,第九届全国人民代表大会常务委员会第二十八次会议审议通过了《中华人民共和国政府采购法》(以下简称《政府采购法》),该法于2003年1月1日起施行。2014年8月31日,第十二届全国人民代表大会常务委员会第十次会议通过了《关于修改〈中华人民共和国保险法〉等五部法律的决定》,对《政府采购法》进行修正。《政府采购法》是规范我国政府采购活动的根本性法律,也是制定其他政府采购法规制度的基本依据。《政府采购法》的颁布与实施是为了规范政府采购行为,提高政府采购资金的使用效益,维护国家利益和社会公共利益,保护政府采购当事人的合法权益,促进廉政建设。

(二)政府采购行政法规

2014年12月31日国务院第75次常务会议通过《中华人民共和国政府采购法实施条例》,该条例自2015年3月1日起施行。

(三)政府采购地方性法规

政府采购地方性法规,是指省、自治区、直辖市的人民代表大会及其常务委员会制定的有关政府采购规范性文件,如《云南省政府采购条例》等。

(四)政府采购行政规章

1. 部门规章

政府采购部门规章主要是指国务院财政部门制定的一系列有关政府采购的部门规章,用以细化《政府采购法》中的原则性规定,包括《政府采购信息公告管理办法》《中央单位政府采购管理实施办法》《政府采购货物和服务招标投标管理办法》等。

2. 地方政府规章

政府采购地方规章,是指省、自治区、直辖市的人民政府制定的地方规范性文件,如《北京市政府采购办法》《深圳经济特区政府采购条例》等。

【边学边练4-9·多选题】下列关于《政府采购法》的表述中,正确的有(   )。
A. 《政府采购法》于2002年经第九届全国人民代表大会常务委员会第二十八次会议审议通过
B. 《政府采购法》自2002年通过之日起开始实施
C. 2014年第十二届全国人民代表大会常务委员会第十次会议通过了对《政府采购法》的修正
D. 《政府采购法》是规范我国政府采购活动的根本性法律

【答案】ACD。

【解析】本题考核的知识点主要是《政府采购法》的通过与实施年份,《政府采购法》于2002年通过,自2003年1月1日起施行,因此选项B是错误的。

二、政府采购的原则、功能与执行模式

(一) 政府采购的原则

《政府采购法》第三条规定,政府采购应当遵循公开透明原则、公平竞争原则、公正原则和诚实信用原则。

1. 公开透明原则

公开透明原则要求政府采购的信息应当在政府采购监督管理部门指定的媒体上及时向社会公开发布,但涉及商业秘密的除外;采购人应依法公布政府采购项目的采购标准和采购结果;供应商还可以对有关活动的程序提出询问或质疑。公开透明原则应当贯穿政府采购的全过程。

政府采购被誉为"阳光下的交易",体现了政府采购的公开透明原则。

2. 公平竞争原则

公平竞争原则要求政府采购要通过公平竞争选择最优的供应商,取得最好的采购效果,所有参加竞争的供应商机会均等并受到同等待遇,对其不得有任何歧视行为。

3. 公正原则

公正原则是指在公开、公平原则上所取得结果的公正以及整个操作程序和过程的公正。公正原则主要体现在对供应商的确定上,如评标标准明确严格、评标程序的公正、利害关系人的回避程度等。政府采购当事人在采购活动中的地位是平等的,任何一方不得向另一方提出不合理的要求,不得将自己的意志强加给对方。公正原则是建立在公开透明和公平竞争的基础上的,只有公开透明和公平竞争,才能有公正的政府采购结果。

4. 诚实信用原则

诚实信用原则本是民事活动的基本原则,政府采购包括民事因素,也包括公共管理的因素,这两个因素都要求遵守民事活动的基本原则。诚实信用原则要求政府采购各方都要诚实信用,不得有欺骗背信的行为,以善意的方式行使权力,尊重他人利益和公共利益,忠实地履行约定义务。

【边学边练4-10·单选题】政府采购被誉为"阳光下的交易",体现了(   )。

A. 公开透明原则
B. 公平竞争原则
C. 公正原则

D. 诚实信用原则

【答案】A。

【解析】本题考核政府采购的原则。政府采购被誉为"阳光下的交易",体现了政府采购的公开透明原则。

(二) 政府采购的功能

1. 节约财政支出,提高采购资金的使用效益

政府采购要遵循公开透明、公平竞争、公正和诚实信用等原则,实现规范的、阳光化的采购。这样,不仅可以使政府得到价格合理、质量优良、服务良好的商品和服务,大幅度节约支出,降低行政成本,而且可以强化预算约束,减少资金的流通环节,提高资金的使用效益。

2. 强化宏观调控

政府采购在经济发展中可以起到宏观调控作用,推进保护国内产业、保护环境,扶持经济不发达地区和中小企业发展等政策的实施。

3. 活跃市场经济

政府采购使政府正常运转需要的产品、过程和服务,由政府自产、自建、自管转为全方位面向市场开放,大大地活跃了市场经济。政府采购的原则极大地调动了供应商的参与热情,促使供应商按照市场经济的运行规律,不断提高产品质量或服务质量,为市场经济注入了活力,从而促进了整个市场经济更加活跃与繁荣。

4. 推进反腐倡廉

建立政府采购制度,在政府采购过程中引入了招标、投标等竞争机制,在当事各方之间建立起相互监督的制约关系,各方将在公开透明的"游戏规则"下为自身利益最大化而展开竞争,从而从制度层面有效地减少采购过程中的权钱交易、寻租等腐败现象的发生。

5. 保护民族产业

政府采购原则上应该采购本国产品,担负起保护本国民族产业的重要职责。根据《政府采购法》第十条的规定,除少数法定情形外,政府采购应当采购本国货物、工程和服务。这一规定体现了国货优先原则,说明政府采购在保护民族产业方面的功能。在当今开放的国际经济背景下,政府采购通过对企业规模、产品产地、技术条件、品牌的限制和选择,可以有效地保护和支持民族产业发展,提高民族产业在国际市场上的竞争力。

【点拨指导】政府采购原则上应当"支持国货",除非需要采购的货物、工程或者服务在中国境内无法获取或者无法以合理的商业条件获取,以及为在中国境外使用而进行的采购。

(三) 政府采购的执行模式

政府采购实行集中采购和分散采购相结合,以集中为主、分散为辅的执行模式。凡纳入集中采购目录的政府采购项目,均应当实行集中采购。

1. 集中采购

集中采购是指采购人将列入集中采购目录的项目委托集中采购机构代理采购或者进行部门集中采购的行为。按照《政府采购法》第十八条的规定,采购人采购纳入集中采购目录的政府采购项目,必须委托采购机构代理采购。按集中程度不同,集中采购又分为政府集中采购和部门集中采购。

集中采购的特点如下。

(1) 采购单位必须委托集中采购机构代理采购,不得擅自自行组织采购,其中部门集中采购可以由主管部门统一组织集中采购。

(2) 列入集中采购的项目往往是一些大宗的、通用的项目,一般采购单位都会涉及并需要采购,或者是一些社会关注程度较高、影响较大的特定商品、大型工程和重要服务类项目。

(3) 集中采购所具有的采购成本低、操作相对规范和社会影响大的特点,可以发挥政府采购的规模优势和政策作用,便于实施统一的管理和监督。

(4) 集中采购周期长、程序复杂,难以满足用户多样化的需求,特别是无法满足紧急情况的采购需要。

2. 分散采购

分散采购是指采购人将采购限额标准以上的未列入集中采购目录的项目自行采购或者委托采购代理机构代理采购的行为。

分散采购所采购的对象是集中采购目录以外、采购限额标准以上的货物、工程和服务。分散采购可以由各预算单位自行采购,也可以委托采购代理机构在委托范围内代理采购。

分散采购的特点如下。

(1) 采购单位可以依法自行组织实施采购,也可以委托集中采购机构或其他具有政府采购代理资格的社会中介代理采购。

(2) 列入分散采购的项目往往是一些专业化程度较高或单位有特殊需求的项目,一般不具有通用性的特征。

(3) 分散采购有利于满足采购及时性和多样性的需求,手续简单。

(4) 分散采购失去了规模效益,加大了采购成本,也不便于实施统一的管理和监督。

【边学边练 4-11·判断题】政府采购必须委托集中采购机构代理采购。(　　)

【答案】错。

【解析】按照《政府采购法》第十八条的规定,采购人采购未纳入集中采购目录的政府采购项目,可以自行采购,也可以委托集中采购机构在委托的范围内代理采购。

三、政府采购的对象与当事人

(一) 政府采购的对象

政府采购的对象包括货物、工程和服务。货物,是指各种形态和种类的物品,包括原材料、燃料、设备、产品等;工程,是指建设工程,包括建筑物和构筑物的新建、改建、扩建、装修、拆除、修缮等;服务,是指除货物和工程以外的其他政府采购对象,包括政府自身需要的服务和政府向社会公众提供的公共服务。

另外,需要注意不适用《政府采购法》的情形:

(1) 使用国际组织和外国政府贷款进行的政府采购,贷款方、资金提供方与中方达成的协议对采购的具体条件另有规定的。

(2) 对因严重自然灾害和其他不可抗力事件所实施的紧急采购。

(3) 军事采购。

(4) 涉及国家安全和秘密的采购。

（二）政府采购当事人

政府采购当事人是指在政府采购活动中享有权利和承担义务的各类主体，包括采购人、供应商和采购代理机构等。

1. 采购人

采购人是指依法进行政府采购的国家机关、事业单位、团体组织。作为政府采购的当事人，一般具有两个重要特征：一是采购人是依法进行政府采购的国家机关、事业单位、团体组织；二是采购人的政府采购行为从筹划、决策到实施，都必须在《政府采购法》等法律法规的规定范围内进行。

（1）采购人的权利。

采购人的权利主要包括：

① 自行选择采购代理机构的权利；

② 要求采购代理机构遵守委托代理协议约定的权利；

③ 审查政府采购供应商的资格的权利；

④ 依法确定中标供应商的权利；

⑤ 签订采购合同并参与对供应商履约验收的权利；

⑥ 特殊情况下提出特殊要求的权利，例如，对于纳入集中采购目录属于本部门、本系统有特殊要求的项目，可以实行部门集中采购；属于本单位有特殊要求的项目，经省级以上人民政府批准，可以自行采购；

⑦ 其他合法权利。

（2）采购人的义务。

采购人的义务主要包括：

① 遵守政府采购的各项法律法规和规章制度；

② 接受和配合政府采购监督管理部门的监督检查，同时还要接受和配合审计机关的审计监督以及监察机关的监察；

③ 尊重供应商的正当合法权益；

④ 遵守采购代理机构的工作秩序；

⑤ 在规定时间内与中标供应商签订政府采购合同；

⑥ 在指定媒体及时向社会发布政府采购信息、招标结果；

⑦ 依法答复供应商的询问和质疑；

⑧ 妥善保存反映每项采购活动的采购文件；

⑨ 其他法定义务。

【特别提示】采购人不得向供应商索要或者接受其给予的赠品、回扣或者与采购无关的其他商品、服务。

2. 供应商

供应商是指向采购人提供货物、工程或者服务的法人、其他组织或者自然人。供应商是政府采购市场的供方主体。

（1）供应商参加政府采购的法定条件。

供应商参加政府采购活动应具备以下几个条件：

① 具有独立承担民事责任的能力；

② 具有良好的商业信誉和健全的财务会计制度；
③ 具有履行合同所必需的设备和专业技术能力；
④ 有依法缴纳税收和社会保障资金的良好记录；
⑤ 参加政府采购活动前三年内,在经营活动中没有重大违法记录；
⑥ 法律、行政法规规定的其他条件。

两个以上的自然人、法人或者其他组织可以组成一个联合体,以一个供应商的身份共同参加政府采购。以联合体形式进行政府采购的供应商应当向采购人提交联合协议,载明联合体各方承担的工作和义务。联合体各方应当共同与采购人签订采购合同,就采购合同约定的事项对采购人承担连带责任。联合体中供应商资质"就低不就高",即联合体中有同类资质的供应商按照联合体分工承担相同工作的,应当按照资质等级较低的供应商确定资质等级。

(2) 供应商的权利。

供应商的权利主要包括：
① 平等地取得政府采购供应商资格的权利；
② 平等地获得政府采购信息的权利；
③ 自主、平等地参加政府采购竞争的权利；
④ 就政府采购活动事项提出询问、质疑和投诉的权利；
⑤ 自主、平等地签订政府采购合同的权利；
⑥ 要求采购人或采购代理机构保守其商业秘密的权利；
⑦ 监督政府采购依法公开、公正进行的权利；
⑧ 其他合法权利。

(3) 供应商的义务。

供应商的义务主要包括：
① 遵守政府采购的各项法律法规和规章制度；
② 按规定接受供应商资格审查,并在资格审查中客观真实地反映自身情况；
③ 在政府采购活动中,满足采购人或采购代理机构的正当要求；
④ 投标中标后,按规定程序签订政府采购合同并严格履行合同义务；
⑤ 其他法定义务。

关于供应商还需要强调以下几点。

(1) 关联企业禁止参与同一项目：即单位负责人为同一人或者存在直接控股、管理关系的不同供应商,不得参加同一合同项下的政府采购活动。

(2) 供应商不得再参加同一采购项目其他采购活动的情形：即除单一来源采购项目外,为采购项目提供整体设计、规范编制或者项目管理、监理、检测等服务的供应商,不得再参加该采购项目的其他采购活动。

【特别提示】供应商不得以向采购人、采购代理机构、评标委员会的组成人员、竞争性谈判小组的组成人员、询价小组的组成人员行贿或者采取其他不正当手段谋取中标或者成交。

3. 采购代理机构

这里所称采购代理机构是指集中采购机构和集中采购机构以外的采购代理机构。

(1) 集中采购机构。

集中采购机构是设区的市级以上人民政府依法设立的非营利事业法人,是代理集中采购项目的执行机构。

集中采购机构的性质有两点：一是集中采购机构是采购代理机构，它只能根据采购人的委托，以代理人的身份办理政府采购事务，集中采购机构完全是为了向采购人提供采购服务而设立的；二是集中采购机构不是政府机关，而是非营利性的事业法人。集中采购机构进行的采购不是为了满足自身的需要，而是为采购人采购纳入集中采购目录和部分未纳入集中采购目录的政府采购项目等。

【点拨指导】政府采购中心是典型的集中采购机构，不是政府机关，而是非营利性的事业法人，其采购代理资格是政府依法设立的。

纳入集中采购目录属于通用的政府采购项目的，应当委托集中采购机构代理采购；属于本部门、本系统有特殊要求的项目，应当实行部门集中采购；属于本单位有特殊要求的项目，经省级以上人民政府批准，可以自行采购。

(2) 集中采购机构以外的采购代理机构

集中采购机构以外的采购代理机构是依法成立的从事采购代理业务的社会中介机构，有能力和良好信誉承担政府采购的业务代理工作。

采购人依法委托采购代理机构办理采购事宜的，应当由采购人与采购代理机构签订委托代理协议，依法确定委托代理的事项，明确代理采购的范围、权限和期限等具体事项，约定双方的权利义务。采购人和采购代理机构应当按照委托代理协议履行各自义务，采购代理机构不得超越代理权限。

政府采购代理机构作为一种特殊的利益主体，应当对包括自身在内的政府采购当事人负责，自觉履行政府采购法律法定的义务，依法开展代理采购活动，维护国家利益和社会公共利益。就具体操作过程而言，其义务和责任主要包括：

① 依法开展代理采购活动并提供良好服务；
② 依法发布采购信息；
③ 依法接受监督管理；
④ 不得向采购人行贿或者采取其他不正当手段谋取非法利益；
⑤ 其他法定义务和责任。

【边学边练4-12·单选题】下列选项中，不属于政府采购当事人的是（　　）。
A. 采购人
B. 保证人
C. 供应商
D. 采购代理机构

【答案】B。

【解析】政府采购当事人是指在政府采购活动中享有权利和承担义务的各类主体，包括采购人、供应商和采购代理机构。

四、政府采购中的回避

在政府采购活动中，采购人员及相关人员与供应商有下列利害关系之一的，应当回避：
(1) 参加采购活动前三年内与供应商存在劳动关系；
(2) 参加采购活动前三年内担任供应商的董事、监事；
(3) 参加采购活动前三年内是供应商的控股股东或者实际控制人；

（4）与供应商的法定代表人或者负责人有夫妻、直系血亲、三代以内旁系血亲或者近姻亲关系；

（5）与供应商有其他可能影响政府采购活动公平、公正进行的关系。

【特别提示】供应商认为采购人员及相关人员与其他供应商有利害关系的，可以向采购人或者采购代理机构书面提出回避申请，并说明理由。采购人或者采购代理机构应当及时询问被申请回避人员，有利害关系的被申请回避人员应当回避。

五、政府采购方式

根据《政府采购法》的规定，政府采购通常采用以下方式。

（一）公开招标

公开招标，又叫竞争性招标，即由招标人在报刊、电子网络或其他媒体上刊登招标公告，吸引众多企业单位参加投标竞争，招标人从中择优选择中标单位的招标方式。

公开招标具有以下优点。

（1）有利于开展真正意义上的竞争，最充分地展示公开、公正、公平竞争的招标原则，防止和克服垄断。

（2）能有效地促使承包商增强竞争实力，努力提高工程质量，缩短工期，降低造价，求得节约和效率，创造最合理的利益回报。

（3）有利于防范招标投标活动操作人员和监督人员的舞弊现象。

公开招标具有以下缺点。

（1）参加竞争的投标人越多，每个参加者中标的概率将越小，损失投标费用的风险也越大。

（2）招标人审查投标人资格、招标文件的工作量比较大，耗费的时间长，招标费用支出也比较多。

【特别提示】公开招标应作为政府采购的主要采购方式。

（二）邀请招标

邀请招标，也称为有限竞争招标，是指一种由招标人选择若干供应商或承包商，向其发出投标邀请，由被邀请的供应商、承包商投标竞争，从中选定中标者的招标方式。

邀请招标具有以下特点。

（1）邀请投标不使用公开的公告形式。

（2）接受邀请的单位才是合格投标人。

（3）投标人的数量有限。

【边学边练4-13·判断题】邀请招标应作为政府采购的主要采购方式。（　　）

【答案】错。

【解析】公开招标应作为政府采购的主要采购方式。

（三）竞争性谈判

竞争性谈判是指由采购人的代表和有关专家组成的谈判小组通过与符合条件的多家供应商（不少于三家）进行谈判，最后从中确定中标供应商的一种采购方式。

符合下列情形之一的，可以采用竞争性谈判方式采购。

(1) 招标后没有供应商投标或者没有合格标的或者重新招标未能成立的。
(2) 技术复杂或者性质特殊,不能确定详细规格或者具体要求的。
(3) 采用招标所需时间不能满足用户紧急需要的。
(4) 不能事先计算出价格总额的。

(四) 单一来源采购

单一来源采购是指只能从唯一供应商处采购的方式。比如当遇到不可预见的紧急情况、为了保证原有采购项目一致性或服务配套要求,需要从原供应商添购原合同采购金额10%以内的情形的政府采购项目,采购人向特定的一个供应商采购。

(五) 询价

询价采购是指询价小组对符合条件的几个供货商(通常至少三家)的报价进行比较以确保符合采购要求且价格具有竞争性的一种采购方式。

询价采购具有以下特点。
(1) 邀请报价的供应商数量至少为三家。
(2) 在询价过程中,询价小组不得改变询价通知书所确定的政府采购条款;只允许供应商提供一个报价且不允许其改变报价。
(3) 采购人根据符合采购需求、质量和服务相等且报价最低的原则确定成交供应商,并将结果通知所有被询价的未成交的供应商。

(六) 国务院政府采购监督管理部门认定的其他采购方式

国务院政府采购监督管理部门认定的其他采购方式主要是竞争性磋商。

竞争性磋商采购方式,是指采购人、政府采购代理机构通过组建竞争性磋商小组与符合条件的供应商就采购货物、工程和服务事宜进行磋商,供应商按照磋商文件的要求提交响应文件和报价,采购人从磋商小组评审后提出的候选供应商名单中确定成交供应商的采购方式。

上述六种政府采购方式的适用条件、特别规定、投标供应商数量等的比较,如表4-1至表4-3所示。

表4-1 政府采购方式适用条件的比较

采购方式	适用条件
公开招标	公开招标数额标准以上的货物、工程和服务
邀请招标	1. 具有特殊性,只能从有限范围的供应商处采购的; 2. 采用公开招标方式的费用占政府采购项目总价值的比例过大的
竞争性谈判	1. 招标后没有供应商投标或者没有合格标的或者重新招标未能成立的; 2. 技术复杂或者性质特殊,不能确定详细规格或者具体要求的; 3. 采用招标所需时间不能满足用户紧急需要的; 4. 不能事先计算出价格总额的
单一来源采购	1. 只能从唯一供应商处采购的; 2. 发生了不可预见的紧急情况,不能从其他供应商处采购的; 3. 必须保证原有采购项目一致性或者服务配套的要求,需要继续从原供应商处添购,且添购资金总额不超过原合同采购金额10%的

续表

采购方式	适用条件
询价	采购的货物规格、标准统一、现货货源充足且价格变化幅度小的政府采购项目,可以采用询价方式采购
竞争性磋商	1. 政府购买服务项目; 2. 技术复杂或者性质特殊,不能确定详细规格或者具体要求的; 3. 因艺术品采购、专利、专有技术或者服务的时间、数量事先不能确定等原因不能事先计算出价格总额的; 4. 市场竞争不充分的科研项目,以及需要扶持的科技成果转化项目; 5. 按照《中华人民共和国招标投标法》及其实施条例必须进行招标的工程建设项目以外的工程建设项目

表 4-2　政府采购方式特别规定的比较

采购方式	特别规定
公开招标	不得将应当以公开招标方式采购的货物或者服务化整为零或者以其他任何方式规避公开招标采购
邀请招标	在采购活动开始前,报经主管预算单位同意后,向设区的市、自治州以上人民政府财政部门申请批准
竞争性谈判	
单一来源采购	
询价	
竞争性磋商	

表 4-3　政府采购方式关于投标供应商数量的比较

采购方式	投标供应商数量
公开招标	不少于三家供应商参加投标
邀请招标	从符合相应资格条件的供应商中,通过随机方式选择三家以上的供应商
单一来源采购	从唯一供应商处采购
竞争性谈判	通过发布公告、从省级以上财政部门建立的供应商库中随机抽取或者采购人和评审专家分别书面推荐的方式邀请不少于三家符合相应资格条件的供应商参与竞争性谈判或者询价采购活动或者竞争性磋商采购活动
询价	
竞争性磋商	

【边学边练 4-14·多选题】根据政府采购法律制度的规定,下列情形中,采购人可以采用竞争性谈判方式采购的有(　　)。

A. 采用招标所需时间不能满足用户紧急需要的
B. 不能事先计算出价格总额的
C. 采用公开招标方式的费用占政府采购项目总价值的比例过大的
D. 技术复杂或者性质特殊,不能确定详细规格或者具体要求的

【答案】ABD。

【解析】本题考核竞争性谈判方式采购的适用条件,选项 C 适用邀请招标方式。

六、政府采购的询问、质疑、投诉与监督检查

(一)询问

供应商对政府采购活动事项有疑问的,可以提出询问,采购人或者采购代理机构应当在

三个工作日内对供应商依法提出的询问做出答复,但答复的内容不得涉及商业机密。

(二)质疑

供应商认为采购文件、采购过程、中标、成交结果使自己的权益受到损害的,可以在知道或者应知其权益受到损害之日起七个工作日内,以书面形式向采购人、采购代理机构提出质疑。

采购人、采购代理机构应当在收到供应商的书面质疑后七个工作日内做出答复,并以书面形式通知质疑供应商和其他有关供应商,但答复的内容不得涉及商业秘密。

(三)投诉

1. 提起投诉

质疑供应商对采购人、采购代理机构的答复不满意或者采购人、采购代理机构未在规定时间内做出答复的,可以在答复期满后十五个工作日内向同级政府采购监督管理部门投诉。

2. 处理投诉

政府采购监督管理部门收到投诉书后,应当在五个工作日内进行审查,审查后按照下列情况处理。

(1)投诉书内容不符合《政府采购质疑和投诉办法》第十八条规定的,应当在收到投诉书五个工作日内一次性书面通知投诉人补正。

(2)投诉不符合《政府采购质疑和投诉办法》第十九条规定条件的,应当在三个工作日内书面告知投诉人不予受理,并说明理由。

(3)投诉不属于本部门管辖的,应当在三个工作日内书面告知投诉人向有管辖权的部门提起投诉。

(4)投诉符合法律对投诉书内容、投诉人条件等要求的,自收到投诉书之日起即为受理,并在收到投诉后八个工作日内向被投诉人和其他与投诉事项有关的当事人发出投诉答复通知书及投诉书副本。

3. 处理决定

政府采购监督管理部门应当自收到投诉之日起三十个工作日内,对投诉事项做出处理决定。

政府采购监督管理部门处理投诉事项,需要检验、检测、鉴定、专家评审以及需要投诉人补正材料的,所需时间不计算在投诉处理期限内。

【边学边练4-15·多选题】政府采购供应商认为采购文件使自己的权益受到损害的,可以提出质疑的期限是(   )。

A. 事实发生之日起七个工作日内
B. 事实发生之日起十个工作日内
C. 知道或者应知其权益受到损害之日起七个工作日内
D. 知道或者应知其权益受到损害之日起十个工作日内

【答案】C。

【解析】供应商认为采购文件、采购过程和中标、成交结果使自己的权益受到损害的,可以在知道或者应知其权益受到损害之日起七个工作日内,以书面形式向采购人提出质疑。

(四) 政府采购的监督检查

各级人民政府财政部门是负责政府采购监督管理的部门,各级人民政府其他有关部门依法履行与政府采购有关的监督管理职责。

1. 政府采购监督管理部门的监督

政府采购监督管理部门应当加强对政府采购活动及集中采购机构的监督检查。监督检查的主要内容是:有关政府采购的法律、行政法规和规章的执行情况;采购范围、采购方式和采购程序的执行情况;政府采购人员的职业素质和专业技能。

【特别提示】政府采购监督管理部门不得设置集中采购机构,不得参与政府采购项目的采购活动。采购代理机构与行政机关不得存在隶属关系或者其他利益关系。

2. 集中采购机构的内部监督

集中采购机构应当建立健全内部监督管理机制。采购活动的决策和执行程序应当明确,并相互监督、相互制约。经办采购的人员与负责采购合同审核、验收人员的职责权限应当明确,并相互分离。

集中采购机构的采购人员应当具有相关职业素质和专业技能,符合政府采购监督管理部门规定的专业岗位任职要求。

集中采购机构对其工作人员应当加强教育和培训;对采购人员的专业水平、工作实绩和职业道德状况定期进行考核。采购人员经考核不合格的,不得继续任职。

3. 采购人的内部监督

采购人必须按照《政府采购法》规定的采购方式和采购程序进行采购。政府采购项目的采购标准和采购结果应当依法公布。任何单位和个人不得违反《政府采购法》规定,要求采购人或者采购工作人员向其指定的供应商进行采购。

4. 政府其他有关部门的监督

依照法律、行政法规的规定对政府采购负有行政监督职责的政府有关部门,应当按照其职责分工,加强对政府采购活动的监督。

审计机关应当对政府采购进行审计监督。政府采购监督管理部门、政府采购各当事人有关政府采购活动,应当接受审计机关的审计监督。

监察机关应当加强对参与政府采购活动的国家机关、国家公务员和国家行政机关任命的其他人员实施监察。

5. 政府采购活动的社会监督

任何单位和个人对政府采购活动中的违法行为,有权控告和检举,有关部门、机关应当依照各自职责及时处理。

【边学边练4-16·多选题】政府采购的监督检查包括( )。

A. 集中采购机构的内部监督
B. 政府审计机关的监督
C. 政府采购活动的社会监督
D. 分散采购机构的内部监督

【答案】ABC。

【解析】政府采购的监督检查包括:政府采购监督管理部门的监督,集中采购机构的内部监督,采购人的内部监督,政府其他有关部门的监督(审计机关、监察机关、其他有关部门),政府采购活动的社会监督。

【分析】

本案例反映了代理机构在开展属于国家机关使用财政性资金采购货物的政府采购活动中,未按照《政府采购法》《中华人民共和国政府采购法实施条例》及相关政府采购政策的规定执行而出现的问题。

《政府采购法》第二条规定:"在中华人民共和国境内进行的政府采购适用本法。本法所称政府采购,是指各级国家机关、事业单位和团体组织,使用财政性资金采购依法制定的集中采购目录以内的或者采购限额标准以上的货物、工程和服务的行为。"

本案例中,虽然Y招标公司称,因公司代表理解错误,导致其未按照政府采购法律制度的规定组织招标工作。但根据项目批文中的规定,可明显判断出本项目所用资金为财政性资金,已经达到政府采购的限额标准,且Y招标公司作为专业从事政府采购的代理机构,应当知道本项目须按照《政府采购法》及其实施条例规定开展采购活动。综上所述,本项目采购程序是违法的。

资料来源——中国政府采购网,案例二十八:"何时"用"何法"(2017-04-28)[2019-01-15]. http://www.ccgp.gov.cn/aljd/201704/t20170428_8174115.htm.

任务三 国库集中收付制度

某高速公路管理单位(事业单位)执行国库集中收付制度,20××年发生以下事件:10月份收取属于预算外资金的养路费300万元;购买单件物品9.2万元;收到政府拨付的救灾款50万元。

问题:

1. 该高速公路管理单位养路费上缴的账户是哪一个?
2. 购买单件物品应通过哪个账户进行支付?
3. 该单位收到政府拨付的救灾款50万元应存入什么账户?

一、国库集中收付制度的概念

国库是负责办理国家财政资金收纳和拨付业务的机构。国库集中收付制度,又称国库单一账户制度,包括国库集中支付制度和收入收缴管理制度,是指由财政部门代表政府设置国库单一账户体系,所有的财政性资金均纳入国库单一账户体系收缴、支付和管理的制度。

财政收入通过国库单一账户体系,直接缴入国库和财政专户;财政支出通过国库单一账户体系,以财政直接支付和财政授权支付的方式,将资金支付到商品和劳务供应者或用款单位,即预算单位使用资金却见不到资金;未支用的资金均保留在国库单一账户,由财政部门代表政府进行管理运作,降低政府筹资成本,为实施宏观调控政策提供可选择的手段。

【特别提示】国库集中收付制度是现代国库管理制度的基础。

【边学边练 4-17·多选题】下列关于国库集中收付的表述中,正确的有( )。

A. 支出通过国库单一账户体系支付到商品和劳务供应者或用款单位
B. 以国库单一账户体系为基础
C. 将所有的财政性质资金都纳入国库单一账户体系收缴、支付和管理
D. 将所有财政性资金都纳入国库单一账户体系管理

【答案】ABCD。

【解析】本题考核国库集中收付制度的相关内容。国库集中收付制度是对财政资金实行集中收缴和支付的制度,其核心是通过国库单一账户对现金进行集中管理,所有财政收入直接缴入国库,主要财政支出由财政部门直接支付到商品或劳务供应者。

二、国库单一账户体系

(一) 国库单一账户体系的概念

国库单一账户体系是指以财政国库存款账户为核心的各类财政性资金账户的集合。所有财政性资金的收入、支付、存储及资金清算活动均在该账户体系运行。

(二) 国库单一账户体系的构成

国库单一账户体系包括国库单一账户、财政部门零余额账户、预算单位零余额账户、预算外资金财政专户和特设专户。

1. 国库单一账户

国库单一账户是指财政部门在中国人民银行开设的国库存款账户,用于记录、核算和反映纳入预算管理的财政收入和财政支出活动,并用于与财政部门在商业银行开设的零余额账户的支付清算,实现支付。国库单一账户在财政总预算会计中使用,行政单位和事业单位不设置该账户。

2. 财政部门零余额账户

财政部门零余额账户是指财政部门在商业银行开设的零余额账户,用于财政直接支付和与国库单一账户支付清算。财政部门的零余额账户在国库会计中使用,行政单位和事业单位会计中不设置该账户。

3. 预算单位零余额账户

预算单位零余额账户是指财政部门在商业银行为预算单位开设的零余额账户,用于财政授权支付和与国库单一账户清算。预算单位零余额账户在行政单位和事业单位会计中使用。

【点拨指导】预算单位零余额账户可以办理转账、提取现金等结算业务;可以向本单位按账户管理规定保留的相应账户划拨工会经费、住房公积金及提租补贴,以及经财政部门批准的特殊款项;不得违反规定向本单位其他账户和上级主管单位、所属下级单位账户划拨资金。

4. 预算外资金财政专户

预算外资金财政专户是指财政部门在商业银行开设的预算外资金财政专户,用于记录、核算和反映预算外资金的收入支出活动,并用于预算外资金的日常收支清算。预算外资金财政专户在财政部门设立和使用。

5. 特设专户

特设专户是指经国务院和国务院授权财政部门批准为预算单位在商业银行开设的特殊专户,用于记录、核算和反映预算单位的特殊专项支出活动,并用于与国库单一账户清算。特设专户在按规定申请设置了特设专户的预算单位使用。

> 财政部门是持有和管理国库单一账户体系的职能部门,任何单位不得擅自设立、变更或撤销国库单一账户体系中的各类银行账户。
>
> 中国人民银行按照有关规定,加强对国库单一账户和代理银行的管理监督。

【边学边练4-18·判断题】预算单位零余额账户是预算单位在商业银行自行开设的零余额账户。( )

【答案】错。

【解析】财政部门在商业银行为核算单位开设的零余额账户,用于财政授权支付和清算,并不是题中所述"预算单位自行开设"。

三、财政收入与财政支出

(一)财政收入收缴方式和程序

财政收入的收缴分为直接缴库和集中汇缴两种方式。

1. 直接缴库

直接缴库是指由缴款单位或缴款人按有关法律法规规定,直接将应缴收入缴入国库单一账户或预算外资金财政专户。直接缴库的税收收入收缴程序如图4-1所示。

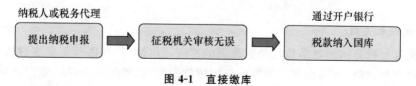

图4-1 直接缴库

直接缴库的其他收入,比照上述程序缴入国库单一账户或预算外资金财政专户。

2. 集中汇缴

集中汇缴是指由征收机关(有关法定单位)按照有关法律法规的规定,将所收的应缴收入汇总缴入国库单一账户或预算外资金财政专户。

集中汇缴收缴程序是,小额零散税收和法律另有规定的应缴收入,由征收机关在收缴收入的当日汇总缴入国库单一账户,如图4-2所示。

非税收入中的现金缴款,比照图4-2所示程序缴入国库单一账户或预算外资金财政专户。主要适用于需要当场执收,同时不便于现场开具缴款书的情况。

图4-2 集中汇缴

【边学边练4-19·判断题】集中汇缴是指由缴款单位或缴款人按有关法律法规规定,将应缴收入汇总后缴入国库单一账户或预算外资金财政专户。( )

【答案】错。

【解析】集中汇缴是指由征收机关(有关法定单位)按有关法律法规规定,将所收的应缴收入汇总缴入国库单一账户或预算外资金财政专户。

(二) 财政支出支付方式和程序

财政支出支付方式分为财政直接支付和财政授权支付两种。

1. 财政直接支付

财政直接支付是指财政部门向中国人民银行和代理银行签发支付指令,代理银行根据支付指令通过国库单一账户体系将资金直接支付到收款人(即商品或劳务的供应商)或用款单位(即具体申请和使用财政性资金的预算单位)账户。实行财政直接支付的支出包括财政统一发放的工资支出、工程采购和物品服务采购等购买支出的集中采购部分和转移支出。财政直接支付程序如图4-3所示。

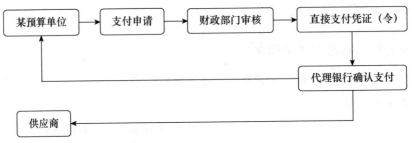

图4-3 财政直接支付程序

2. 财政授权支付

财政授权支付是指预算单位按照财政部的授权,自行向代理银行签发支付指令,代理银行根据支付指令,在财政部批准的预算单位的用款额度内,通过国库单一账户体系将资金支付到收款人账户。实行财政授权支付的支出包括未实行财政直接支付的购买支出和零星支出。

【点拨指导】财政直接支付是由指财政部门签发支付指令,代理银行根据支付指令支付相关款项;财政授权支付是由预算单位自行签发,代理银行根据支付指令支付相关款项。

财政授权支付程序如图4-4所示。

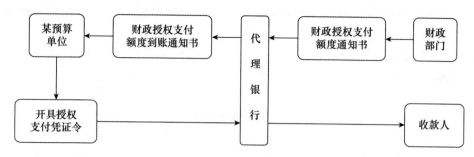

图 4-4　财政授权支付程序

【边学边练 4-20·多选题】财政支出支付方式主要有(　　)。
A. 财政直接支付
B. 财政授权支付
C. 银行代理支付
D. 银行集中支付

【答案】AB。
【解析】财政支出支付方式主要有财政直接支付和财政授权支付两种。

1. 本题考核财政专户。该高速公路管理单位养路费为预算外资金,应上缴到财政专户。

2. 单项物品和服务10万元以下,年度工程采购支出50万元以下,特别紧急及零星支出应财政授权支付,通过单位零余额账户进行。

3. 该单位收到政府拨付的救灾款50万元应存入特设专户。财政拨来的特殊用途的款项应该存入特设专户,特设专户是指经国务院或国务院授权财政部批准为预算单位在商业银行开设的特殊专户。

本单元是关于财政法律制度的介绍,主要内容包括预算法律制度、政府采购法律制度、国库集中支付制度。本单元内容相对抽象,不太容易理解,所以要多看书、多做题,并要注意理解与总结,切勿孤立地记忆,会应用所学知识对违反财政法律制度的行为进行具体分析。

一、单项选择题

1. 国家预算既是保障国家机器运转的物质条件,又是政府实施各项社会经济政策的有效保证,体现了国家预算的(　　)。
A. 制约作用　　　　　　　　　　B. 财力保证作用
C. 反映监督作用　　　　　　　　D. 调节作用

2. 下列各权力机关中,有权撤销国务院制定的同宪法相抵触的,关于预算的行政法规的是( )。
   A. 乡、民族乡、镇的人民代表大会
   B. 各级人民代表大会及其常务委员会
   C. 全国人民代表大会及其常务委员会
   D. 县级以上地方各级人民代表大会及其常务委员会

3. 我国国家预算实行一级政府一级预算,现设( )。
   A. 中央、省(自治区、直辖市)、市(自治州)、县(不设区的市、市辖区)四级预算
   B. 中央、省(自治区、直辖市)、市(自治州)、县(不设区的市、市辖区)、乡(镇)五级预算
   C. 中央、省(自治区、直辖市)、市(自治州)三级预算
   D. 中央、省(自治区、直辖市)、市(自治州)、县(不设区的市、市辖区)、乡(镇)、村六级预算

4. 下列各项中,不属于政府采购监督检查主要内容的是( )。
   A. 采购程序的执行情况
   B. 集中采购机构的有关情况
   C. 财政采购人员的素质和专业技能
   D. 有关政府采购的法律、行政法规和规章的执行情况

5. 政府采购是指各级国家机关、事业单位和团体组织,使用( )采购依法制定的集中采购目录以内的或者采购限额标准以上的货物、工程和服务的行为。
   A. 财政性资金   B. 非财政性资金
   C. 经营收入   D. 捐赠收入

6. 政府采购当事人不包括( )。
   A. 采购人   B. 供应商
   C. 政府采购监督管理机构   D. 采购代理机构

7. 下列各项中,代表政府设置国库单一账户体系的是( )。
   A. 中国人民银行   B. 国有商业银行
   C. 政府机关   D. 财政部门

8. 财政收入收缴方式中,由征收机关(有关法定单位)按有关法律法规规定,将所收的应缴收入汇总缴入国库单一账户或预算外资金财政专户的方式是( )。
   A. 分次汇缴   B. 直接缴库
   C. 集中汇缴   D. 汇总缴纳

9. 可以采用单一来源方式采购的情形之一,是必须保证原有采购项目一致性或者服务配套的要求,需要继续从原供应商处添购,且添购资金总额不超过原合同采购金额的( )。
   A. 5%   B. 8%   C. 10%   D. 15%

10. 预算收入、预算支出必须通过国库来进行,各级国库库款的支配权属于( )。
    A. 本级人民政府   B. 本级人民政府财政部门
    C. 本级人民代表大会常务委员会 D. 本级人民代表大会

11. 根据《政府采购法》的规定,供应商在参加采购活动前( ),在经营活动中应没有重大违法记录。
    A. 二年   B. 三年   C. 四年   D. 五年

12. 根据政府采购法律制度的规定,对于技术复杂或者性质特殊,不能确定详细规格或者具体要求的货物,其适用的政府采购方式是( )。
   A. 公开招标方式　　　　　　　　　B. 邀请招标方式
   C. 竞争性谈判方式　　　　　　　　D. 单一来源方式

13. 下列银行账户中,不构成国库单一账户体系的是( )。
   A. 财政部门在中国人民银行开设的国库单一账户
   B. 预算单位在商业银行为本单位开设的基本户
   C. 财政部门按资金使用性质在商业银行开设的零余额账户
   D. 财政部门在商业银行为预算单位开设的零余额账户

14. 下列关于国库单一账户的表述中,不正确的是( )。
   A. 用于与预算单位零余额账户进行清算
   B. 用于与财政部门零余额账户进行清算
   C. 用于预算单位办理转账、提取现金等结算业务
   D. 用于记录、核算和反映纳入预算管理的财政收入和财政支出活动

15. 国家预算收入最主要的部分是( )。
   A. 税收收入　　　　　　　　　　　B. 罚没收入
   C. 规费收入　　　　　　　　　　　D. 国有投资的股息收入

二、多项选择题

1. 下列说法中,正确的有( )。
   A. 全国人民代表大会及其常务委员会对中央和地方预算、决算进行监督
   B. 县级以上地方各级人民代表大会及其常务委员会对本级和下级政府预算、决算进行监督
   C. 乡、民族乡、镇人民代表大会对本级预算、决算进行监督
   D. 财政部对中央和地方预算、决算进行监督

2. 下列属于国家预算构成的有( )。
   A. 中央预算　　　　　　　　　　　B. 地方预算
   C. 总预算　　　　　　　　　　　　D. 部门单位预算

3. 下列属于一般公共预算收入的是( )。
   A. 税收收入　　　　　　　　　　　B. 转移性收入
   C. 其他收入　　　　　　　　　　　D. 国有资源(资产)有偿收入

4. 下列关于中央预算的表述中,正确的有( )。
   A. 由中央各部门(含直属单位)的预算组成
   B. 中央预算包括地方向中央上解的收入数额
   C. 中央预算不包括中央对地方返还或者给予补助的数额
   D. 中央预算不包括企业和事业单位的预算

5. 预算监督主体有( )。
   A. 各级国家权力机关即各级人民代表大会及其常务委员会
   B. 各级人民政府
   C. 各级人民政府的财政部门
   D. 各级政府审计部门

6. 下列关于决算的说法中,正确的有( )。
   A. 决算是预算执行的总结
   B. 决算是对年度预算收支执行结果的会计报告
   C. 决算是国家管理预算活动的第一道程序
   D. 决算草案由各级政府,各部门、各单位,在每一预算年度终了后按照国务院规定的时间编制
7. 预算单位实行财政直接支付的财政性资金包括( )。
   A. 工资支出
   B. 工程采购支出
   C. 物品采购支出
   D. 服务采购支出
8. 根据国库集中收付法律制度的规定,国库集中收付制度中集中收付的对象不包括( )。
   A. 财政性资金
   B. 企业收入
   C. 个人收入
   D. 基金性收入
9. 下列属于政府采购对象的有( )。
   A. 采购劳务
   B. 采购工程
   C. 对办公楼进行改扩建
   D. 租赁固定资产
10. 国库单一账户体系的构成包括( )。
    A. 国库单一账户
    B. 财政零余额账户
    C. 预算单位零余额账户
    D. 预算外资金专户
11. 政府采购应当遵循的原则包括( )。
    A. 公开透明
    B. 公平竞争
    C. 公正
    D. 诚实信用
12. 下列属于预算组织程序的有( )。
    A. 预算的编制
    B. 预算的审批
    C. 预算的执行
    D. 预算的经费
13. ( )可以对政府采购实施监督。
    A. 财政部门
    B. 审计部门
    C. 监察部门
    D. 自然人
14. 下列关于实行集中采购的缺点,表述正确的是( )。
    A. 难以适应紧急情况采购
    B. 难以满足用户多样性需求
    C. 采购程序简单
    D. 采购周期较长
15. 下列各项中,属于财政收入收缴方式的有( )。
    A. 授权汇缴
    B. 集中汇缴
    C. 间接汇缴
    D. 直接汇缴

三、判断题

1. 国家预算是一种基本财政计划,不能保证国家财力的充足。( )
2. 我国国家预算体系中不包括县市级以下的预算。( )
3. 各级预算由本级政府组织执行,具体工作由本级政府财政部门负责。( )
4. 各级政府预算经本级人民代表大会批准后,应当直接向相应的国家机关备案。( )

5. 因上级政府返还或者给予补助而引起的预算收支变化,属于预算调整。(　　)

6. 我国国有企业不属于政府采购的主体范围。(　　)

7. 任何单位和个人对政府采购活动中的违法行为,有权控告和检举,有关部门、机关依照各自职责及时处理。(　　)

8. 省级以上各级预算必须设立国库,县级预算如果具备条件,也应设立国库。(　　)

9. 采购人不得将应当以公开招标方式采购的货物或者服务化整为零或者以其他任何方式规避公开招标采购。(　　)

10. 国库集中支付制度是指由财政部门代表政府设置国库单一账户,所有的财政性资金均纳入国库单一账户收缴、支付和管理的制度。(　　)

11. 政府采购监督管理部门不得设置集中采购机构。(　　)

12. 财政部门零余额账户可以用于进行财政授权支付。(　　)

13. 预算单位零余额账户用于财政直接支付和与国库单一账户支出清算。(　　)

14. 国库单一账户是指财政部门在中国人民银行开设的国库存款账户,它与财政部门零余额账户、预算单位零余额账户和特设专户进行清算,实现财政国库集中支付。(　　)

15. 财政授权支付是通过单位零余额账户进行核算支付的,该账户可以提取现金。(　　)

四、案例分析题

A单位是实行国库集中支付的行政单位。2017年5月,审计机构对A单位2016年度预算执行情况进行检查,了解到以下情况:

(1) 2016年3月,A单位通过零余额账户向下属单位转账,为下属单位支付设备采购款80万元;

(2) 2016年4月,A单位通过零余额账户向本单位按照账户管理规定保留的相应账户划拨工会经费2万元;

(3) 2016年10月,A单位购买办公用品,通过零余额账户向本单位在商业银行开立的基本账户转账18万元,再通过基本账户支付采购款项;

(4) 2016年11月,A单位通过零余额账户向上级单位基本户划转资金15万元,用于为上级单位员工购个人商业保险。

要求:根据上述资料,回答下列问题。

(1) 下列各项中属于国库集中支付方式的为(　　)。

A. 财政直接支付　　　　　　B. 财政授权支付
C. 财政就地缴库　　　　　　D. 财政自收汇缴

(2) 根据《政府采购法》,下列各项关于政府采购的表述中,正确的有(　　)。

A. 属于中央预算的政府采购项目,其集中采购目录由国务院确定并公布
B. 属于地方预算的政府采购项目,集中采购目录由省、自治区、直辖市人民政府或者授权的机构确定并公布
C. 纳入集中采购目录的政府采购项目,应当实行集中采购
D. 采购人有权自行选择采购代理机构,任何单位和个人不得以任何方式为采购人指定采购代理机构

(3) 下列各项关于A单位使用零余额账户的情形中,错误的为(　　)。

A. 通过零余额账户向所属下级单位账户划拨资金,为下属单位支付设备采购款

B. 通过零余额账户向上级单位基本户划转资金,为上级单位员工购个人商业保险
C. 通过零余额账户向本单位按账户管理规定保留的相应账户划拨工会经费
D. 通过零余额账户向本单位在商业银行开立的基本账户划拨资金,再通过基本账户支付采购款项

(4) 下列银行账户体系,不应通过财政直接支付的账户为(　　)。
A. A单位在商业银行开立的基本户
B. 财政部门在商业银行为A单位开立的零余额账户
C. 财政部门在商业银行开立的预算外资金财政专户
D. 财政部门按资金使用性质在商业银行开立的零余额账户

第四单元
参考答案

第五单元　会计职业道德

> **知识目标**
> - 了解会计职业道德的概念和功能。
> - 掌握会计职业道德与会计法律制度的关系。
> - 掌握会计职业道德规范的内容,理解会计职业道德规范八个方面的基本要求。
> - 熟悉会计职业道德教育的途径。
>
> **技能目标**
> - 会正确识别违背会计职业道德的行为。

任务一　会计职业道德概述

　　某集团公司财会部拟定组织本系统会计职业道德培训。为了使培训工作更具针对性,公司财会部就会计职业道德概念、会计职业道德与会计法律制度关系、会计职道德规范的内容等分别与会计人员李某、赵某等人座谈。现摘录李某、赵某的观点如下:(1)李某认为,会计职业道德就是会计人员在社会交往和公共生活中应当遵循的行为准则,涵盖了人与人、人与社会、人与自然之间的关系;(2)赵某认为,会计职业道德与会计法律制度两者在性质、实现形式上都一样。

　　问题:从会计职业道德角度看,李某、赵某两人的观点是否正确?

　　在我国,人们对道德起初是分而释之的:"道"原指人行的道路,引申为事物运动变化所必须遵循的普遍规律和法则,即指人们的社会行为准则和规范;"德"即得,指具体事物从"道"所得的特殊规律或特殊性质,人们对"道"理论上的认识和实践上的遵循而有所得。由此可见,"道"是"德"的前提,而"德"是"道"的归宿。道德是一种社会意识形态,是人们共同生活及其行为的准则与规范。道德产生于人们的物质生产活动,属于上层建筑的范畴,受人们的物质生活条件即经济关系的制约,并随着社会经济关系的变革而发展变化。

一、职业道德的概念和主要内容

(一)职业道德的概念

　　职业道德的概念有广义和狭义之分。广义的职业道德是指从业人员在职业活动中应该遵循的行为准则,涵盖了从业人员与服务对象、职业与职工、职业与职业之间的关系。狭义的职业道德是指在一定职业活动中应遵循的、体现一定职业特征的、调整一定职业关系的职业行为准则和规范。不同职业的人员在特定的职业活动中形成了特殊的职业关系,包括职业主体与职业服务对象之间的关系、职业团体之间的关系、同一职业团体内部人与人之间的关系,以及职业劳动者、职业团体与国家之间的关系等。为了协调这些复杂的、特殊的社会关系,除了需要政治的、行政的、法律的、经济的规范和手段之外,还需要一种适应职业生活特点的调节职业社会关系的规范和手段,由此形成了不同职业人员的道德规范,即职业道德。这些职业道德规范用来指导和约束职业行为,以保证职业活动的正常进行。

(二)职业道德的特征

职业道德是道德在职业实践活动中的具体体现,除了具有道德的一般特征之外,还具有以下特征。

1. 职业性(行业性)

职业道德的内容与职业实践活动紧密相连,反映了特定职业活动对从业人员行为的道德要求。所以,职业道德的行业性很强,不具有全社会普遍的适用性。一定的职业道德规范只适用一定的职业活动领域,有些具体的职业道德规范,只适用某一行业,其他行业就不完全适用,或完全不适用。

2. 实践性

由于职业活动都是具体的实践活动,因此根据职业实践经验概括出来的职业道德规范,具有较强的针对性、实践性,形成条文,它一般通过行业公约、工作守则、行为须知、操作规程等具体的规章制度形式,约束本行业的从业人员,并且公之于众,便于行业内外人员(包括服务对象)检查、监督。

3. 继承性

职业道德作为社会意识形态的一种特殊形式,由社会经济关系所决定,随着社会经济关系的变化而改变。但是,由于职业首先是与职业活动紧密结合的,所以即使在不同的社会经济发展阶段,对于一种职业,因服务对象、服务手段、职业利益、职业责任和义务相对稳定,职业行为的道德要求的核心内容就被继承下来。因此,职业道德具有较强的相对稳定性和历史继承性等特点。

4. 多样性

职业道德与具体的职业相联系,而社会上的职业是多种多样的,因此有多少种职业就有多少种职业道德。例如,经商有"商德",行医有"医德",执教有"师德",从艺有"艺德"。即使在同一行业中又有不同的岗位,这些不同的岗位又有更加具体的职业道德要求。

(三)职业道德的作用

1. 促进职业活动的健康进行

职业道德最主要的作用就是通过调节职业关系,维护正常的职业活动秩序。各种职业活动中所涉及的各方都存在着责、权、利的矛盾和差异,职业道德作为职业行为规范,用来协调职业关系中的各种矛盾和差异,确保职业活动的正常进行,同时也促进职业的健康发展。

2. **对社会道德风尚会产生积极的影响**

职业道德是社会道德的一个重要组成部分。职业道德状况对社会道德风尚会产生极大的影响。在我们的现实生活中,人们把商业、交通、医疗、供电、供热等对社会生活影响较大的一些行业和部门形象地比喻为"窗口"行业,这些行业和部门的职业道德水准,直接体现着社会道德风尚的面貌。如果人们都能自觉地遵守各自的职业道德规范,必将会形成良好的社会道德风尚。

二、会计职业道德的概念、特征及功能

(一)会计职业道德的概念

会计职业道德是指在会计职业活动中应当遵循的、体现会计职业特征的、调整会计职业关系的职业行为准则和规范。

会计职业道德是调整会计职业活动中各种利益关系的手段。会计工作的性质决定了在会计职业活动中要处理方方面面的经济关系,包括单位与单位、单位与国家、单位与投资者、单位与债权人、单位与职工、单位内部各部门之间及单位与社会公众之间的经济关系,这些经济关系的实质是经济利益关系。在我国社会主义市场经济建设中,当各经济主体的利益与国家利益、社会公众利益发生冲突的时候,会计职业道德不允许通过损害国家和社会公众利益而获取违法利益,但允许个人和各经济主体获取合法的自身利益。会计职业道德可以配合国家法律制度,调整职业关系中的经济利益关系,维护正常的经济秩序。

【边学边练5-1·单选题】会计职业道德调整的是( )。
A. 会计职业活动
B. 会计职业活动中的经济利益关系
C. 会计职业活动和社会交往中的人际关系
D. 与会计活动有关的各种关系
【答案】B。
【解析】会计工作的性质决定了在会计职业活动中要处理方方面面的经济关系,经济关系的实质是经济利益关系,会计职业道德是调整会计职业活动中各种经济利益关系的手段。

(二)会计职业道德的特征

会计是社会经济活动中的一种特殊职业,会计职业道德除了具有职业道德的一般特征外,与其他职业道德相比还具有如下特征。

1. **具有一定的强制性**

法律是具有强制性的,它要求人们"必须这样或那样做";而道德一般不具有强制性,它要求人们"应该这样或那样做"。但在我国,会计职业道德和其他道德不一样,许多内容都直接纳入会计法律制度,如《会计法》《会计基础工作规范》等都规定了会计职业道德的内容和要求。因此,会计职业道德是一种"思想立法",它已经超出"应该怎样做"的界限,跨入"必须这样做"的范围。当然,会计职业道德的许多非强制性内容仍然存在,而且也在发挥着作用。例如,会计职业道德中的提高技能、强化服务、参与管理、奉献社会等内容虽然是非强制性要求,但会促使会计人员不断提高专业胜任能力,从而使会计信息质量和会计职业的声誉提到不断提升。

2. 较多关注公众利益

会计职业的一个显著特征是会计职业活动与社会公众利益密切联系。在会计工作中，会计确认、计量、记录和报告的程序、标准和方法，在选择和运用上发生任何变化，都会使与经济主体有关的各方经济利益受到直接的影响。由于会计人员自身的经济利益往往与其所处的经济主体的利益一致，当经济主体利益与国家利益和社会公众利益出现矛盾时，会计人员如果偏向经济主体的利益，那么国家和社会公众的利益就会受损，便会产生会计职业道德危机。因此，会计职业的特殊性，对会计职业道德提出了更高的要求，要求会计人员客观公正，在会计职业活动中发生道德冲突时要坚持准则，把社会公众利益放在第一位。

【边学边练5-2·判断题】当单位利益与社会公共利益发生道德冲突时，会计人员应首先考虑单位利益，然后再考虑社会公众利益。（　　）

【答案】错。

【解析】在会计职业活动中，发生道德冲突时会计人员要坚持准则，把社会公众利益放在第一位。

（三）会计职业道德的功能

会计职业道德具有以下功能。

1. 指导功能

会计职业道德具有指导功能，它指导会计执业人员在执业过程中遵循会计职业道德，尤其追求会计的"真"，即会计核算客观、正确，不做假账。在会计职业道德的指导下，人们明确自己对国家、对本企业以及其他利益相关者应负的责任和应尽的义务。会计职业道德应既易于被会计从业人员所接受和遵守，又容易形成一种会计职业道德习惯，这样会计职业道德的指导功能才能充分发挥。

2. 评价功能

会计职业道德的评价功能，体现在评价会计人员、评价会计行为等方面。例如，我国高级会计师的评聘，就把良好的会计职业道德作为职称晋升的基本前提。会计职业道德还是评价会计行业服务标准的风向标。会计工作尽职尽责，会计职业道德高尚，会计诚信度就高，人们就会更加重视会计职业，会计职业就能获得较高的社会评价，从而取得广泛的社会认可和公众的敬重。如果会计职业道德屡屡失范，甚至发生会计人员违法，那么不仅会给企业利益相关者带来巨大损失，还会扰乱国家经济秩序，极大地损害会计职业声誉，降低会计职业的社会地位。

3. 教化功能

会计职业道德具有潜移默化的教化功能，通过理想人格、树立榜样等方式，将会计职业道德渗透到从业人员的精神世界中，提高从业人员的会计道德信念、会计道德理想和会计道德境界，塑造良好的会计职业心态，规范会计职业行为。会计职业道德的教化功能使会计人员自觉地努力提高修养，调节自己的会计行为，从而形成一定的道德品质和社会道德风尚。会计职业道德不仅对会计人员起着直接的教化作用，对会计人员的家庭成员、同事朋友以及其他职业的人员都具有一定的教化作用。

三、会计职业道德与会计法律制度

在社会主义市场经济条件下，会计法律制度的加强并不意味着会计职业道德的削弱，两者并不是此消彼长的关系。会计职业道德与会计法律制度均属于会计人员行为规范的范畴,两者既有联系,又有区别。

(一) 会计职业道德与会计法律制度的关系

会计职业道德和会计法律制度两者有着共同的目标、相同的调整对象,承担着同样的责任,两者联系密切,主要表现为以下两个方面。

1. 两者在作用上相互补充、相互协调

我们不可能完全依赖会计法律制度的强制功能而排斥会计职业道德的教化功能,因为会计行为不可能都由会计法律制度进行规范,不需要或不宜由会计法律制度进行规范的行为,可通过会计职业道德规范来规范;同样,那些基本的会计行为也须运用会计法律制度进行强制规范。

2. 两者在内容上相互渗透、相互吸收

最初的会计职业道德规范就是对会计职业行为约定俗成的基本要求,后来制定的会计法律制度吸收了这些基本要求。会计法律制度中含有会计职业道德规范的内容,会计职业道德规范中也包含会计法律制度的某些条款。会计职业道德是会计法律制度正常运行的社会和思想基础,会计法律制度是促进会计职业道德规范形成和得以遵守的重要保障。

【特别提示】会计法律制度是会计职业道德的最低要求。

(二) 会计职业道德与会计法律制度的主要区别

1. 性质不同

会计法律制度通过国家机器强制执行,具有很强的他律性。会计职业道德很多来自于职业习惯和约定俗成,具有很强的自律性。

2. 作用范围不同

会计法律制度侧重于调整会计人员的外在行为和结果的合法化,具有较强的客观性。会计职业道德不仅要求调整会计人员的外在行为,还要调整会计人员内在的精神世界,具有较强的主观性。

3. 实现形式不同

会计法律制度表现形式是具体的、明确的、正式形成文字的成文规定;而会计职业道德表现形式既有明确的成文的规定,也有不成文的规范,尤其是那些较高层次的会计职业道德,存在于人们的意识和信念之中,并无具体的表现形式,它依靠社会舆论、道德教育、传统习俗和道德评价来实现。

4. 实施保障机制不同

会计法律制度是由国家强制机关保障实施的。会计职业道德有会计法律制度的相应要求作为实施保障,但更需要会计人员的自觉遵守。

5. 评价标准不同

会计法律制度是以会计人员享有的权利和应尽的义务为标准来判定其行为是否违法,而会计职业道德则以善恶为标准来判定会计人员的行为是否违背道德规范。

【边学边练5-3·判断题】会计职业道德全部是不成文的,会计法律制度全部是成文的。( )

【答案】错。

【解析】会计法律制度表现形式是具体的、明确的、正式形成文字的成文规定,而会计职业道德表现形式既有明确的成文的规定,但也有不成文的规范。

李某对会计职业道德的概念认识不正确。会计职业道德是指会计职业活动中应当遵循的、体现会计职业特征的、调整会计职业关系的职业行为准则和规范。

赵某对会计职业道德与会计法律制度的关系问题认识不正确。在性质上,会计法律制度具有很强的他律性,而会计职业道德具有很强的自律性。在实现形式上,会计法律制度一般表现为具体的、明确的、正式形成文字的成文规定,而会计职业道德既有成文的规定,也有不成文的规范,存在于人们的意识和信念之中。

任务二　会计职业道德规范的主要内容

资料:现象一,会计人员看人办事,即"官大办得快,官小办得慢,无官拖着办。"现象二,会计人员"站得住的顶不住,顶得住的站不住",领导怎么说就怎么做,只要领导高兴,"原则"可以变成"圆则"。现象三,会计人员整天与钱物打交道,"常在河边走,哪有不湿鞋",只要坚持"不犯罪"这条底线就行了。

问题:从会计职业道德的角度看,上述资料中三种现象违背了什么会计职业道德规范?为什么?

会计职业道德规范是在一定社会经济条件下,对会计职业行为及职业活动的系统要求或明文规定。它是社会道德体系的一个重要组成部分,是职业道德在会计职业行为和会计职业活动中的具体体现。会计职业道德规范的对象既有单位会计人员,也有注册会计师,两者都是以会计信息为载体从事工作的,从广义上说,都是会计人员的一部分。

根据我国会计工作、会计人员的实际情况,结合《公民道德建设实施纲要》和国际上会计职业道德的一般要求,我国会计职业道德规范的主要内容包括"爱岗敬业、诚实守信、廉洁自律、客观公正、坚持准则、提高技能、参与管理、强化服务"八个方面。

一、爱岗敬业

作为一名会计人员,他首先是一位社会公民,每一个在岗位上工作的社会公民,都应该具有爱岗敬业的精神,热爱本职工作。因此,爱岗敬业是会计人员干好本职工作的基础和条件,是其应具备的基本道德素质。

(一) 爱岗敬业的含义

爱岗敬业指的是忠于职守的事业精神。爱岗是指会计人员应该热爱自己的本职工作,安心于本职岗位,稳定、持久地在会计天地中耕耘,恪尽职守地做好本职工作。敬业是指会计人员应该充分认识本职工作在社会经济活动中的地位和作用,认识本职工作的社会意义和道德价值,具有会计职业的荣誉感和自豪感,在职业活动中具有高度的劳动热情和创造性,以强烈的事业心、责任感从事会计工作。

爱岗敬业是"爱岗"与"敬业"的总称。"爱岗"和"敬业"互为前提,相互支持,相辅相成。"爱岗"是"敬业"的基石,"敬业"是"爱岗"的升华。如果会计人员不热爱所从事的会计工作,就难以在工作中做到兢兢业业;就不会主动刻苦钻研业务、更新专业知识、提高业务技能;就不会珍惜会计这份工作、努力维护会计职业的声誉和形象。另外,会计人员虽有热爱会计职业的一腔热情,但如果没有勤奋踏实的工作作风和忠于职守的实际行动,敬业也就成为一句空话。

【特别提示】爱岗敬业是会计职业道德的基础。

(二)爱岗敬业的基本要求

(1)正确认识会计职业,树立职业荣誉感。

会计人员应当充分认识本职工作在社会经济活动中的地位和作用,认识本职工作的社会意义和道德价值,树立会计职业的荣誉感和自豪感,这是做到爱岗敬业的前提和基本要求。

(2)热爱会计工作,敬重会计职业。

人们对本职工作的热爱、对岗位的敬重是做好工作的基础。要对工作抱有浓厚的兴趣,把职业生活看成是一种乐趣。会计人员要树立"干一行,爱一行"的思想,凭借对会计职业的浓厚兴趣,激发出一种敬业精神,自觉自愿地执行会计职业道德的各种规范,不断改进自己的工作,在平凡的岗位上做出不平凡的业绩。

(3)安心工作,任劳任怨。

会计人员选择了自己热爱的会计工作,就要安心于本职岗位,刻苦钻研会计业务技能,努力学习会计业务知识,不断发现会计领域值得人们去研究探索的东西,踏踏实实工作,无怨无悔。

(4)严肃认真,一丝不苟。

从业者对自己本职工作的热爱,必定会体现在对工作所必需的职业技能的态度上,体现在对自己工作成果的追求上,即对工作严肃认真、一丝不苟,对技术精益求精。会计工作是一项严肃细致的工作,没有严肃认真的工作态度和一丝不苟的工作作风,就容易出现偏差。会计人员要为单位把好关、理好财,严肃认真地对待每一项工作。

(5)忠于职守,尽职尽责。

忠于职守,不仅要求会计人员认真地执行岗位规范,还要求会计人员在各种复杂的情况下,能够抵制各种诱惑,忠实地履行岗位职责。尽职尽责具体表现为会计人员对自己应承担的责任和义务所表现出的一种责任感和义务感。

【边学边练5-4·单选题】会计人员在工作中"懒""拖""粗心"的不良习惯和作风,是会计人员违背了会计职业道德规范中的( )。

A. 爱岗敬业
B. 诚实守信
C. 办事公道
D. 客观公正

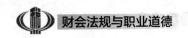

【答案】A。

【解析】爱岗敬业要求会计人员严肃认真,一丝不苟;忠于职守,尽职尽责。

二、诚实守信

(一)诚实守信的含义

诚实是指言行跟内心思想一致,不弄虚作假,不欺上瞒下,做老实人,说老实话,办老实事。守信就是遵守自己所作的承诺,讲信用,重信用,信守诺言,保守秘密。

诚实与守信具有内在的因果联系,一般来说,诚实即为守信,守信就是诚实。有诚无信,道德品质得不到推广和延伸;有信无诚,信就失去了根基,德就失去了依托。诚实必须守信。

诚实守信是做人的基本准则,是人们在交往中产生的最根本的道德规范。社会生活中,人们由不认识到相识,由不了解到了解,靠的是诚信,人无信不立,国无信不强。在现代市场经济社会,诚信尤为重要。市场经济是信用经济,是契约经济,注重的就是诚实守信。可以说,信用是维护市场经济步入良性发展轨道的前提和基础,是市场经济社会赖以生存的基石。

【特别提示】诚实守信是会计职业道德的精髓。

(二)诚实守信的基本要求

(1) 做老实人,说老实话,办老实事,不搞虚假。

做老实人,要求会计人员言行一致,表里如一,光明正大。说老实话,要求会计人员说话诚实,不夸大,不缩小,不隐瞒,如实反映和披露单位经济业务事项。办老实事,要求会计人员工作踏踏实实,不弄虚作假,不欺上瞒下。总之,会计人员应言行一致,实事求是,如实反映单位经济业务活动情况,不为个人和小集团利益伪造账目、弄虚作假,不损害国家和社会公众利益。

近年来,在财政部进行的会计信息质量抽查中,依然存在假凭证、假账簿、假报表。而虚假信息均是出自单位管理层和会计人员之手,而且一些注册会计师也扮演了不光彩的角色,严重影响了会计职业的社会信誉。会计人员要树立良好的职业形象,就必须恪守诚实守信的基本道德准则。

(2) 保密守信,不为利益所诱惑。

所谓保守秘密就是指会计人员在履行自己的职责时,应树立保密观念,做到保守商业秘密,对机密资料不外传、不外泄,守口如瓶。在市场经济中,秘密可以带来经济利益,严守单位的商业秘密是极其重要的,它往往关系到单位的生死存亡。会计人员因其职业特点,经常接触到单位和客户的一些秘密,如单位的财务状况、经营情况、成本资料及重要单据、经济合同等。因而,会计人员应依法保守单位秘密,这是会计人员应尽的义务,也是诚实守信的具体体现。

会计人员要做到保密守信,就要注意不在工作岗位以外的场所谈论、评价企业的经营状况和财务数据。此外,在日常生活中,会计人员也应保持必要的警惕,防止无意泄密。有时候,人们在日常交流中会对熟知的事情脱口而出,而没有想到后果。为了防止这种情况的发生,会计人员要了解自己所知的信息中,哪些是商业秘密,哪些是无关紧要的事项,以防止无意泄密情况发生。而且,会计人员要抵制住各种各样的利益诱惑,绝对不能用商业秘密作为谋利的手段。

(3) 执业谨慎，信誉至上。

以注册会计师为例，诚实守信，要求注册会计师在执业中始终保持应有的谨慎态度，对客户和社会公众尽职尽责，形成"守信光荣，失信可耻"的氛围，以维护职业信誉。第一，注册会计师在选择客户时应谨慎，不要一味地追求营业收入，迎合客户不正当的要求，接受违背职业道德的附加条件；第二，注意评估自身的业务能力，正确判断自身的知识、经验和专业能力能否胜任所承担的委托业务；第三，严格按照独立审计准则和职业规范实施审计，对审计中发现的违反国家统一的会计制度及国家相关法律制度的经济业务事项，应当按照规定在审计报告中予以充分反映；第四，在接受委托业务后，应积极完成所委托的业务，认真履行合同，维护委托人的合法权益，不得擅自终止合同、解除委托，不得超出委托范围从事业务活动，以免当事人的利益受到损害。

【边学边练5-5·单选题】会计人员对于工作中知悉的商业秘密依法保密，不得泄露，体现的会计职业道德规范是(　　)。

A. 廉洁自律
B. 诚实守信
C. 办事公道
D. 客观公正

【答案】B。

【解析】诚实守信要求保密守信，不为利益所诱惑。

三、廉洁自律

(一) 廉洁自律的含义

廉洁就是不贪污钱财，不收受贿赂，保持清白。自律是指自律主体按照一定的标准，自己约束自己、自己控制自己的言行和思想的过程。廉洁自律是指会计人员公私分明、不贪不占、遵纪守法、清正廉洁，常修从业之德，常怀律己之心，常思贪欲之害，常弃非分之想。自律的核心就是用道德观念自觉地抵制自己的不良欲望。惩治腐败，打击会计职业活动中的各种违法活动和违反职业道德的行为，除了要靠法制手段，建立完善的法律制度外，会计人员严格自律、防微杜渐、构筑思想道德防线，也是防止腐败和非职业道德行为的有效手段。

会计工作的特点决定了廉洁自律是会计职业道德的内在要求，是会计人员的行为准则。整天与钱财打交道的会计人员，没有"理万金分文不沾""常在河边走，就是不湿鞋"的道德品质和高尚情操是不行的。会计人员必须两袖清风，不取不义之财。会计人员只有首先做到自身廉洁，严格约束自己，才能要求别人廉洁，才能理直气壮地阻止或防止别人侵占集体利益，正确行使反映和监督的会计职责，保证各项经济活动的正常进行。

会计职业自律包括两层含义：会计人员自律和会计行业自律。会计人员自律是会计职业自律的基础和保证，每个会计人员的自律性强，则整个会计行业的自律性也强。但行业自律性强，不等于每个会计人员自律性都强。会计行业自律是一个群体概念，是会计职业组织对整个会计职业的会计行为进行自我约束、自我控制的过程。目前，中国会计职业的行业自律机制尚不健全，对违反会计职业道德的会计人员和会计师事务所惩处力度不够。所以，必须建立健全会计职业道德团体自律性监管机制，确保会计职业的健康发展。

会计职业组织和会计人员的廉洁是会计职业道德自律的基础，而自律是廉洁的保证。

自律性不强就很难做到廉洁，不廉洁就谈不上自律。会计人员必须既廉洁又自律，二者不可偏废。

【特别提示】廉洁自律是会计职业道德的前提，也是会计职业道德的内在要求，是会计职业声誉的"试金石"，是会计人员必备的行为品德，是会计职业道德的灵魂。

（二）廉洁自律的基本要求

（1）树立正确的人生观和价值观。

廉洁自律，首先要求会计人员必须加强世界观的改造，树立正确的人生观和价值观。人生观是指人们对人生的目的和意义的总的观点和看法。价值观是指人们对于价值的根本观点和看法，它是世界观的一个重要组成部分。会计人员应自觉抵制享乐主义、个人主义、拜金主义等错误的思想，这是在会计工作中做到廉洁自律的思想基础。

（2）公私分明，不贪不占。

公私分明就是指严格划分公与私的界线，公是公，私是私。公私分明，才能够廉洁奉公，一尘不染。如果公私不分，就会出现以权谋私的现象，甚至出现违法违纪行为。不贪不占，是指会计人员不收礼、不同流合污。廉洁自律的天敌就是"贪""欲"。在会计工作中，由于大量的钱财要经过会计人员之手，因此很容易诱发会计人员的"贪""欲"。一些会计人员贪图金钱和物质上的享受，利用职务之便，自觉或不自觉地行"贪"。其根本原因是这些会计人员忽视了世界观的自我改造，放松了道德的自我修养，弱化了职业道德的自律。

（3）遵纪守法，一身正气。

遵纪守法要求会计人员遵守纪律和法律，尤其要遵守职业纪律和与职业活动相关的法律法规。

四、客观公正

（一）客观公正的含义

客观是指按事物的本来面目去反映，不掺杂个人的主观意愿，也不为他人意见所左右。对于会计职业活动而言，客观主要包括两层含义：一是真实性，即以实际发生的经济活动为依据，对会计事项进行确认、计量、记录和报告；二是可靠性，即会计核算要准确，记录要可靠，凭证要合法。

公正就是平等、公平、正直，没有偏失。公正主要包括以下含义：一是国家统一的会计准则制度，即会计准则、制度要公正，也就是说，会计准则、制度不是为某一特定主体而制定的，而是为众多主体和社会公众所制定的，它不应偏袒任何一个特定的主体，任何一个主体都能平等地运用会计准则、制度；二是执行会计准则、制度的人，即公司、企业单位管理层和会计人员不仅应当具备诚实的品质，而且应公正地开展会计核算和会计监督工作，公平公正，不偏不倚地对待相关利益各方；三是注册会计师在进行审计鉴证时，应以超然独立的姿态，进行公平的判断和评价，出具客观、适当的审计意见。

客观是公正的基础，公正是客观的反映。要达到公正，仅仅做到客观是不够的。公正不仅仅指诚实、真实、可靠，还包括在真实、可靠中做出公正选择。这种选择尽管是建立在客观的基础之上的，还需要在主观上做出公平合理的选择。是否公平、合理，既取决于客观的选择标准,也取决于选择者的道德品质和职业态度。

【特别提示】公正是相对的,世上没有绝对的公正。客观公正是会计职业道德所追求的理想目标。

(二)客观公正的基本要求

(1) 依法办事。

依法办事,认真遵守法律法规,是会计工作客观公正的前提。当会计人员有了端正的态度和专业知识技能之后,必须依据《会计法》《企业会计准则——基本准则》《企业会计制度》等法律法规和制度的规定进行会计业务处理,并对复杂疑难的经济业务做出客观的会计职业判断。注册会计师开展独立审计时,应依据《会计法》《注册会计师法》以及《中华人民共和国国家审计准则》等法律法规的规定实施审计活动。只有熟练掌握并严格遵守会计法律法规,才能客观公正地处理会计业务。

(2) 实事求是。

在实际生活中,要做到客观公正,最根本的是要有实事求是的科学态度。没有实事求是的态度,而只是主观地、片面地、表面地看问题,就无法做到"情况明",也就无法根据客观情况来公正地处理问题。即使主观上想客观公正,客观上也无从实现。

客观公正应贯穿于会计活动的整个过程:一是指在处理会计业务的过程中或进行职业判断时,应保持客观公正的态度,实事求是、不偏不倚;二是指会计人员对经济业务的处理结果是公正的。例如,某人因公出差丢失了报销用的车票,在业务处理时,不能因为无报销凭证就不报销,也不能随意报销,而是要求出差人员在办理各种合法合理的证明手续后,才能报销,即最终结果是客观公正地进行会计处理。不报销或随意报销,都是不客观公正的。总之,会计核算过程的客观公正和最终结果的客观公正都是十分重要的,没有客观公正的会计核算过程,结果的客观公正性就难以保证;没有客观公正的结果,业务操作过程的客观公正就没有意义。

(3) 如实反映。

如实反映要求会计人员客观地反映事物的本来面貌,不夸大、不缩小、不隐瞒,如实反映和披露经济业务事项。反映是会计基本职能之一,会计信息如果不能如实地反映企业的财务状况、经营成果和现金流量,那么会计得以生存的根基就会动摇。如实反映是会计工作追求的结果,真正做到账账相符、账实相符,做账所依据的会计凭证合理合法,涉及会计职业判断业务时也应遵循客观情况,使主观判断尽可能符合客观实际。

五、坚持准则

(一)坚持准则的含义

坚持准则是指会计人员在处理业务过程中,要严格按照会计法律制度办事,不为主观或他人意志左右。这里所说的"准则"不仅指会计准则,还包括会计法律法规、国家统一的会计制度以及与会计工作相关的法律制度。

会计人员在进行核算和监督的过程中,只有坚持准则,才能以准则作为自己的行动指南,在发生道德冲突时,应坚持准则,从而维护国家利益、社会公众利益和正常的经济秩序。

道德冲突时的解决途径

现实生活中经常会出现单位、社会公众和国家利益发生冲突的情况。面对不同的情况会计人员应如何处理,国际会计师联合会发布的《职业会计师道德守则》提出了如下建议。

第一,如遇到严重的职业道德问题时,职业会计师首先应遵循所在组织的已有政策加以解决;如果这些政策不能解决道德冲突,则可私下向独立的咨询师或会计职业团体寻求建议,以便采取可能的行动步骤。

第二,若自己无法独立解决,可与最直接的上级一起研究解决这种冲突的办法。

第三,若仍无法解决,则在通知直接上级的情况下,可请教更高一级的管理层。若有迹象表明,上级已卷入这种冲突,职业会计师必须和更高一级的管理当局商讨该问题。

第四,如果在经过内部所有各级审议之后道德冲突仍然存在,那么对于一些重大问题,如舞弊,职业会计师可能没有其他选择,作为最后手段,他只能诉诸辞职,并向该组织的适当代表提交一份信息备忘录。

国际会计师联合会发布的《职业会计师道德守则》中提出的道德冲突时的解决途径值得借鉴。我国会计人员在遇到道德冲突时,要先对发生的事件做出"是""非"判断,如涉及严重的道德冲突,应维护国家和社会公众利益。

(二)坚持准则的基本要求

(1)熟悉准则。

熟悉准则是指会计人员应了解和掌握《会计法》和国家统一的会计制度及与会计相关的法律制度,这是遵循准则、坚持准则的前提。只有熟悉准则,才能按准则办事,才能遵纪守法,才能保证会计信息的真实性、完整性。

(2)遵循准则。

遵循准则即执行准则。会计人员在会计核算和监督时要自觉地严格遵守各项准则,将单位具体的经济业务事项与准则相对照,先做出是否合法合规的判断,对不合法的经济业务不予受理。在实际工作中,由于经济的发展和社会环境的变化,会计业务日趋复杂,因而准则规范的内容也会不断变化和完善。这就要求会计人员不仅要经常学习、掌握准则的最新变化,了解本部门、本单位的实际情况,准确地理解和执行准则,还要在面对经济活动中出现的新情况、新问题以及准则未涉及的经济业务或事项时,通过运用所掌握的会计专业理论和技能,做出客观的职业判断,予以妥善的处理。

(3)敢于同违法行为做斗争。

会计人员应认真执行国家统一的会计制度,依法履行会计监督职责,发生道德冲突时,应坚持准则,对法律负责,对国家和社会公众负责,敢于同违反会计法律法规和财务制度的现象作斗争,确保会计信息的真实性和完整性。

【特别提示】坚持准则是会计职业道德的核心。

【边学边练5-6·单选题】会计人员在处理业务过程中,要严格按照会计法律制度办事,不被主观或他人意志左右,体现的会计职业道德规范是（　　）。

A. 爱岗敬业

B. 强化服务

C. 坚持准则

D. 客观公正

【答案】C。

【解析】坚持准则是指会计人员在处理业务过程中,要严格按照会计法律制度办事,不为主观或他人意志左右。

六、提高技能

(一) 提高技能的含义

会计人员是会计工作的主体。会计工作质量的好坏,一方面受会计人员职业技能水平的影响;另一方面受会计人员道德品行的影响。会计工作是一门专业性和技术性很强的工作,从业人员必须具备一定的会计专业知识和技能,才能胜任会计工作。

职业技能,也称为职业能力,是指人们进行职业活动、承担职业责任的能力和手段。就会计职业而言,职业技能包括会计理论水平,会计实务操作能力,职业判断能力,自动更新知识能力,提供会计信息的能力,沟通交流能力以及职业经验等。提高技能就是指会计人员通过学习、培训和实践等途径,持续提高上述职业技能,以达到和维持足够的专业胜任能力的活动。遵守会计职业道德客观上需要不断提高会计职业技能。会计人员只有不断地学习,才能保持持续的专业胜任能力、职业判断能力和沟通交流能力;只有不断地提高会计专业技能,才能适应我国深化会计改革和会计国际化的要求。

【特别提示】提高技能既是会计人员的义务,也是在职业活动中做到客观公正、坚持准则的基础,是参与管理的前提。

(二) 提高技能的基本要求

(1) 具有不断提高会计专业技能的意识和愿望。

随着市场经济的发展、全球经济一体化以及科学技术日新月异,会计在经济发展中的作用越来越明显,对会计的要求也越来越高,会计人才的竞争也越来越激烈。会计人员要适应时代发展的步伐,就要有危机感、紧迫感,会计人员要想生存和发展,就必须具有不断提高会计专业技能的意识和愿望,才能不断进取,才会主动地求知、求学,刻苦钻研,使自身的专业技能不断提高,使自己的知识不断更新,从而掌握过硬的本领,在会计人才的竞争中立于不败之地。

(2) 具有勤学苦练的精神和科学的学习方法。

专业技能的提高和学习不可能一劳永逸,必须持之以恒,不间断地学习、充实和提高,用科学的会计理论、高超的会计操作技术武装自己,以适应会计发展的需要。只有向书本学、向社会学、向实际工作学,并且具备锲而不舍的勤学精神,掌握科学的学习方法,在学中思、在思中学,在实践中不断锤炼,才能不断地提高自己的业务水平,才能推动会计工作和会计职业的发展,以适应不断变化的新形势和新情况。

谦虚好学、刻苦钻研、锲而不舍,是练就高超的专业技术和过硬本领的唯一途径,也是衡量会计人员职业道德水准高低的重要标志之一。

【边学边练5-7·单选题】李华大学毕业后从事会计工作,他认为在大学所学的知识足以应付本职工作,故在工作中不加强学习,不钻研业务,工作中差错不断。李华违背了下列哪项会计职业道德规范?（　　）

A. 爱岗敬业

B. 强化服务

C. 提高技能

D. 客观公正

【答案】C。

【解析】提高技能要求会计人员具有不断提高会计专业技能的意识和愿望,努力钻研业务,使自身的专业技能不断提高。

七、参与管理

（一）参与管理的含义

参与管理,简单地讲,就是间接地参与管理活动,为管理者当参谋,为管理活动服务。具体是指会计人员在做好本职工作的同时,努力钻研相关业务知识,全面熟悉本单位的经营活动和业务流程,提出合理化建议,协助领导决策与管理。参与管理就是要求会计人员积极主动地向单位领导反映本单位的财务、经营状况及存在的问题,积极地参与市场调研和预测,参与决策方案的制订和选择,参与决策的执行、检查和监督,为领导的经营管理和决策活动当好助手和参谋。

会计人员参与管理是企业管理的重要组成部分,在企业管理中具有十分重要的作用。但会计工作的性质决定了会计在企业管理活动中,不能够直接进行企业生产经营活动的管理或决策,更多的是从事间接管理活动。

（二）参与管理的基本要求

（1）努力钻研业务,熟悉财经法规和相关制度,提高业务技能,为参与管理打下坚实的基础。

娴熟的业务,精湛的技能,是会计人员参与管理的前提。会计人员只有努力钻研业务,不断提高业务技能,深刻领会财经法规和相关制度,才能有效地参与管理,为改善经营管理、提高经济效益服务。钻研业务、提高技能,首先,要求会计人员要有扎实的基本功,掌握会计的基本理论、基本方法和基本技能,做好会计核算的各项基础性工作,确保会计信息真实、完整;其次,要充分利用掌握的大量会计信息,运用各种管理分析方法,对单位的经营管理活动进行分析、预测,找出经营管理中的问题和薄弱环节,提出改进意见和措施,把管理融入日常工作之中,从而使会计的事后反映变为事前的预测和事中的控制,真正发挥当家理财的作用,成为决策层的参谋助手。

（2）熟悉服务对象的经营活动和业务流程,使管理活动更具针对性和有效性。

会计人员应当了解本单位的整体情况,特别是要熟悉本单位的生产经营、业务流程和管理情况,掌握单位的生产经营能力、技术设备条件、产品市场及资源状况等。只有如此,才能充分利用会计工作的优势,更好地满足经营管理的需要,才能在参与管理的过程中有针对性地拟订可行性方案,从而提高经营决策的合理性和科学性,更有效地服务于单位的总体发展目标。

八、强化服务

（一）强化服务的含义

强化服务就是要求会计人员有文明的服务态度、强烈的服务意识，提供优质的服务，努力维护和提升会计职业的良好社会形象。在我们的社会生活中，各岗位上的就业者都处于服务他人和接受他人服务的地位。人们承担对他人的责任和义务的同时，也接受着他人的服务。

会计工作涉及面广，又往往需要服务对象和其他部门的协作及配合，而且会计工作的政策性很强，在工作交往和处理业务过程中，容易同其他部门及服务对象发生利益冲突或意见分歧。所以，会计人员的态度直接关系到工作能否顺利开展和工作的成效。这就要求会计人员不仅要有热情、耐心、诚恳的工作态度，待人平等礼貌，充分尊重服务对象和其他部门的意见。做到大事讲原则，小事讲风格，沟通讲策略，用语讲准确。

强化服务的结果就是奉献社会。任何职业的利益、职业劳动者个人的利益都必须服从社会的利益、国家的利益。

【特别提示】强化服务、奉献社会就是会计职业道德的归宿点。

（二）强化服务的基本要求

（1）强化服务意识。

会计人员要树立强烈的服务意识，为管理者服务、为所有者服务、为社会公众服务、为人民服务。不论服务对象的地位高低，都要摆正自己的工作位置，管钱管账是自己的工作职责，参与管理是自己的义务。只有树立了强烈的服务意识，才能做好会计工作，履行会计职能，为单位和社会经济的发展做出应有的贡献。

（2）提高服务质量。

强化服务的关键是提高服务质量。服务不仅要讲文明，还要讲质量，更要不断开拓创新，利用会计数据、会计信息，满足不同对象的需要。单位会计人员的服务质量表现为：是否真实地记录单位的经济活动，向有关方面提供可靠的会计信息；是否积极主动地向单位领导反映经营活动情况和存在的问题，提出合理化建议，协助领导决策，参与经营管理活动。注册会计师的服务质量表现为：是否以客观、公正的态度正确评价委托单位的财务状况、经营成果，出具恰当的审计报告，为社会公众及信息使用者提供高质量的服务。

需要注意的是，在会计工作中提供高质量的服务，并非是无原则地满足服务主体的需要，而是在坚持原则、坚持准则的基础上尽量满足服务主体的需要。

【边学边练 5-8·单选题】（　　）要求会计人员树立服务意识，提高服务质量，努力维护和提升会计职业的良好社会形象。

A. 爱岗敬业

B. 强化服务

C. 参与管理

D. 客观公正

【答案】B。

【解析】树立服务意识，提高服务质量，努力维护和提升会计职业的良好社会形象，属于强化服务的基本要求。

现象一违背了"强化服务"的会计职业道德规范,因为"强化服务"要求会计人员具有文明的服务态度、强烈的服务意识,提供优良的服务质量。强化服务的基本要求是:会计人员要有强烈的服务意识,服务要文明,质量要上乘。"官大办得快,官小办得慢,无官拖着办"违背了"强化服务"的基本要求。

现象二违背了"坚持准则"的会计职业道德规范,因为"坚持准则"要求会计人员在处理业务过程中,严格按照会计法律制度办事,不为主观或他人意志左右。坚持准则的基本要求是:熟悉准则,遵循准则,敢于同违法行为做斗争。会计人员在办理会计业务时,将"原则"变成"圆则"违背了"坚持准则"的基本要求。

现象三违背了"廉洁自律"的会计职业道德规范。廉洁是指不贪污钱财,不收受贿赂,保持清白。自律是指自律主体按照一定的标准,自己约束自己,自己控制自己的言行和思想的过程。廉洁自律的基本要求是:树立正确的人生观和价值观;公私分明,不贪不占;遵纪守法,一身正气。会计人员整天与钱物打交道,抱着"常在河边走,哪有不湿鞋"的态度对待会计工作,放松自我,就难免误入歧途。

任务三 会计职业道德教育

安徽王某,23岁,大学专科毕业后分配到某市一国债服务部,担任柜台出纳兼任金库保管员。王某觉得工作烦琐、辛苦,而且挣得不多,在工作中表现出厌烦的情绪。2016年5月10日,王某偷偷从金库中取出2014年国库券30万元,四个月后,王某见无人知晓,胆子开始大了起来,又取出50万元,通过证券公司融资回购方法,折借人民币89.91万元,用来炒股,没想到赔了钱。王某在无力返还单位债券的情况下,索性于2016年12月14日和15日,将金库里剩余的14.03万元国库券和股市上所有的73.7万元人民币全部取出后潜逃,用化名在该市一处民房租住隐匿。至此,王某共贪污2014年国库券94.03万元,折合人民币118.51万元。案发后,当地人民检察院立案侦查,王某迫于各种压力,于2017年1月8日投案自首,检察院依法提起公诉。

问题:

1. 该案例中王某违背了什么会计职业道德规范?

2. 从学校毕业的王某刚刚走上工作岗位就犯罪,这说明了什么?结合案例简述会计职业道德教育的重要性及途径。

一、会计职业道德教育的含义

会计职业道德教育,是指根据会计工作的特点,有目的、有组织、有计划地对会计人员施加系统的会计职业道德影响,促使会计人员形成会计职业道德品质,履行会计职业道德义务的活动。会计职业道德教育是会计职业道德活动的一项重要内容,高校等会计人才的培养单位、会计工作的管理部门、会计职业的自律组织、单位负责人有教导和督促会计人员加强学习会计职业道德规范的责任,会计人员自身也有不断提高会计职业道德修养的义务,使外在的会计职业道德规范转化为会计人员内在的品质与行为。实现以诚信为核心的会计职业道德目标,必须要多管齐下,开展全方位、多形式、多渠道的会计职业道德教育,从而有利于逐步培养会计人员的会计职业道德情感,树立会计职业道德信念,提高会计人员的道德水平,使会计职业健康发展。

二、会计职业道德教育的形式

会计职业道德教育的主要形式包括接受教育和自我修养。

(一) 接受教育

接受教育即外在教育,是指通过学校或培训单位对会计从业人员进行以职业责任、职业义务为核心内容的正面灌输,以规范其职业行为,维护国家和社会公众利益的教育。接受教育具有导向作用,行业部门或行业协会通常是职业道德教育的组织者,由其开展对从业人员的正面职业道德教育和灌输。接受教育是一种被动学习的方式。

(二) 自我修养

自我修养即内在教育,是指会计人员在会计职业活动中,按照会计职业道德的要求,在自身道德品质方面进行的自我教育、自我锻炼、自我改造、自我提高的行为活动。自我修养是把外在的职业道德的要求,逐步转变为会计从业人员内在的职业道德情感、职业道德意志和职业道德信念。要大力提倡和引导会计人员自我修养,在社会实践中不断地加强职业道德修养,养成良好的道德行为习惯,从而实现道德境界的升华。

三、会计职业道德教育内容

会计职业道德教育的内容包括以下几个方面。

(一) 会计职业道德观念教育

会计职业道德观念教育就是在社会上广泛宣传会计职业道德基本常识,使广大会计人员懂得什么是会计职业道德,了解会计职业道德对社会经济秩序、会计信息质量的影响,以及违反会计职业道德将受到的惩戒和处罚。会计工作不仅关系到单位生产经营活动的顺利开展,也关系到社会经济秩序的规范。会计人员肩负特殊的使命,其行为规范与否关系重大,所以加强会计人员职业观念教育非常重要。实践中不仅要把会计职业道德教育同社会教育、学校教育、家庭教育结合起来,还要利用广播电视、报纸杂志等媒介,表彰坚持原则、德才兼备的会计人员,鞭笞违法违纪的会计行为,形成遵守职业道德光荣、违反职业道德可耻的社会氛围。

(二) 会计职业道德规范教育

会计职业道德规范教育就是对会计人员开展以会计职业道德规范为内容的教育。会计职业道德规范的八项主要内容是会计职业道德教育的核心内容,应贯穿于会计职业道德教育的始终。会计人员应牢记为人民服务的宗旨,端正为人民服务的态度,掌握为人民服务的本领,熟知为人民服务的内容,树立为人民服务的精神。要有高度的自觉性,经常用会计职业道德规范来衡量自己在职业实践中的一切言行。

(三) 会计职业道德警示教育

会计职业道德警示教育就是通过开展对违反会计职业道德行为和对违法会计行为典型案例的讨论和剖析，给会计人员以启发和警示。会计职业道德警示教育应联系社会生活实际、工作实际，联系正反实例、案例教育，总结经验和教训。根据不同的教育对象，选择一些违反会计职业道德行为的典型案例，开展广泛深入的讨论，从而提高会计人员的法律意识和会计职业道德观念，提高会计人员辨别是非的能力。

(四) 其他教育

与会计职业道德相关的其他教育主要有形势教育、品德教育、法制教育等。

形势教育的重点是贯彻"以德治国"的重要思想和"诚信为本、操守为重、坚持准则、不做假账"的指示精神，进一步全面、系统地加强会计职业道德培训，提高广大会计人员的政治水平和思想道德意识。

品德教育的重点是引导会计人员自觉用会计职业道德规范指导和约束自身行为，提高职业道德自律能力，最终形成良好的、稳定的道德品行。

法制教育的重点是引导会计人员熟悉并了解不同历史时期的会计法律法规，学会用法律的手段处理会计事务。

【边学边练 5-9·单选题】通过开展对违反会计职业道德行为和对违法会计行为典型案例的讨论和剖析，给会计人员以启发的会计职业道德教育是（　　）。

A. 会计职业道德观念教育
B. 会计职业道德规范教育
C. 会计职业道德警示教育
D. 会计职业道德法制教育

【答案】C。

【解析】会计职业道德警示教育就是通过开展对违反会计职业道德行为和对违法会计行为典型案例的讨论和剖析，给会计人员以启发和警示。

四、会计职业道德教育途径

(一) 接受教育的途径

1. 岗前职业道德教育

岗前职业道德教育是指对将要从事会计职业的人员进行的职业道德教育，一般是通过学历教育加以实施，比如会计专业学历教育中的会计职业道德教育。教育的侧重点应放在职业观念、职业情感及职业规范等方面。

《公民道德建设实施纲要》指出："学校是进行系统道德教育的重要阵地。各级各类学校必须认真贯彻党的教育方针，全面推进素质教育。"在我国，大专院校是培养各类专门人才的基地，其中会计类专业的学生是会计队伍的预备人员，他们当中大部分将加入会计队伍，从事会计工作。会计学历教育阶段是他们的会计职业情感、道德观念和是非善恶判断标准初步形成的时期，所以会计专业类大专院校是会计职业道德教育的重要阵地，是会计人员岗前道德教育的主要场所，在会计职业道德教育中具有基础性地位。为保证进入会计队伍的新鲜血液具有良好的职业道德观念，会计职业道德教育必须从会计学历教育抓起。会计学历教育不仅要对学生进行专业知识教育,让学生掌握会计理论和技能,而且也要对学生进行职业道德教育,使学生不断提高思想品质和道德情操。职业道德教育的具体目标主要包括:第一,使学生了解会计职业道德规范的主要内容,树立职业道德观念;第二,使学生了解会计职业面临的道德风险,为以后从事会计工作并在职业活动中保持正确的价值观与恰当的行为模式奠定基础;第三,培养学生树立会计职业道德情感和观念,提高运用道德标准判断是非的能力。

2. 岗位职业道德继续教育

岗位职业道德继续教育是岗前会计职业道德教育的延续,是岗位继续教育的一个重要组成部分。会计人员继续教育是指会计从业人员在完成某一阶段的工作和学习后,重新接受一定形式的、有组织的、知识更新的教育和培训活动。会计人员继续教育是强化会计职业道德教育的有效形式。

相对于学历教育而言,继续教育具有很强的针对性,即针对不同的对象,确定不同的教育内容,采取不同的教育方式。继续教育的目的是根据专业或本职岗位的需要,使受教育者带着问题来学习,力求在较短的时间内,把所学的新知识、掌握的新技能以及通过学习提高的能力,运用到会计职业和财务管理中去。在职业教育的继续教育中,应体现出社会经济的发展变化对道德的要求,也就是说在不同的阶段,道德教育的侧重点应有所不同。就现阶段而言,会计人员继续教育中的会计职业道德教育目标是适应新的市场经济形势的发展变化,在不断更新、补充、拓展会计人员业务能力的同时,使其政治素质、职业道德水平不断提高。

(二)自我修养的途径

自我修养的途径主要是慎心、坚守心灵,不被诱惑,具体包括以下几种。

1. 慎独、慎欲

自我修养的最高境界在于做到慎独,即在一个人单独处事、无人监督的情况下,也应该自觉地按照道德准则去办事。慎独的前提是坚定的职业信念和职业良心。自我修养讲慎独,就是要求每个会计人员严格要求自己,在履行职责时自律谨慎,不管财经法规、制度是否有漏洞,也不管是否有人监督,领导管理是否严格,都按照职业道德的要求去办事。

慎欲是指用正当的手段获得物质利益。会计人员做到慎欲,一是要把国家、社会公众和集体利益放在首位,在追求自身利益的时候,不损害国家和他人利益;二是做到节欲,对利益的追求要适度适当,要合理合法,反对用不正当手段达到利己的目的。

2. 慎省、慎微

慎省是指认真自省,就是通过自我反思、自我剖析、自我总结,做到是非观、价值观、知行观的自我斗争,不断地自我升华、自我超越,树立正确的道德观念,培养高尚的道德品质,提高自己的精神境界。

慎微是指在微处、小处自律,从微处、小处着眼,积小善,成大德。

3. 自警、自励

自警是指要随时警醒、告诫自己,警钟长鸣,防止各种不良思想对自己的侵袭。自励是指要以崇高的会计职业道德理想、信念激励自己、教育自己。

1. 从会计职业道德规范的角度分析,王某违背了"爱岗敬业""廉洁自律"等会计职业道德规范。此外,此案例也说明了建立单位内部控制制度的重要性。

2. 王某在学校缺乏会计职业道德教育,没有丝毫会计职业道德观念和法制观念,内心深处没有构筑道德的防线,或者说道德防线十分脆弱,不堪一击。所以,应加强会计专业大学生的会计职业道德教育。

会计职业道德教育有利于提高会计人员的会计职业道德水平,有利于培养会计人员会计职业道德情感,有利于会计人员树立会计职业道德信念。

会计职业道德教育的途径:一是对从事会计职业的人员进行岗前会计职业道德教育;二是对会计人员进行岗位职业道德继续教育;三是从事会计职业的人员要重视自我修养的提高,慎独、慎欲、慎省、慎微、自警、自励。

任务四 会计职业道德建设

某基金委员会财务局经费管理处会计赵某,利用职务便利,在负责办理向申请国家自然科学基金经费的院校、科研单位拨款的工作中,多次将部分因故退回款以重新拨付为名,分别采取伪造银行进账单、信汇凭证等手段在单位平账,前后侵吞公款共计人民币 1262.37 万元。

问题:结合赵某私吞公款的行为分析该基金委员会财务局经费管理处会计职业道德监督的情况,进而分析会计职业道德建设的重要性。

会计职业道德决定了会计职能作用的发挥和会计工作质量,因此必须加强会计职业道德建设。会计职业道德建设是一项复杂的系统工程,要抓好会计职业道德建设,关键在于加强和改善会计职业道德建设的组织和领导,并使之得以切实贯彻和实施。各级财政部门、会计职业团体、机关和企事业单位要充分认识到加强会计职业道德建设对于规范经济秩序、促进经济发展的重要意义,切实加强和改善会计职业道德建设的组织和领导,按照自我修养与外部督促相结合,宣传教育与检查惩戒相结合,行为自律与舆论监督、政府监督相结合,以德规范会计职业与依法监管会计职业相结合的原则,建立和健全相关制度和机制,切实贯彻和实施各项具体措施,齐抓共管,确保会计职业道德建设的各项任务和要求落到实处。

【边学边练 5-10·多选题】在会计职业道德建设的组织与实施中,应当发挥作用的部门或单位有( )。

A. 财政部门
B. 会计职业团体
C. 企事业单位
D. 机关

【答案】ABCD。

【解析】各级财政部门、会计职业团体、机关和企事业单位要充分认识到加强会计职业道德建设的重要性,不断建立和健全会计职业道德建设的组织和实施的制度和机制,切实贯彻和实施各项具体措施,确保会计职业道德建设的各项任务和要求落到实处。

一、财政部门的组织推动

《会计法》第七条规定:"县级以上地方各级人民政府财政部门管理本行政区域内的会计工作。"《注册会计师法》第五条规定:"国务院财政部门和省、自治区、直辖市人民政府财政部门,依法对注册会计师、会计师事务所和注册会计师协会进行监督指导。"各级财政部门应当采取多种形式开展会计职业道德建设教育,并发挥自身会计工作主管部门的优势,进一步完善会计从业人员考核、奖惩、培训、退出等制度。

会计职业道德建设是会计管理工作的重要组成部分。管理会计工作的各级财政部门应当将会计职业道德建设纳入重要议事日程,负起组织和推动本地区会计职业道德建设的责任,要深入实际,调查研究,了解新情况,分析新问题,及时发现、总结和推广会计职业道德建设的新经验,在内容、形式、方法、手段、机制等方面积极创新,与时俱进,探索新的有效途径和实践形式。

(一)采用多种形式开展会计职业道德宣传教育

各级财政部门要充分结合本地区的实际情况,有计划、有步骤地开展会计职业道德宣传教育工作,要制定切实可行的宣传教育方案和规划,明确任务,落实责任;要采取灵活多样的宣传形式,充分利用广播、电视、网络、报纸杂志等媒体,广泛宣传会计职业道德先进典型,弘扬正气,树立诚实守信等会计新风尚;要通过座谈会、研讨会、演讲会、论坛、知识竞赛、有奖征文等活动,研讨和宣传加强会计职业道德建设的必要性和具体措施,引导广大会计人员积极参与会计职业道德建设,同时发挥思想文化阵地在职业道德建设中的作用,营造会计职业道德建设的氛围。

(二)会计职业道德建设与会计专业技术资格考评、聘用相结合

我国会计专业职务分为高级会计师、会计师、助理会计师和会计员四个级别。各单位在聘用会计人员时,除要求其必须具备同级专业技术资格外,还应考察其遵守职业道德情况。例如《会计专业技术资格考试暂行规定》第六条规定,报名参加会计专业技术资格考试的人员,应"坚持原则,具备良好的职业道德品质"。

目前,全国已开始实行高级会计师资格考试与评审相结合的方式。会计职业道德不仅是考试的重要内容,也是评审的重要内容之一。在考试方面,考虑会计职业道德对高级会计师的重要性,有必要增设职业道德的内容,从理论上加深其对会计职业道德的理解和认识。评审方面,高级会计师评审委员会对申报人的会计职业道德进行考核时,可以采取量化评分的方式,使之与专业知识一样作为评审得分的重要组成部分。同时规定一些关于职业道德规范的否决条件。如申报人曾因违法犯罪行为而受过刑事处罚,因在财务、会计、审计、企业管理或其他经济管理工作中犯有严重错误而受到党纪、政纪处分,或者参与所在单位偷税、会计舞弊等活动,则不能参加高级会计师资格的评审。各单位聘用会计人员时,除考察其专业胜任能力外,更应该将遵守职业道德情况作为一项重要的考核内容。将会计职业道德奖惩与高级会计师资格的考评、聘用联系起来,必将使广大会计人员像重视自己专业技术职称

一样重视自己的职业道德形象,在日常的学习工作中不断提高自身的职业道德修养。

(三) 会计职业道德建设与《会计法》执法检查相结合

财政部门作为《会计法》的执法主体,可以依法对单位执行会计法律、法规情况及会计信息质量情况进行检查,通过检查可以发现各单位是否严格执行会计法律法规,与此同时也可以了解各单位的会计从业人员的会计职业道德情况。对于检查中发现的违反《会计法》行为的会计人员,不仅要根据《会计法》的规定对其进行处罚,同时还应对其进行道德制裁。法律惩罚和道德惩罚两者是并行不悖、不可替代的,应同时并举。

(四) 会计职业道德建设与会计人员表彰奖励制度相结合

《会计法》第六条规定:"对认真执行本法,忠于职守,坚持原则,做出显著成绩的会计人员,给予精神的或物质的奖励。"对于那些在会计工作中自觉遵守会计职业道德的优秀会计人员进行奖励、表彰,有利于弘扬会计职业道德精神,有利于促进会计人员"比、学、赶、帮、超"氛围的形成,促进会计职业道德建设的全面开展。

我国对会计人员的表彰奖励早在1963年就已实现制度化。《会计人员职权试行条例》规定:"凡是工作积极负责,奉公守法,厉行节约,保护国家财产,如实反映情况,完成任务有显著成绩的,给予表扬或奖励。"1988年财政部印发的《颁发会计人员荣誉证书试行规定》,规定凡在全民所有制企业、事业单位、国家机关、军队、社会团体、县级以上集体所有制企业、事业单位以及中外合资、合作和外资经营企业从事财务会计工作满三十年,属于会计专业职务评聘范围的现职会计人员,可按本规定颁发"会计人员荣誉证书"。这一措施有利于稳定会计队伍,调动并充分发挥会计人员的积极性。

从我国会计人员表彰制度的形成和发展来看,对会计人员的表彰始终突出对会计职业道德的弘扬。会计职业道德激励机制应当继承、发扬会计人员表彰制度,以起到弘扬正气、激励先进、鞭策后进的作用。对自觉遵守会计职业道德的优秀会计工作者进行表彰、宣传,不仅是对他们自身的一种奖励,同时还可以树立本行业的楷模、榜样,使会计职业道德原则和规范具体化、人格化,使广大会计工作者从这些富于感染性的道德榜样中获得启示,获得动力,在潜移默化中逐渐提高自身的职业道德素质。

二、会计职业组织的行业自律

会计职业组织起着联系会员与政府的桥梁作用,应充分发挥会计职业组织的作用,改革和完善会计职业组织自律机制,有效发挥自律机制在会计职业道德建设中的促进作用。应当借鉴国外通过会计职业组织实施职业道德约束的做法和经验,除注册会计师协会外,应在总会计师协会等职业组织中设立职业道德委员会,专司职业道德规范的制定、解释、修订和实施之职,建立健全行业自律制度。

三、社会各界齐抓共管

加强会计职业道德建设,既是提高广大会计人员素质的一项基础性工作,又是一项复杂的社会系统工程,不仅是某一个单位、某一个部门的任务,也是各地区、各部门、各单位的共同责任。正如《公民道德建设实施纲要》所指出的:"推进公民道德建设,需要社会各方面的共同努力。各级宣传、教育、文化、科技、组织人事、纪检监察等党政部门,工会、共青团、妇联等群众团体以及社会各界,都应当在党委的统一领导下,各尽其责,相互配合,把道德建设与业务工作紧密结合起来,纳入目标管理责任制,制定规划,完善措施,扎实推进。要充分发挥各民主党派和工商联在公民道德建设中的作用。"因此,加强会计职业道德建设,不仅各级党组织要管,各级机关、群众组织等也要管。只有重视和加强各级组织、广大群众和新闻媒体的监督作用,齐抓共管,形成合力,才能有效地搞好会计职业道德建设,更好地提高广大会计人员的思想道德素质。

社会舆论监督可以形成良好的社会氛围,推动会计职业道德建设。各有关部门和机构要重视会计职业道德建设,要根据会计职业道德规范要求,结合本系统、本行业(单位)的特点,有针对性地制定具体职业道德规范,开展宣传教育,抓好监督落实。良好会计职业道德风尚的树立,离不开社会舆论的支持和监督。各新闻媒体要加强对会计职业道德建设的宣传教育,使社会各界了解会计职业道德规范的内容,促进良好的会计职业道德深入人心。首先,要在全社会会计人员中倡导以诚信为荣、失信为耻的职业道德意识,引导会计人员加强职业道德修养,加强对会计职业道德建设中出现的典型人物和典型事件的宣传,弘扬正气,形成良好的会计道德环境和氛围;其次,要加强对会计职业道德的社会舆论监督,揭露会计工作中存在的弄虚作假等违反会计职业道德规范的问题。

全面加强会计职业道德建设,提高会计人员道德素质,是一项重大而紧迫的任务。各部门、行业、会计职业组织和社会各界应积极行动起来,共同做好会计职业道德建设。在依法治国与以德治国相结合的思想指导下,有政府部门的组织推动、会计职业组织的自律约束、社会各界的齐抓共管,会计职业道德建设一定会开创新的局面。

从案例中赵某挪用私吞公款违法行为的发生,可以看出该基金委员会财务局经费管理处缺少会计职业道德监督机制。会计职业道德监督机制的建立非常重要,它是会计职业道德建设的重要内容之一。财政部门应当认识到会计职业道德建设的艰巨性、长期性和紧迫性,把会计职业道德建设作为新时期会计管理工作的一项重要内容,常抓不懈,有计划、有步骤、有目标地开展各阶段的工作。

本单元是关于会计职业道德的介绍,主要内容包括会计职业道德概述、会计职业道德规范的主要内容、会计职业道德教育以及会计职业道德建设等。本单元内容难度不大,可以结合第一单元任务五的内容进行学习。学生在学习本单元内容时,既要理解,又要记忆,还要学会分析会计人员在会计岗位上的举止、情操以及工作行为等是否符合会计职业道德规范。

一、单项选择题

1. 会计法律制度由(　　)来保障实施。
   A. 会计行业组织　　　　　　　　　　B. 国家执法机关

C. 财政部门 D. 金融机构

2. 会计职业道德是指在会计职业活动中应遵循、体现会计职业特征的、调整会计职业关系的( )。

　　A. 工作制度 B. 职业行为准则和规范
　　C. 工作纪律 D. 法律和法规

3. 会计职业道德与会计法律制度的性质不同,会计职业道德具有很强的( )。

　　A. 他律性　　B. 强制性　　C. 自律性　　D. 正规性

4. 会计职业道德规范的对象是( )。

　　A. 单位收费人员,注册会计师 B. 单位负责人,会计师
　　C. 单位会计人员,注册会计师 D. 单位会计人员,总会计师

5. 某公司为获得一项工程合同,拟向工程发包方的有关人员支付好处费8万元,公司市场部持公司董事长的批示到财务部申请该笔款项。财务部经理谢某认为该项支出不符合规定,但考虑公司主要领导已作了批示,遂同意拨付了款项。下列对谢某做法的认定中正确的是( )。

　　A. 谢某违反了爱岗敬业的会计职业道德规范要求
　　B. 谢某违反了参与管理的会计职业道德规范要求
　　C. 谢某违反了强化服务的会计职业道德规范要求
　　D. 谢某违反了坚持准则的会计职业道德规范要求

6. 要求会计人员端正态度、依法办事、实事求是、如实反映,体现了会计职业道德规范中的( )。

　　A. 诚实守信 B. 提高技能
　　C. 参与管理 D. 客观公正

7. 会计职业道德的精髓是( )。

　　A. 诚实守信 B. 强化服务
　　C. 参与管理 D. 爱岗敬业

8. 下列各项中,既是会计职业道德的前提,也是会计职业道德内在要求的是( )。

　　A. 廉洁奉公 B. 廉洁自律
　　C. 参与管理 D. 客观公正

9. 下列会计职业道德规范中,( )是会计职业道德所追求的理想目标。

　　A. 诚实守信 B. 客观公正
　　C. 坚持准则 D. 爱岗敬业

10. 下列做法中,符合会计职业道德规范的是( )。

　　A. 以企业单位利益为会计工作标准 B. 以国家利益为会计工作标准
　　C. 以股东利益为会计工作标准 D. 以客观、公正为会计工作标准

11. 朱镕基同志在2001年视察北京国家会计学院时,为北京国家会计学院题词:"( ),操守为重,坚持准则,不做假账。"

　　A. 信以立志 B. 诚信为本
　　C. 诚实守信 D. 保密守信

12. ( )要求单位内部的会计人员在处理业务过程中,严格按照会计法律制度办理。

　　A. 客观公正 B. 诚实守信

C. 坚持准则　　　　　　　　　　　D. 参与管理

13. 强化服务的关键是（　　）。
A. 端正的服务态度　　　　　　　B. 强化服务意识
C. 提高服务质量　　　　　　　　D. 较好的服务效果

14. 会计职业道德教育的形式是（　　）。
A. 接受教育和自我修养　　　　　B. 正规学历教育和单位培训
C. 岗位轮岗和技能培训　　　　　D. 岗位转换和自我学习

15. 下列各项中，作为会计职业道德教育的核心内容，并贯穿于会计职业道德教育始终的是（　　）。
A. 会计职业道德观念教育　　　　B. 会计职业道德规范教育
C. 会计职业道德警示教育　　　　D. 其他相关教育

二、多项选择题

1. 下列属于会计职业道德具备的功能有（　　）。
A. 指导功能　　　　　　　　　　B. 约束功能
C. 评价功能　　　　　　　　　　D. 教化功能

2. 会计职业道德与其他职业道德相比，具有的特征有（　　）。
A. 职业性　　　　　　　　　　　B. 一定的强制性
C. 较多关注公众利益　　　　　　D. 继承性

3. 会计职业道德与会计法律制度的区别在于（　　）。
A. 实现形式不同　　　　　　　　B. 作用范围不同
C. 实施保障机制不同　　　　　　D. 性质不同

4. 以下关于会计职业道德的描述中，不正确的有（　　）。
A. 会计职业道德涵盖了人与人、人与社会、人与自然之间的关系
B. 会计职业道德与会计法律制度两者在性质上一样
C. 会计职业道德规范的全部内容归纳起来就是廉洁自律与强化服务
D. 会计职业道德不调整会计人员的外在行为

5. 强化服务要求会计人员（　　）。
A. 强化服务意识　　　　　　　　B. 提高服务质量
C. 努力维护会计职业的良好社会形象　　　D. 加强自身素质教育

6. 提高技能要求会计人员（　　）。
A. 提高服务质量
B. 具有勤学苦练的精神
C. 具有科学的学习方法
D. 具有不断提高会计专业技能的意识和愿望

7. 会计职业道德规范中"廉洁自律"的基本要求是（　　）。
A. 树立正确的人生观和价值观　　B. 公私分明，不贪不占
C. 保密守信，不为利益所诱惑　　D. 遵纪守法，一身正气

8. 小李是某代理记账公司提供专业服务的会计人员，其在为客户提供的下列服务中，违背会计职业道德要求的做法有（　　）。

A. 向委托单位提出改进内部会计控制的建议

B. 利用专业知识向委托单位提出偷税建议

C. 在委托单位举办会计知识培训,帮助委托单位树立依法理财观念

D. 为帮助委托单位负责人完成年度业绩,提出将固定资产折旧和银行借款利息挂账处理的建议

9. 会计职业道德规范中"爱岗敬业"的基本要求是(　　)。

A. 正确认识会计职业,树立职业荣誉感

B. 热爱会计工作,敬重会计职业

C. 安心工作,任劳任怨

D. 严肃认真、一丝不苟

10. 公正的含义包括(　　)。

A. 国家统一的会计制度要公正

B. 执行会计准则、制度的人要公正

C. 注册会计师出具的审计报告要公正

D. 真实可靠

11. 会计职业道德规范中"诚实守信"的基本要求是(　　)。

A. 实事求是,不偏不倚

B. 做老实人,说老实话,办老实事,不搞虚假

C. 保密守信,不为利益所诱惑

D. 执业谨慎,信誉至上

12. 会计人员如果泄露本单位的商业秘密,可能导致的后果将会有(　　)。

A. 会计人员的声誉就会受到损害

B. 单位的经济利益将遭受损失

C. 会计行业社会声誉受到损害

D. 会计人员将承担法律责任

13. 某公司董事长责成财务部经理郭某对会计报表做技术处理以实现当年的盈利目标,并承诺如果郭某做得好,将推荐他作为公司总会计师人选。郭某知道本公司今年亏损已成定局,但还是按照董事长的吩咐,通过虚拟交易向子公司转移广告费支出的方法,将公司会计报表从亏损做成盈利。分析上述案例,下列对郭某行为认定正确的有(　　)。

A. 郭某的行为违背了参与管理的会计职业道德规范

B. 郭某的行为违背了坚持准则的会计职业道德规范

C. 郭某的行为违背了诚实守信的会计职业道德规范

D. 郭某的行为违背了客观公正的会计职业道德规范

14. 会计职业道德教育自我修养的途径有(　　)。

A. 品德教育 B. 慎独、慎欲

C. 慎省、慎微 D. 自警、自励

15. 会计职业道德建设的组织与实施应依靠(　　)。

A. 财政部门的组织与推动

B. 会计职业组织的行业自律

C. 单位自身的会计职业道德建设

D. 社会各界齐抓共管

三、判断题

1. 会计职业道德规范中含有会计法律制度的内容。（　　）。
2. 会计法律制度是促进会计职业道德规范形成和遵守的制度保障。（　　）
3. 会计人员违背了会计职业道德，就会受到法律的制裁。（　　）
4. 新闻媒体对会计工作的舆论监督属于自律范畴。（　　）
5. 某会计人员从事会计工作20余年，从高中学历开始，通过自学拿到会计本科学历，职称也取得会计中级职称，有人劝她年龄大了该退休了，但她还是不愿退下来，这充分体现该会计人员具有不断提高技能的会计职业道德素质。（　　）
6. 会计人员遵循参与管理的职业道德原则，要积极主动地参与企业管理工作，对企业经营活动做出相应的决策。（　　）
7. 提高技能要求会计人员具有勤学苦练的精神和科学的学习方法。（　　）
8. 在会计工作中一定要提供上乘的服务质量，不管服务主体提出什么样的要求，会计人员都要尽量满足服务主体的要求。（　　）
9. 会计职业道德应当靠广大会计人员自觉遵守，对违反会计职业道德的行为，不能进行惩罚。（　　）
10. "吃了人家的嘴短，拿了人家的手短。"从反面说明了会计职业道德规范中客观公正的重要性。（　　）
11. 会计职业道德规范中的"坚持准则"就是要求会计人员在处理业务过程中，严格按照会计准则办事。（　　）
12. 会计人员继续教育是强化会计职业道德教育的唯一形式。（　　）
13. 会计职业道德教育是指会计人员在会计职业活动中，按照会计职业道德的基本要求，在自身道德品质方面进行的自我教育、自我改造、自我锻炼、自我提高，从而达到一定的职业道德境界。（　　）
14. 中国注册会计师协会是我国注册会计师的行业自律组织，对注册会计师进行自律管理和约束。（　　）
15. 良好会计职业道德风尚的树立，离不开社会舆论的支持和监督。（　　）

四、案例分析题

某企业出纳员在报销差旅费时，对于同样是领导批准、主管会计审核无误的差旅费报销单，如果是和自己私人关系不错的人报销就随来随报，但对和自己有矛盾、私人关系较为疏远的人则以账面无款、库存无现金、整理账务等理由无故拖欠。该企业每周二下午都有两个小时固定的业务理论学习时间，因为会计人员工作繁忙，现任会计主管向领导提出，财务部门的全体人员能否不参加或少参加学习。

要求：根据上述资料，回答下列问题。

(1) 出纳员在报销差旅费时的做法，违背了会计人员职业道德规范中的（　　）。
A. 提高技能　　　　　　　　B. 客观公正
C. 参与管理　　　　　　　　D. 坚持准则

(2) 如果你是出纳员,遇到上述问题,应该(　　)。

A. 对任何持领导批准、主管会计审核无误的差旅费报销单的人员一视同仁

B. 报销时按规章制度办事,不偏不倚

C. 先给领导报销,再给和自己关系好的报销

D. 报销时端正态度,实事求是

(3) 会计主管的建议,违背了会计人员职业道德规范中的(　　)。

A. 爱岗敬业　　　　　　　　　　　B. 廉洁自律

C. 参与管理　　　　　　　　　　　D. 提高技能

(4) 结合案例,下列说法正确的是(　　)。

A. 只要领导批准了,会计人员可以不参加或少参加学习

B. 会计人员不能借口或因工作繁忙就不参加或少参加学习

C. 会计主管必须参加学习,其他会计人员由于工作忙可以不参加或少参加学习

D. 会计人员也只有通过不断学习,才能一直保持足够的专业胜任能力

第五单元
参考答案

附录一　中华人民共和国会计法

（中华人民共和国主席令 24 号）

（1985 年 1 月 21 日第六届全国人民代表大会常务委员会第九次会议通过，根据 1993 年 12 月 29 日第八届全国人民代表大会常务委员会第五次会议《关于修改〈中华人民共和国会计法〉的决定》第一次修正，1999 年 10 月 31 日第九届全国人民代表大会常务委员会第十二次会议修订，根据 2017 年 11 月 4 日第十二届全国人民代表大会常务委员会第三十次会议《关于修改〈中华人民共和国会计法〉等十一部法律的决定》第二次修正）

第一章　总　　则

第一条　为了规范会计行为，保证会计资料真实、完整，加强经济管理和财务管理，提高经济效益，维护社会主义市场经济秩序，制定本法。

第二条　国家机关、社会团体、公司、企业、事业单位和其他组织（以下统称单位）必须依照本法办理会计事务。

第三条　各单位必须依法设置会计账簿，并保证其真实、完整。

第四条　单位负责人对本单位的会计工作和会计资料的真实性、完整性负责。

第五条　会计机构、会计人员依照本法规定进行会计核算，实行会计监督。

任何单位或者个人不得以任何方式授意、指使、强令会计机构、会计人员伪造、变造会计凭证、会计账簿和其他会计资料，提供虚假财务会计报告。

任何单位或者个人不得对依法履行职责、抵制违反本法规定行为的会计人员实行打击报复。

第六条　对认真执行本法，忠于职守，坚持原则，做出显著成绩的会计人员，给予精神的或者物质的奖励。

第七条　国务院财政部门主管全国的会计工作。

县级以上地方各级人民政府财政部门管理本行政区域内的会计工作。

第八条　国家实行统一的会计制度。国家统一的会计制度由国务院财政部门根据本法制定并公布。

国务院有关部门可以依照本法和国家统一的会计制度制定对会计核算和会计监督有特殊要求的行业实施国家统一的会计制度的具体办法或者补充规定，报国务院财政部门审核批准。

中国人民解放军总后勤部可以依照本法和国家统一的会计制度制定军队实施国家统一的会计制度的具体办法，报国务院财政部门备案。

第二章 会 计 核 算

第九条 各单位必须根据实际发生的经济业务事项进行会计核算,填制会计凭证,登记会计账簿,编制财务会计报告。

任何单位不得以虚假的经济业务事项或者资料进行会计核算。

第十条 下列经济业务事项,应当办理会计手续,进行会计核算:

(一) 款项和有价证券的收付;

(二) 财物的收发、增减和使用;

(三) 债权债务的发生和结算;

(四) 资本、基金的增减;

(五) 收入、支出、费用、成本的计算;

(六) 财务成果的计算和处理;

(七) 需要办理会计手续、进行会计核算的其他事项。

第十一条 会计年度自公历1月1日起至12月31日止。

第十二条 会计核算以人民币为记账本位币。

业务收支以人民币以外的货币为主的单位,可以选定其中一种货币作为记账本位币,但是编报的财务会计报告应当折算为人民币。

第十三条 会计凭证、会计账簿、财务会计报告和其他会计资料,必须符合国家统一的会计制度的规定。

使用电子计算机进行会计核算的,其软件及其生成的会计凭证、会计账簿、财务会计报告和其他会计资料,也必须符合国家统一的会计制度的规定。

任何单位和个人不得伪造、变造会计凭证、会计账簿及其他会计资料,不得提供虚假的财务会计报告。

第十四条 会计凭证包括原始凭证和记账凭证。

办理本法第十条所列的经济业务事项,必须填制或者取得原始凭证并及时送交会计机构。

会计机构、会计人员必须按照国家统一的会计制度的规定对原始凭证进行审核,对不真实、不合法的原始凭证有权不予接受,并向单位负责人报告;对记载不准确、不完整的原始凭证予以退回,并要求按照国家统一的会计制度的规定更正、补充。

原始凭证记载的各项内容均不得涂改;原始凭证有错误的,应当由出具单位重开或者更正,更正处应当加盖出具单位印章。原始凭证金额有错误的,应当由出具单位重开,不得在原始凭证上更正。

记账凭证应当根据经过审核的原始凭证及有关资料编制。

第十五条 会计账簿登记,必须以经过审核的会计凭证为依据,并符合有关法律、行政法规和国家统一的会计制度的规定。会计账簿包括总账、明细账、日记账和其他辅助性账簿。

会计账簿应当按照连续编号的页码顺序登记。会计账簿记录发生错误或者隔页、缺号、跳行的,应当按照国家统一的会计制度规定的方法更正,并由会计人员和会计机构负责人

(会计主管人员)在更正处盖章。

使用电子计算机进行会计核算的,其会计账簿的登记、更正,应当符合国家统一的会计制度的规定。

第十六条 各单位发生的各项经济业务事项应当在依法设置的会计账簿上统一登记、核算,不得违反本法和国家统一的会计制度的规定私设会计账簿登记、核算。

第十七条 各单位应当定期将会计账簿记录与实物、款项及有关资料相互核对,保证会计账簿记录与实物及款项的实有数额相符、会计账簿记录与会计凭证的有关内容相符、会计账簿之间相对应的记录相符、会计账簿记录与会计报表的有关内容相符。

第十八条 各单位采用的会计处理方法,前后各期应当一致,不得随意变更;确有必要变更的,应当按照国家统一的会计制度的规定变更,并将变更的原因、情况及影响在财务会计报告中说明。

第十九条 单位提供的担保、未决诉讼等或有事项,应当按照国家统一的会计制度的规定,在财务会计报告中予以说明。

第二十条 财务会计报告应当根据经过审核的会计账簿记录和有关资料编制,并符合本法和国家统一的会计制度关于财务会计报告的编制要求、提供对象和提供期限的规定;其他法律、行政法规另有规定的,从其规定。

财务会计报告由会计报表、会计报表附注和财务情况说明书组成。向不同的会计资料使用者提供的财务会计报告,其编制依据应当一致。有关法律、行政法规规定会计报表、会计报表附注和财务情况说明书须经注册会计师审计的,注册会计师及其所在的会计师事务所出具的审计报告应当随同财务会计报告一并提供。

第二十一条 财务会计报告应当由单位负责人和主管会计工作的负责人、会计机构负责人(会计主管人员)签名并盖章;设置总会计师的单位,还须由总会计师签名并盖章。

单位负责人应当保证财务会计报告真实、完整。

第二十二条 会计记录的文字应当使用中文。在民族自治地方,会计记录可以同时使用当地通用的一种民族文字。在中华人民共和国境内的外商投资企业、外国企业和其他外国组织的会计记录可以同时使用一种外国文字。

第二十三条 各单位对会计凭证、会计账簿、财务会计报告和其他会计资料应当建立档案,妥善保管。会计档案的保管期限和销毁办法,由国务院财政部门会同有关部门制定。

第三章 公司、企业会计核算的特别规定

第二十四条 公司、企业进行会计核算,除应当遵守本法第二章的规定外,还应当遵守本章规定。

第二十五条 公司、企业必须根据实际发生的经济业务事项,按照国家统一的会计制度的规定确认、计量和记录资产、负债、所有者权益、收入、费用、成本和利润。

第二十六条 公司、企业进行会计核算不得有下列行为:

(一)随意改变资产、负债、所有者权益的确认标准或者计量方法,虚列、多列、不列或者少列资产、负债、所有者权益;

(二)虚列或者隐瞒收入,推迟或者提前确认收入;

（三）随意改变费用、成本的确认标准或者计量方法，虚列、多列、不列或者少列费用、成本；

（四）随意调整利润的计算、分配方法，编造虚假利润或者隐瞒利润；

（五）违反国家统一的会计制度规定的其他行为。

第四章 会计监督

第二十七条 各单位应当建立、健全本单位内部会计监督制度。单位内部会计督制度应当符合下列要求：

（一）记账人员与经济业务事项和会计事项的审批人员、经办人员、财物保管人员的职责权限应当明确，并相互分离、相互制约；

（二）重大对外投资、资产处置、资金调度和其他重要经济业务事项的决策和执行的相互监督、相互制约程序应当明确；

（三）财产清查的范围、期限和组织程序应当明确；

（四）对会计资料定期进行内部审计的办法和程序应当明确。

第二十八条 单位负责人应当保证会计机构、会计人员依法履行职责，不得授意、指使、强令会计机构、会计人员违法办理会计事项。

会计机构、会计人员对违反本法和国家统一的会计制度规定的会计事项，有权拒绝办理或者按照职权予以纠正。

第二十九条 会计机构、会计人员发现会计账簿记录与实物、款项及有关资料不相符的，按照国家统一的会计制度的规定有权自行处理的，应当及时处理；无权处理的，应当立即向单位负责人报告，请求查明原因，作出处理。

第三十条 任何单位和个人对违反本法和国家统一的会计制度规定的行为，有权检举。收到检举的部门有权处理的，应当依法按照职责分工及时处理；无权处理的，应当及时移送有权处理的部门处理。收到检举的部门、负责处理的部门应当为检举人保密，不得将检举人姓名和检举材料转给被检举单位和被检举人个人。

第三十一条 有关法律、行政法规规定，须经注册会计师进行审计的单位，应当向受委托的会计师事务所如实提供会计凭证、会计账簿、财务会计报告和其他会计资料以及有关情况。

任何单位或者个人不得以任何方式要求或者示意注册会计师及其所在的会计师事务所出具不实或者不当的审计报告。

财政部门有权对会计师事务所出具审计报告的程序和内容进行监督。

第三十二条 财政部门对各单位的下列情况实施监督：

（一）是否依法设置会计账簿；

（二）会计凭证、会计账簿、财务会计报告和其他会计资料是否真实、完整；

（三）会计核算是否符合本法和国家统一的会计制度的规定；

（四）从事会计工作的人员是否具备专业能力、遵守职业道德。

在对前款第（二）项所列事项实施监督，发现重大违法嫌疑时，国务院财政部门及其派出机构可以向与被监督单位有经济业务往来的单位和被监督单位开立账户的金融机构查询有关情况,有关单位和金融机构应当给予支持。

第三十三条 财政、审计、税务、人民银行、证券监管、保险监管等部门应当依照有关法律、行政法规规定的职责,对有关单位的会计资料实施监督检查。

前款所列监督检查部门对有关单位的会计资料依法实施监督检查后,应当出具检查结论。有关监督检查部门已经作出的检查结论能够满足其他监督检查部门履行本部门职责需要的,其他监督检查部门应当加以利用,避免重复查账。

第三十四条 依法对有关单位的会计资料实施监督检查的部门及其工作人员对在监督检查中知悉的国家秘密和商业秘密负有保密义务。

第三十五条 各单位必须依照有关法律、行政法规的规定,接受有关监督检查部门依法实施的监督检查,如实提供会计凭证、会计账簿、财务会计报告和其他会计资料以及有关情况,不得拒绝、隐匿、谎报。

第五章 会计机构和会计人员

第三十六条 各单位应当根据会计业务的需要,设置会计机构,或者在有关机构中设置会计人员并指定会计主管人员;不具备设置条件的,应当委托经批准设立从事会计代理记账业务的中介机构代理记账。

国有的和国有资产占控股地位或者主导地位的大、中型企业必须设置总会计师。总会计师的任职资格、任免程序、职责权限由国务院规定.

第三十七条 会计机构内部应当建立稽核制度。

出纳人员不得兼任稽核、会计档案保管和收入、支出、费用、债权债务账目的登记工作。

第三十八条 会计人员应当具备从事会计工作所需要的专业能力。

担任单位会计机构负责人(会计主管人员)的,应当具备会计师以上专业技术职务资格或者从事会计工作三年以上经历。

本法所称会计人员的范围由国务院财政部门规定。

第三十九条 会计人员应当遵守职业道德,提高业务素质。对会计人员的教育和培训工作应当加强。

第四十条 因有提供虚假财务会计报告,做假账,隐匿或者故意销毁会计凭证、会计账簿、财务会计报告,贪污、挪用公款,职务侵占等与会计职务有关的违法行为被依法追究刑事责任的人员,不得再从事会计工作。

第四十一条 会计人员调动工作或者离职,必须与接管人员办清交接手续。

一般会计人员办理交接手续,由会计机构负责人(会计主管人员)监交;会计机构负责人(会计主管人员)办理交接手续,由单位负责人监交,必要时主管单位可以派人会同监交。

第六章 法律责任

第四十二条 违反本法规定,有下列行为之一的,由县级以上人民政府财政部门责令限期改正,可以对单位并处三千元以上五万元以下的罚款;对其直接负责的主管人员和其他直

接责任人员,可以处二千元以上二万元以下的罚款;属于国家工作人员的,还应当由其所在单位或者有关单位依法给予行政处分:

(一)不依法设置会计账簿的;

(二)私设会计账簿的;

(三)未按照规定填制、取得原始凭证或者填制、取得的原始凭证不符合规定的;

(四)以未经审核的会计凭证为依据登记会计账簿或者登记会计账簿不符合规定的;

(五)随意变更会计处理方法的;

(六)向不同的会计资料使用者提供的财务会计报告编制依据不一致的;

(七)未按照规定使用会计记录文字或者记账本位币的;

(八)未按照规定保管会计资料,致使会计资料毁损、灭失的;

(九)未按照规定建立并实施单位内部会计监督制度或者拒绝依法实施的监督或者不如实提供有关会计资料及有关情况的;

(十)任用会计人员不符合本法规定的。

有前款所列行为之一,构成犯罪的,依法追究刑事责任。

会计人员有第一款所列行为之一,情节严重的,五年内不得从事会计工作。

有关法律对第一款所列行为的处罚另有规定的,依照有关法律的规定办理。

第四十三条 伪造、变造会计凭证、会计账簿,编制虚假财务会计报告,构成犯罪的,依法追究刑事责任。

有前款行为,尚不构成犯罪的,由县级以上人民政府财政部门予以通报,可以对单位并处五千元以上十万元以下的罚款;对其直接负责的主管人员和其他直接责任人员,可以处三千元以上五万元以下的罚款;属于国家工作人员的,还应当由其所在单位或者有关单位依法给予撤职直至开除的行政处分;其中的会计人员,五年内不得从事会计工作。

第四十四条 隐匿或者故意销毁依法应当保存的会计凭证、会计账簿、财务会计报告,构成犯罪的,依法追究刑事责任。

有前款行为,尚不构成犯罪的,由县级以上人民政府财政部门予以通报,可以对单位并处五千元以上十万元以下的罚款;对其直接负责的主管人员和其他直接责任人员,可以处三千元以上五万元以下的罚款;属于国家工作人员的,还应当由其所在单位或者有关单位依法给予撤职直至开除的行政处分;其中的会计人员,五年内不得从事会计工作。

第四十五条 授意、指使、强令会计机构、会计人员及其他人员伪造、变造会计凭证、会计账簿,编制虚假财务会计报告或者隐匿、故意销毁依法应当保存的会计凭证、会计账簿、财务会计报告,构成犯罪的,依法追究刑事责任;尚不构成犯罪的,可以处五千元以上五万元以下的罚款;属于国家工作人员的,还应当由其所在单位或者有关单位依法给予降级、撤职、开除的行政处分。

第四十六条 单位负责人对依法履行职责、抵制违反本法规定行为的会计人员以降级、撤职、调离工作岗位、解聘或者开除等方式实行打击报复,构成犯罪的,依法追究刑事责任;尚不构成犯罪的,由其所在单位或者有关单位依法给予行政处分。对受打击报复的会计人员,应当恢复其名誉和原有职务、级别。

第四十七条 财政部门及有关行政部门的工作人员在实施监督管理中滥用职权、玩忽职守、徇私舞弊或者泄露国家秘密、商业秘密,构成犯罪的,依法追究刑事责任;尚不构成犯罪的,依法给予行政处分。

第四十八条 违反本法第三十条规定,将检举人姓名和检举材料转给被检举单位和被检举人个人的,由所在单位或者有关单位依法给予行政处分。

第四十九条 违反本法规定,同时违反其他法律规定的,由有关部门在各自职权范围内依法进行处罚。

第七章 附 则

第五十条 本法下列用语的含义:

单位负责人,是指单位法定代表人或者法律、行政法规规定代表单位行使职权的主要负责人。

国家统一的会计制度,是指国务院财政部门根据本法制定的关于会计核算、会计监督、会计机构和会计人员以及会计工作管理的制度。

第五十一条 个体工商户会计管理的具体办法,由国务院财政部门根据本法的原则另行规定。

第五十二条 本法自 2000 年 7 月 1 日起施行。

附录二 会计基础工作规范

(1996年6月17日财会字〔1996〕19号发布,根据2019年3月14日《财政部关于修改〈代理记账管理办法〉等2部部门规章的决定》修改)

第一章 总 则

第一条 为了加强会计基础工作,建立规范的会计工作秩序,提高会计工作水平,根据《中华人民共和国会计法》的有关规定,制定本规范。

第二条 国家机关、社会团体、企业、事业单位、个体工商户和其他组织的会计基础工作,应当符合本规范的规定。

第三条 各单位应当依据有关法律、法规和本规范的规定,加强会计基础工作,严格执行会计法规制度,保证会计工作依法有序地进行。

第四条 单位领导人对本单位的会计基础工作负有领导责任。

第五条 各省、自治区、直辖市财政厅(局)要加强对会计基础工作的管理和指导,通过政策引导、经验交流、监督检查等措施,促进基层单位加强会计基础工作,不断提高会计工作水平。

国务院各业务主管部门根据职责权限管理本部门的会计基础工作。

第二章 会计机构和会计人员

第一节 会计机构设置和会计人员配备

第六条 各单位应当根据会计业务的需要设置会计机构;不具备单独设置会计机构条件的,应当在有关机构中配备专职会计人员。

事业行政单位会计机构的设置和会计人员的配备,应当符合国家统一事业行政单位会计制度的规定。

设置会计机构,应当配备会计机构负责人;在有关机构中配备专职会计人员,应当在专职会计人员中指定会计主管人员。

会计机构负责人、会计主管人员的任免,应当符合《中华人民共和国会计法》和有关法律的规定。

第七条 会计机构负责人、会计主管人员应当具备下列基本条件:

(一) 坚持原则,廉洁奉公;

(二) 具备会计师以上专业技术职务资格或者从事会计工作不少于三年;

(三) 熟悉国家财经法律、法规、规章和方针、政策,掌握本行业业务管理的有关知识;

(四) 有较强的组织能力;

(五) 身体状况能够适应本职工作的要求。

第八条 没有设置会计机构或者配备会计人员的单位,应当根据《代理记账管理办法》的规定,委托会计师事务所或者持有代理记账许可证书的代理记账机构进行代理记账。

第九条 大、中型企业、事业单位、业务主管部门应当根据法律和国家有关规定设置总会计师。总会计师由具有会计师以上专业技术资格的人员担任。

总会计师行使《总会计师条例》规定的职责、权限。

总会计师的任命(聘任)、免职(解聘)依照《总会计师条例》和有关法律的规定办理。

第十条 各单位应当根据会计业务需要配备会计人员,督促其遵守职业道德和国家统一的会计制度。

第十一条 各单位应当根据会计业务需要设置会计工作岗位。

会计工作岗位一般可分为:会计机构负责人或者会计主管人员,出纳,财产物资核算,工资核算,成本费用核算,财务成果核算,资金核算,往来结算,总账报表,稽核,档案管理等。开展会计电算化和管理会计的单位,可以根据需要设置相应工作岗位,也可以与其他工作岗位相结合。

第十二条 会计工作岗位,可以一人一岗、一人多岗或者一岗多人。但出纳人员不得兼管稽核、会计档案保管和收入、费用、债权债务账目的登记工作。

第十三条 会计人员的工作岗位应当有计划地进行轮换。

第十四条 会计人员应当具备必要的专业知识和专业技能,熟悉国家有关法律、法规、规章和国家统一会计制度,遵守职业道德。

会计人员应当按照国家有关规定参加会计业务的培训。各单位应当合理安排会计人员的培训,保证会计人员每年有一定时间用于学习和参加培训。

第十五条 各单位领导人应当支持会计机构、会计人员依法行使职权;对忠于职守、坚持原则,做出显著成绩的会计机构、会计人员,应当给予精神的和物资的奖励。

第十六条 国家机关、国有企业、事业单位任用会计人员应当实行回避制度。

单位领导人的直系亲属不得担任本单位的会计机构负责人、会计主管人员。会计机构负责人、会计主管人员的直系亲属不得在本单位会计机构中担任出纳工作。

需要回避的直系亲属为:夫妻关系、直系血亲关系、三代以内旁系血亲以及配偶亲关系。

第二节 会计人员职业道德

第十七条 会计人员在会计工作中应当遵守职业道德,树立良好的职业品质、严谨的工作作风,严守工作纪律,努力提高工作效率和工作质量。

第十八条 会计人员应当热爱本职工作,努力钻研业务,使自己的知识和技能适应所从事工作的要求。

第十九条 会计人员应当熟悉财经法律、法规、规章和国家统一会计制度,并结合会计工作进行广泛宣传。

第二十条 会计人员应当按照会计法律、法规和国家统一会计制度规定的程序和要求进行会计工作,保证所提供的会计信息合法、真实、准确、及时、完整。

第二十一条 会计人员办理会计事务应当实事求是、客观公正。

第二十二条 会计人员应当熟悉本单位的生产经营和业务管理情况,运用掌握的会计信息和会计方法,为改善单位内部管理、提高经济效益服务。

第二十三条 会计人员应当保守本单位的商业秘密。除法律规定和单位领导人同意外,不能私自向外界提供或者泄露单位的会计信息。

第二十四条 财政部门、业务主管部门和各单位应当定期检查会计人员遵守职业道德的情况,并作为会计人员晋升、晋级、聘任专业职务、表彰奖励的重要考核依据。

会计人员违反职业道德的,由所在单位进行处罚。

第三节 会计工作交接

第二十五条 会计人员工作调动或者因故离职,必须将本人所经管的会计工作全部移交给接替人员。没有办清交接手续的,不得调动或者离职。

第二十六条 接替人员应当认真接管移交工作,并继续办理移交的未了事项。

第二十七条 会计人员办理移交手续前,必须及时做好以下工作:

(一)已经受理的经济业务尚未填制会计凭证的,应当填制完毕。

(二)尚未登记的账目,应当登记完毕,并在最后一笔余额后加盖经办人员印章。

(三)整理应该移交的各项资料,对未了事项写出书面材料。

(四)编制移交清册,列明应当移交的会计凭证、会计账簿、会计报表、印章、现金、有价证券、支票簿、发票、文件、其他会计资料和物品等内容;实行会计电算化的单位,从事该项工作的移交人员还应当在移交清册中列明会计软件及密码、会计软件数据磁盘(磁带等)及有关资料、实物等内容。

第二十八条 会计人员办理交接手续,必须有监交人负责监交。一般会计人员交接,由单位会计机构负责人、会计主管人员负责监交;会计机构负责人、会计主管人员交接,由单位领导人负责监交,必要时可由上级主管部门派人会同监交。

第二十九条 移交人员在办理移交时,要按移交清册逐项移交;接替人员要逐项核对点收。

(一)现金、有价证券要根据会计账簿有关记录进行点交。库存现金、有价证券必须与会计账簿记录保持一致。不一致时,移交人员必须限期查清。

(二)会计凭证、会计账簿、会计报表和其他会计资料必须完整无缺。如有短缺,必须查清原因,并在移交清册中注明,由移交人员负责。

(三)银行存款账户余额要与银行对账单核对,如不一致,应当编制银行存款余额调节表调节相符,各种财产物资和债权债务的明细账户余额要与总账有关账户余额核对相符;必要时,要抽查个别账户的余额,与实物核对相符,或者与往来单位、个人核对清楚。

(四)移交人员经管的票据、印章和其他实物等,必须交接清楚;移交人员从事会计电算化工作的,要对有关电子数据在实际操作状态下进行交接。

第三十条 会计机构负责人、会计主管人员移交时,还必须将全部财务会计工作、重大财务收支和会计人员的情况等,向接替人员详细介绍。对需要移交的遗留问题,应当写出书面材料。

第三十一条　交接完毕后,交接双方和监交人员要在移交注册上签名或者盖章。并应在移交注册上注明:单位名称,交接日期,交接双方和监交人员的职务、姓名,移交清册页数以及需要说明的问题和意见等。

移交清册一般应当填制一式三份,交接双方各执一份,存档一份。

第三十二条　接替人员应当继续使用移交的会计账簿,不得自行另立新账,以保持会计记录的连续性。

第三十三条　会计人员临时离职或者因病不能工作且需要接替或者代理的,会计机构负责人、会计主管人员或者单位领导人必须指定有关人员接替或者代理,并办理交接手续。

临时离职或者因病不能工作的会计人员恢复工作的,应当与接替或者代理人员办理交接手续。

移交人员因病或者其他特殊原因不能亲自办理移交的,经单位领导人批准,可由移交人员委托他人代办移交,但委托人应当承担本规范第三十五条规定的责任。

第三十四条　单位撤销时,必须留有必要的会计人员,会同有关人员办理清理工作,编制决算。未移交前,不得离职。接收单位和移交日期由主管部门确定。

单位合并、分立的,其会计工作交接手续比照上述有关规定办理。

第三十五条　移交人员对所移交的会计凭证、会计账簿、会计报表和其他有关资料的合法性、真实性承担法律责任。

第三章　会　计　核　算

第一节　会计核算一般要求

第三十六条　各单位应当按照《中华人民共和国会计法》和国家统一会计制度的规定建立会计账册,进行会计核算,及时提供合法、真实、准确、完整的会计信息。

第三十七条　各单位发生的下列事项,应当及时办理会计手续、进行会计核算:

（一）款项和有价证券的收付;
（二）财物的收发、增减和使用;
（三）债权债务的发生和结算;
（四）资本、基金的增减;
（五）收入、支出、费用、成本的计算;
（六）财务成果的计算和处理;
（七）其他需要办理会计手续、进行会计核算的事项。

第三十八条　各单位的会计核算应当以实际发生的经济业务为依据,按照规定的会计处理方法进行,保证会计指标的口径一致、相互可比和会计处理方法的前后各期相一致。

第三十九条　会计年度自公历1月1日起至12月31日止。

第四十条　会计核算以人民币为记账本位币。

收支业务以外国货币为主的单位,也可以选定某种外国货币作为记账本位币,但是编制的会计报表应当折算为人民币反映。

境外单位向国内有关部门编报的会计报表,应当折算为人民币反映。

第四十一条 各单位根据国家统一会计制度的要求,在不影响会计核算要求、会计报表指标汇总和对外统一会计报表的前提下,可以根据实际情况自行设置和使用会计科目。

事业行政单位会计科目的设置和使用,应当符合国家统一事业行政单位会计制度的规定。

第四十二条 会计凭证、会计账簿、会计报表和其他会计资料的内容和要求必须符合国家统一会计制度的规定,不得伪造、变造会计凭证和会计账簿,不得设置账外账,不得报送虚假会计报表。

第四十三条 各单位对外报送的会计报表格式由财政部统一规定。

第四十四条 实行会计电算化的单位,对使用的会计软件及其生成的会计凭证、会计账簿、会计报表和其他会计资料的要求,应当符合财政部关于会计电算化的有关规定。

第四十五条 各单位的会计凭证、会计账簿、会计报表和其他会计资料,应当建立档案,妥善保管。会计档案建档要求、保管期限、销毁办法等依据《会计档案管理办法》的规定进行。

实行会计电算化的单位,有关电子数据、会计软件资料等应当作为会计档案进行管理。

第四十六条 会计记录的文字应当使用中文,少数民族自治地区可以同时使用少数民族文字。中国境内的外商投资企业、外国企业和其他外国经济组织也可以同时使用某种外国文字。

第二节 填制会计凭证

第四十七条 各单位办理本规范第三十七条规定的事项,必须取得或者填制原始凭证,并及时送交会计机构。

第四十八条 原始凭证的基本要求是:

(一)原始凭证的内容必须具备:凭证的名称;填制凭证的日期;填制凭证单位名称或者填制人姓名;经办人员的签名或者盖章;接受凭证单位名称;经济业务内容;数量、单价和金额。

(二)从外单位取得的原始凭证,必须盖有填制单位的公章;从个人取得的原始凭证,必须有填制人员的签名或者盖章。自制原始凭证必须有经办单位领导人或者其指定的人员签名或者盖章。对外开出的原始凭证,必须加盖本单位公章。

(三)凡填有大写和小写金额的原始凭证,大写与小写金额必须相符。购买实物的原始凭证,必须有验收证明。支付款项的原始凭证,必须有收款单位和收款人的收款证明。

(四)一式几联的原始凭证,应当注明各联的用途,只能以一联作为报销凭证。

一式几联的发票和收据,必须用双面复写纸(发票和收据本身具备复写纸功能的除外)套写,并连续编号。作废时应当加盖"作废"戳记,连同存根一起保存,不得撕毁。

(五)发生销货退回的,除填制退货发票外,还必须有退货验收证明;退款时,必须取得对方的收款收据或者汇款银行的凭证,不得以退货发票代替收据。

(六)职工公出借款凭据,必须附在记账凭证之后。收回借款时,应当另开收据或者退还借据副本,不得退还原借款收据。

(七)经上级有关部门批准的经济业务,应当将批准文件作为原始凭证附件。如果批准文件需要单独归档的,应当在凭证上注明批准机关名称、日期和文件字号。

第四十九条 原始凭证不得涂改、挖补。发现原始凭证有错误的,应当由开出单位重开或者更正,更正处应当加盖开出单位的公章。

第五十条 会计机构、会计人员要根据审核无误的原始凭证填制记账凭证。

记账凭证可以分为收款凭证、付款凭证和转账凭证,也可以使用通用记账凭证。

第五十一条 记账凭证的基本要求是:

(一)记账凭证的内容必须具备:填制凭证的日期;凭证编号;经济业务摘要;会计科目;金额;所附原始凭证张数;填制凭证人员、稽核人员、记账人员、会计机构负责人、会计主管人员签名或者盖章。收款和付款记账凭证还应当由出纳人员签名或者盖章。

以自制的原始凭证或者原始凭证汇总表代替记账凭证的,也必须具备记账凭证应有的项目。

(二)填制记账凭证时,应当对记账凭证进行连续编号。一笔经济业务需要填制两张以上记账凭证的,可以采用分数编号法编号。

(三)记账凭证可以根据每一张原始凭证填制,或者根据若干张同类原始凭证汇总填制,也可以根据原始凭证汇总表填制。但不得将不同内容和类别的原始凭证汇总填制在一张记账凭证上。

(四)除结账和更正错误的记账凭证可以不附原始凭证外,其他记账凭证必须附有原始凭证。如果一张原始凭证涉及几张记账凭证,可以把原始凭证附在一张主要的记账凭证后面,并在其他记账凭证上注明附有该原始凭证的记账凭证的编号或者附原始凭证复印机。

一张原始凭证所列支出需要几个单位共同负担的,应当将其他单位负担的部分,开给对方原始凭证分割单,进行结算。原始凭证分割单必须具备原始凭证的基本内容:凭证名称、填制凭证日期、填制凭证单位名称或者填制人姓名、经办人的签名或者盖章、接受凭证单位名称、经济业务内容、数量、单价、金额和费用分摊情况等。

(五)如果在填制记账凭证时发生错误,应当重新填制。

已经登记入账的记账凭证,在当年内发现填写错误时,可以用红字填写一张与原内容相同的记账凭证,在摘要栏注明"注销某月某日某号凭证"字样,同时再用蓝字重新填制一张正确的记账凭证,注明"订正某月某日某号凭证"字样。如果会计科目没有错误,只是金额错误,也可以将正确数字与错误数字之间的差额,另编一张调整的记账凭证,调增金额用蓝字,调减金额用红字。发现以前年度记账凭证有错误的,应当用蓝字填制一张更正的记账凭证。

(六)记账凭证填制完经济业务事项后,如有空行,应当自金额栏最后一笔金额数字下的空行处至合计数上的空行处划线注销。

第五十二条 填制会计凭证,字迹必须清晰、工整,并符合下列要求:

(一)阿拉伯数字应当一个一个地写,不得连笔写。阿拉伯金额数字前面应当书写货币币种符号或者货币名称简写和币种符号。币种符号与阿拉伯金额数字之间不得留有空白。凡阿拉伯数字前写有币种符号的,数字后面不再写货币单位。

(二)所有以元为单位(其他货币种类为货币基本单位,下同)的阿拉伯数字,除表示单价等情况外,一律填写到角分;无角分的,角位和分位可写"00",或者符号"——";有角无分的,分位应当写"0",不得用符号"——"代替。

(三)汉字大写数字金额如零、壹、贰、叁、肆、伍、陆、柒、捌、玖、拾、佰、仟、万、亿等,一律用正楷或者行书体书写,不得用0、一、二、三、四、五、六、七、八、九、十等简化字代替,不得任意自造简化字。大写金额数字到元或者角为止的,在"元"或者"角"字之后应当写"整"字或者"正"字;大写金额数字有分的,分字后面不写"整"或"正"字。

(四)大写金额数字前未印有货币名称的,应当加填货币名称,货币名称与金额数字之间不得留有空白。

(五)阿拉伯金额数字中间有"0"时,汉字大写金额要写"零"字;阿拉伯数字金额中间连续有几个"0"时,汉字大写金额中可以只写一个"零"字;阿拉伯金额数字元位是"0",或者数字中间连续有几个"0"、元位也是"0"但角位不是"0"时,汉字大写金额可以只写一个"零"字,也可以不写"零"字。

第五十三条 实行会计电算化的单位,对于机制记账凭证,要认真审核,做到会计科目使用正确,数字准确无误。打印出的机制记账凭证要加盖制单人员、审核人员、记账人员及会计机构负责人、会计主管人员印章或者签字。

第五十四条 各单位会计凭证的传递程序应当科学、合理,具体办法由各单位根据会计业务需要自行规定。

第五十五条 会计机构、会计人员要妥善保管会计凭证。

(一)会计凭证应当及时传递,不得积压。

(二)会计凭证登记完毕后,应当按照分类和编号顺序保管,不得散乱丢失。

(三)记账凭证应当连同所附的原始凭证或者原始凭证汇总表,按照编号顺序,折叠整齐,按期装订成册,并加具封面,注明单位名称、年度、月份和起讫日期、凭证种类、起讫号码,由装订人在装订线封签外签名或者盖章。

对于数量过多的原始凭证,可以单独装订保管,在封面上注明记账凭证日期、编号、种类,同时在记账凭证上注明"附件另订"和原始凭证名称及编号。

各种经济合同、存出保证金收据以及涉外文件等重要原始凭证,应当另编目录,单独登记保管,并在有关的记账凭证和原始凭证上相互注明日期和编号。

(四)原始凭证不得外借,其他单位如因特殊原因需要使用原始凭证时,经本单位会计机构负责人、会计主管人员批准,可以复制。向外单位提供的原始凭证复制件,应当在专设的登记簿上登记,并由提供人员和收取人员共同签名或者盖章。

(五)从外单位取得的原始凭证如有遗失,应当取得原开出单位盖有公章的证明,并注明原来凭证的号码、金额和内容等,由经办单位会计机构负责人、会计主管人员和单位领导人批准后,才能代作原始凭证。如果确实无法取得证明的,如火车、轮船、飞机票等凭证,由当事人写出详细情况,由经办单位会计机构负责人、会计主管人员和单位领导人批准后,代作原始凭证。

第三节 登记会计账簿

第五十六条 各单位应当按照国家统一会计制度的规定和会计业务的需要设置会计账簿。会计账簿包括总账、明细账、日记账和其他辅助性账簿。

第五十七条 现金日记账和银行存款日记账必须采用订本式账簿。不得用银行对账单或者其他方法代替日记账。

第五十八条 实行会计电算化的单位,用计算机打印的会计账簿必须连续编号,经审核无误后装订成册,并由记账人员和会计机构负责人、会计主管人员签字或者盖章。

第五十九条 启用会计账簿时,应当在账簿封面上写明单位名称和账簿名称。在账簿扉页上应当附启用表,内容包括:启用日期、账簿页数、记账人员和会计机构负责人、会计主管人员姓名,并加盖名章和单位公章。记账人员或者会计机构负责人、会计主管人员调动工作时,应当注明交接日期、接办人员或者监交人员姓名,并由交接双方人员签名或者盖章。

启用订本式账簿,应当从第一页到最后一页顺序编定页数,不得跳页、缺号。使用活页式账页,应当按账户顺序编号,并须定期装订成册。装订后再按实际使用的账页顺序编定页码。另加目录,记明每个账户的名称和页次。

第六十条 会计人员应当根据审核无误的会计凭证登记会计账簿。登记账簿的基本要求是:

(一)登记会计账簿时,应当将会计凭证日期、编号、业务内容摘要、金额和其他有关资料逐项记入账内,做到数字准确、摘要清楚、登记及时、字迹工整。

(二)登记完毕后,要在记账凭证上签名或者盖章,并注明已经登账的符号,表示已经记账。

(三)账簿中书写的文字和数字上面要留有适当空格,不要写满格;一般应占格距的二分之一。

(四)登记账簿要用蓝黑墨水或者碳素墨水书写,不得使用圆珠笔(银行的复写账簿除外)或者铅笔书写。

(五)下列情况,可以用红色墨水记账:

1. 按照红字冲账的记账凭证,冲销错误记录;

2. 在不设借贷等栏的多栏式账页中,登记减少数;

3. 在三栏式账户的余额栏前,如未印明余额方向的,在余额栏内登记负数余额;

4. 根据国家统一会计制度的规定可以用红字登记的其他会计记录。

(六)各种账簿按页次顺序连续登记,不得跳行、隔页。如果发生跳行、隔页,应当将空行、空页划线注销,或者注明"此行空白"、"此页空白"字样,并由记账人员签名或者盖章。

(七)凡需要结出余额的账户,结出余额后,应当在"借或贷"等栏内写明"借"或者"贷"等字样。没有余额的账户,应当在"借或贷"等栏内写"平"字,并在余额栏内用"Q"表示。

现金日记账和银行存款日记账必须逐日结出余额。

(八)每一账页登记完毕结转下页时,应当结出本页合计数及余额,写在本页最后一行和下页第一行有关栏内,并在摘要栏内注明"过次页"和"承前页"字样;也可以将本页合计数及金额只写在下页第一行有关栏内,并在摘要栏内注明"承前页"字样。

对需要结计本月发生额的账户,结计"过次页"的本页合计数应当为自本月初起至本页末止的发生额合计数;对需要结计本年累计发生额的账户,结计"过次页"的本页合计数应当为自年初起至本页末止的累计数;对既不需要结计本月发生额也不需要结计本年累计发生额的账户,可以只将每页末的余额结转次页。

第六十一条 账簿记录发生错误,不准涂改、挖补、刮擦或者用药水消除字迹,不准重新抄写,必须按照下列方法进行更正:

(一)登记账簿时发生错误,应当将错误的文字或者数字划红线注销,但必须使原有字迹仍可辨认;然后在划线上方填写正确的文字或者数字,并由记账人员在更正处盖章。对于错误的数字,应当全部划红线更正,不得只更正其中的错误数字。对于文字错误,可只划去错误的部分。

(二)由于记账凭证错误而使账簿记录发生错误,应当按更正的记账凭证登记账簿。

第六十二条 各单位应当定期对会计账簿记录的有关数字与库存实物、货币资金、有价证券、往来单位或者个人等进行相互核对,保证账证相符、账账相符、账实相符。对账工作每年至少进行一次。

(一)账证核对。核对会计账簿记录与原始凭证、记账凭证的时间、凭证字号、内容、金额是否一致,记账方向是否相符。

(二)账账核对。核对不同会计账簿之间的账簿记录是否相符,包括:总账有关账户的余额核对,总账与明细账核对,总账与日记账核对,会计部门的财产物资明细账与财产物资保管和使用部门的有关明细账核对等。

(三)账实核对。核对会计账簿记录与财产等实有数额是否相符。包括:现金日记账账面余额与现金实际库存数相核对;银行存款日记账账面余额定期与银行对账单相核对;各种财物明细账账面余额与财物实存数额相核对;各种应收、应付款明细账账面余额与有关债务、债权单位或者个人核对等。

第六十三条 各单位应当按照规定定期结账。

(一)结账前,必须将本期内所发生的各项经济业务全部登记入账。

(二)结账时,应当结出每个账户的期末余额。需要结出当月发生额的,应当在摘要栏内注明"本月合计"字样,并在下面通栏划单红线。需要结出本年累计发生额的,应当在摘要栏内注明"本年累计"字样,并在下面通栏划单红线;12月末的"本年累计"就是全年累计发生额。全年累计发生额下面应当通栏划双红线。年度终了结账时,所有总账账户都应当结出全年发生额和年末余额。

(三)年度终了,要把各账户的余额结转到下一会计年度,并在摘要栏注明"结转下年"字样;在下一会计年度新建有关会计账簿的第一行余额栏内填写上年结转的余额,并在摘要栏注明"上年结转"字样。

第六十四条 各单位必须按照国家统一会计制度的规定,定期编制财务报告。

财务报告包括会计报表及其说明。会计报表包括会计报表主表、会计报表附表、会计报表附注。

第六十五条 各单位对外报送的财务报告应当根据国家统一会计制度规定的格式和要求编制。

单位内部使用的财务报告,其格式和要求由各单位自行规定。

第六十六条 会计报表应当根据登记完整、核对无误的会计账簿记录和其他有关资料编制,做到数字真实、计算准确、内容完整、说明清楚。

任何人不得篡改或者授意、指使、强令他人篡改会计报表的有关数字。

第六十七条 会计报表之间、会计报表各项目之间,凡有对应关系的数字,应当相互一致。本期会计报表与上期会计报表之间有关的数字应当相互衔接。如果不同会计年度会计报表中各项目的内容和核算方法有变更的,应当在年度会计报表中加以说明。

第六十八条 各单位应当按照国家统一会计制度的规定认真编写会计报表附注及其说明,做到项目齐全,内容完整。

第六十九条 各单位应当按照国家规定的期限对外报送财务报告。

对外报送的财务报告,应当依次编写页码,加具封面,装订成册,加盖公章。封面上应当注明:单位名称,单位地址,财务报告所属年度、季度、月度、送出日期,并由单位领导人、总会计师、会计机构负责人、会计主管人员签名或者盖章。

单位领导人对财务报告的合法性、真实性负法律责任。

第七十条 根据法律和国家有关规定应当对财务报告进行审计的,财务报告编制单位应当先行委托注册会计师进行审计,并将注册会计师出具的审计报告随同财务报告按照规定的期限报送有关部门。

第七十一条 如果发现对外报送的财务报告有错误,应当及时办理更正手续。除更正本单位留存的财务报告外,并应同时通知接受财务报告的单位更正。错误较多的,应当重新编报。

第四章 会 计 监 督

第七十二条 各单位的会计机构、会计人员对本单位的经济活动进行会计监督。

第七十三条 会计机构、会计人员进行会计监督的依据是：

(一)财经法律、法规、规章;

(二)会计法律、法规和国家统一会计制度;

(三)各省、自治区、直辖市财政厅(局)和国务院业务主管部门根据《中华人民共和国会计法》和国家统一会计制度制定的具体实施办法或者补充规定;

(四)各单位根据《中华人民共和国会计法》和国家统一会计制度制定的单位内部会计管理制度;

(五)各单位内部的预算、财务计划、经济计划、业务计划等。

第七十四条 会计机构、会计人员应当对原始凭证进行审核和监督。

对不真实、不合法的原始凭证,不予受理。对弄虚作假、严重违法的原始凭证,在不予受理的同时,应当予以扣留,并及时向单位领导人报告,请求查明原因,追究当事人的责任。

对记载不准确、不完整的原始凭证,予以退回,要求经办人员更正、补充。

第七十五条 会计机构、会计人员对伪造、变造、故意毁灭会计账簿或者账外设账行为,应当制止和纠正;制止和纠正无效的,应当向上级主管单位报告,请求作出处理。

第七十六条 会计机构、会计人员应当对实物、款项进行监督,督促建立并严格执行财产清查制度。发现账簿记录与实物、款项不符时,应当按照国家有关规定进行处理。超出会计机构、会计人员职权范围的,应当立即向本单位领导报告,请求查明原因,作出处理。

第七十七条 会计机构、会计人员对指使、强令编造、篡改财务报告行为,应当制止和纠正;制止和纠正无效的,应当向上级主管单位报告,请求处理。

第七十八条 会计机构、会计人员应当对财务收支进行监督。

(一)对审批手续不全的财务收支,应当退回,要求补充、更正。

(二)对违反规定不纳入单位统一会计核算的财务收支,应当制止和纠正。

(三)对违反国家统一的财政、财务、会计制度规定的财务收支,不予办理。

(四)对认为是违反国家统一的财政、财务、会计制度规定的财务收支,应当制止和纠正;制止和纠正无效的,应当向单位领导人提出书面意见请求处理。

单位领导人应当在接到书面意见起十日内作出书面决定,并对决定承担责任。

(五)对违反国家统一的财政、财务、会计制度规定的财务收支,不予制止和纠正,又不向单位领导人提出书面意见的,也应当承担责任。

(六)对严重违反国家利益和社会公众利益的财务收支,应当向主管单位或者财政、审计、税务机关报告。

第七十九条 会计机构、会计人员对违反单位内部会计管理制度的经济活动,应当制止和纠正;制止和纠正无效的,向单位领导人报告,请求处理。

第八十条 会计机构、会计人员应当对单位制定的预算、财务计划、经济计划、业务计划的执行情况进行监督。

第八十一条 各单位必须依照法律和国家有关规定接受财政、审计、税务等机关的监督,如实提供会计凭证、会计账簿、会计报表和其他会计资料以及有关情况,不得拒绝、隐匿、谎报。

第八十二条 按照法律规定应当委托注册会计师进行审计的单位,应当委托注册会计师进行审计,并配合注册会计师的工作,如实提供会计凭证、会计账簿、会计报表和其他会计资料以及有关情况,不得拒绝、隐匿、谎报,不得示意注册会计师出具不当的审计报告。

第五章 内部会计管理制度

第八十三条 各单位应当根据《中华人民共和国会计法》和国家统一会计制度的规定,结合单位类型和内容管理的需要,建立健全相应的内部会计管理制度。

第八十四条 各单位制定内部会计管理制度应当遵循下列原则:

(一)应当执行法律、法规和国家统一的财务会计制度。

(二)应当体现本单位的生产经营、业务管理的特点和要求。

(三)应当全面规范本单位的各项会计工作,建立健全会计基础,保证会计工作的有序进行。

(四)应当科学、合理,便于操作和执行。

(五)应当定期检查执行情况。

(六)应当根据管理需要和执行中的问题不断完善。

第八十五条 各单位应当建立内部会计管理体系。主要内容包括:单位领导人、总会计师对会计工作的领导职责;会计部门及其会计机构负责人、会计主管人员的职责、权限;会计部门与其他职能部门的关系;会计核算的组织形式等。

第八十六条 各单位应当建立会计人员岗位责任制度。主要内容包括:会计人员的工作岗位设置;各会计工作岗位的职责和标准;各会计工作岗位的人员和具体分工;会计工作岗位轮换办法;对各会计工作岗位的考核办法。

第八十七条 各单位应当建立账务处理程序制度。主要内容包括:会计科目及其明细科目的设置和使用;会计凭证的格式、审核要求和传递程序;会计核算方法;会计账簿的设置;编制会计报表的种类和要求;单位会计指标体系。

第八十八条 各单位应当建立内部牵制制度。主要内容包括:内部牵制制度的原则;组织分工;出纳岗位的职责和限制条件;有关岗位的职责和权限。

第八十九条 各单位应当建立稽核制度。主要内容包括:稽核工作的组织形式和具体分工;稽核工作的职责、权限;审核会计凭证和复核会计账簿、会计报表的方法。

第九十条 各单位应当建立原始记录管理制度。主要内容包括:原始记录的内容和填制方法;原始记录的格式;原始记录的审核;原始记录填制人的责任;原始记录签署、传递、汇集要求。

第九十一条 各单位应当建立定额管理制度。主要内容包括:定额管理的范围;制定和修订定额的依据、程序和方法;定额的执行;定额考核和奖惩办法等。

第九十二条 各单位应当建立计量验收制度。主要内容包括:计量检测手段和方法;计量验收管理的要求;计量验收人员的责任和奖惩办法。

第九十三条 各单位应当建立财产清查制度。主要内容包括:财产清查的范围;财产清查的组织;财产清查的期限和方法;对财产清查中发现问题的处理办法;对财产管理人员的奖惩办法。

第九十四条 各单位应当建立财务收支审批制度。主要内容包括:财务收支审批人员和审批权限;财务收支审批程序;财务收支审批人员的责任。

第九十五条 实行成本核算的单位应当建立成本核算制度。主要内容包括:成本核算的对象;成本核算的方法和程序;成本分析等。

第九十六条 各单位应当建立财务会计分析制度。主要内容包括:财务会计分析的主要内容;财务会计分析的基本要求和组织程序;财务会计分析的具体方法;财务会计分析报告的编写要求等。

第六章 附　　则

第九十七条 本规范所称国家统一会计制度,是指由财政部制定、或者财政部与国务院有关部门联合制定、或者经财政部审核批准的在全国范围内统一执行的会计规章、准则、办法等规范性文件。

本规范所称会计主管人员,是指不设置会计机构、只在其他机构中设置专职会计人员的单位行使会计机构负责人职权的人员。

本规范第三章第二节和第三节关于填制会计凭证、登记会计账簿的规定,除特别指出外,一般适用于手工记账。实行会计电算化的单位,填制会计凭证和登记会计账簿的有关要求,应当符合财政部关于会计电算化的有关规定。

第九十八条 各省、自治区、直辖市财政厅(局)、国务院各业务主管部门可以根据本规范的原则,结合本地区、本部门的具体情况,制定具体实施办法,报财政部备案。

第九十九条 本规范由财政部负责解释、修改。

第一百条 本规范自公布之日起实施。1984年4月24日财政部发布的《会计人员工作规则》同时废止。